말과 칼

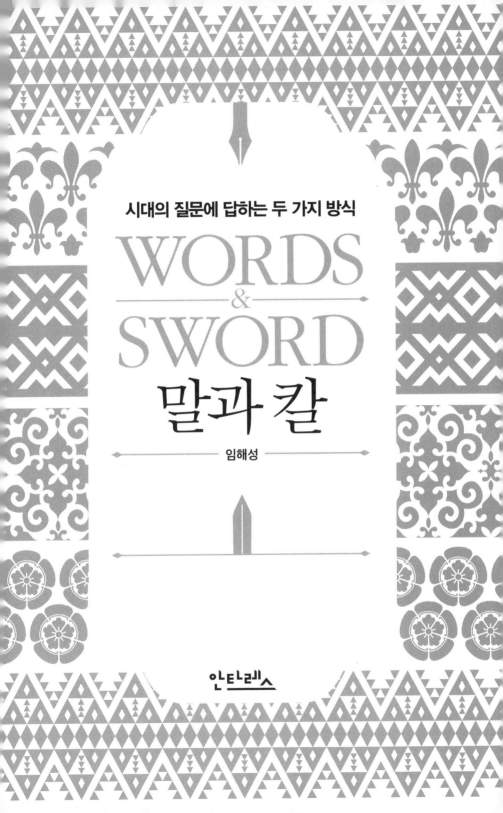

시대의 질문에 답하는 두 가지 방식

WORDS & SWORD

말과 칼

임해성

인터레스

같은 질문에 대한 두 가지 대답

이어령 선생은 "과거를 알고 싶다면 검색을 하고, 현재를 알고 싶다면 사색을 하고, 미래를 알고 싶다면 탐구를 하라"고 말한 적 있다. 이를 달리 보면 과거든 현재든 미래든 간에 무언가를 알고 싶다면 '질문'을 하라는 의미로도 해석할 수 있을 것이다.

인터넷 포털 검색 창에 무엇이든 입력하면 결과가 제공되는 요즘 같은 세상에서 답을 외울 필요가 없는 것도 사실이지만, 그 검색 창에 어떤 질문을 입력하느냐가 우리의 삶을 다른 모습으로 만들기 때문이다. 그렇기 때문에 무언가를 알고자 한다면 다른 곳에서 어렵게 찾지 말고 질문을 던지는 습관을 들이는 것이 좋다.

독일의 철학자 카를 야스퍼스(Karl Jaspers)는 저서 《역사의 기원과 목표(Vom Ursprung und Ziel der Geschichte)》에서 석가모니와 공자를 비롯해 소크라테스와 예레미야가 활동했던 기원전 5~6세기를 '축의 시대(Achsenzeit, Axial Period)'라고 표현했다. 야스퍼스는 이 네 명의 인물들을 '영원한 현재적 존재'라고 부르면서 이들이 인류 정신사의 기초를 세운 '기준틀이 되는 개인들'이라고 규정했다.

어떤 한 시대의 생각이나 발상을 근본적으로 규정하는 틀이라는 의미로 '패러다임(paradigm)'이라는 용어가 우리 일상에서도 빈번히 쓰이고 있다. 미국의 과학철학자 토머스 쿤(Thomas Kuhn)이 자신의 책 《과학혁명의 구조(The Structure of Scientific Revolution)》를 통해 처음 제시해 널리 통용된 개념이다. 본래 의미는 본보기, 모범, 범례, 기준틀이라고 할 수 있는데, 야스퍼스는 이들 네 사람이 이른바 패러다임을 근본적으로 구성한 정신적 존재로 본 것이다.

그러나 석가모니, 공자, 소크라테스, 예레미야는 시대의 현상이지 원인은 아니었다. 축의 시대를 이끌어낸 원인을 알기 위해서는 그 시대의 문명과 종교의 발생지 네 곳을 들여다봐야 한다. 인도, 중국, 그리스, 유대(이스라엘)가 그곳이다. 이 지역은 저마다 약간의 차이가 있기는 했지만 모두 급격한 도시화와 그에 따른 사회적·경제적 변화 그리고 전쟁과 폭력을 경험했다. 그로부터 야기된 악순환으로부터 벗어나기 위해 이들이 찾아낸 공통적 대안은 '자기 내면의 발견'이었고 그것이 종교적 '에토스(ethos, 도덕적·이성적 특성)'로 승화해 발전했다. 이후 그것은 인류 공통의 자산이 됐다.

흔히 동양은 '순환적' 세계관이고 서양은 '직선적' 세계관이라는 식으로, 마치 물과 기름처럼 서로 결코 융합될 수 없는 사고방식의 차이가 있다고 여긴다. 하지만 지금과 달리 '축의 시대'에 살았던 사람들은 동서양을 막론하고 같은 고민과 같은 생각을 하고 있었다. 그 내용은 차치하고 그런 사실 자체가 무척 매력적으로 다가왔다. 오늘날의 평행 이론처럼 동양과 서양의 각기 다른 시간과 공간에서 다른 듯 같은 일들이 반복적으로 일어난다는 사실은 내게 커다란 영감을 불러일으켰다. 그 '공통 현상'을 찾아내고 싶다는 관심과 욕구가 생긴 것이다.

이후 나는 동서양의 고전과 현대물을 비롯해 다양한 주제로 난독(亂讀)을 즐기면서 세계 역사의 한 지점에 주목하게 됐다. 그것은 다름 아닌 중세에서 근대로 넘어가는 시점이었다. 우리와 같은 동양인들은 근대, 특히 '근대화'라는 말 앞에서 왠지 작아지는 기분이 든다. 대부분의 사람들이 근대 이후 세계를 재패한 서구 열강의 역사에 익숙하고 그것을 인류 발전의 기준으로 받아들이고 있기 때문이다. 더욱이 제국주의가 난무하던 그 시절 동아시아에서 일본만 유일하게 근대화에 성공한 이유가 유럽과 마찬가지로 봉건제를 경험했기 때문이라는 일본인의 비뚤어진 역사관도 내가 이 시기에 관심을 갖게 된 계기가 됐다.

그러나 인류가 원시 공산제, 고대 노예제, 중세 봉건제, 근세와 근대 자본주의 단계를 밟아 사회주의를 거쳐 공산주의 사회로 나아간다고 믿었던 마르크스주의자들에게는 유감이지만, 그와 같은 과정이 한국사와 중국사를 비롯한 대부분의 역사에서 관철되지 않았다는 사실을 알고 나서는 오히려 왜 유독 유럽과 일본만 비슷한 역사적 궤적을 밟았는가에 대한 질문이 내 가슴 속에 더 크게 자리 잡았다.

그런 와중에 유럽 역사가 중세에서 근세로 이동하는 중간 지점과 일본이 중세에서 근세로 넘어가는 중간 지점을 살았던 두 인물과 마주치게 됐다. 바로 니콜로 마키아벨리와 오다 노부나가였다.

니콜로 마키아벨리
(Niccolò Machiavelli)

1469년 5월 3일~1527년 6월 21일

오다 노부나가
(織田信長)

1534년 6월 23일~1582년 6월 21일

흥미롭게도 '6월 21일'이라는 같은 날에 죽은 이들 두 사람이 15세기와 16세기의 연결선상에서 살아간 인물들이며, 같은 질문에 관해 각기 다른 대답, 즉 '말(words)'과 '칼(sword)'이라는 방식으로 시대적 과제에 묻고 답했음을 발견하게 됐다. 축의 시대에 이어 세계 역사에서 또 다시 동서양이 '공통적 대안'을 모색하는 시기가 있었음을 발견한 것이다. 급격한 도시화와 그에 따른 사회적·경제적 변화, 전쟁과 폭력의 시대를 거치면서 그로부터 야기된 악순환으로부터 벗어나기 위해, 다시 말해 새로운 시대를 열기 위해 이 두 사람이 찾아낸 공통적 대안은 과거 축의 시대와는 다른 방향으로 전개됐다. 요컨대 자기 내면으로 향하는 구심력이 아닌 자신의 외부 세계에 대한 적극적 참여와 개입 그리고 주도적 역할을 통해 모순을 스스로 극복하고자 하는 원심력이었다. 이런 모습이야말로 어떤 측면에서는 '근대적 인간'의 특징이기도 할 것이다.

15세기는 우리나라의 경우 조선 시대였다. 태종(太宗)으로부터 연산군(燕山君) 재위 기간에 해당한다. 이 시기는 일반적으로 조선의 국력이 최전성기를 누리다가 쇠퇴로 접어든 시대로 평가받는다. 태종이 마련해놓은 안정된 왕권을 바탕으로 세종(世宗) 집권기에 다양한 분야에서 화려하게 꽃피운 성취는 분명 자랑스러운 역사다. 그렇지만 가파른 국력 상승을 이룬 조선 전반기와 비교해 계유정난(癸酉靖難)으로 정권을 잡은 세조(世祖)와 폭군 연산군으로 이어지는 중반기부터는 그 상승세가 둔화되기 시작했다.

중국의 명나라 또한 15세기 전반과 후반의 기조가 확연히 갈린다. 전반부는 영락제(永樂帝)의 대외 원정으로 몽골과 안남(安南, 베트남)을 제압하고 환관 정화(鄭和)를 시켜 남해 원정을 추진하는 등 제국의 면모를 과시했다. 하지만 1449년 몽골 서부 몽골계 부족 오이라트와의 전투에서 대패해 중국 역사상 처음으로 황제 정통제(正統帝)가 포로로 붙잡히는 이른바 '토목보(土木堡)의 변(變)'을 맛본 뒤로는 축소지향적 입장으로 바뀌게 됐다. 만리장성을 대대적으로 보수하고 대양으로의 진출도 금지한 채 철저히 방어 태세로 전환해 내치에 주력하는 모습을 보였다.

훗날 '암흑의 중세'로 평가받으며 왕권을 넘어선 교권의 전횡으로 침체됐던 유럽, 그리고 '막부(幕府) 시대'라는 이름 아래 왕권을 넘어선 무사들의 싸움으로 어지러웠던 일본과 달리, 세계의 중심과 그 변경으로서 또 다른 역사의 흐름을 이끈 중국과 조선은 15세기 후반부터 16세기에 이르는 동안 침체의 길을 걷게 된다. 그런데 이번에는 반대로 같은 시기 웅비(雄飛)를 시작해 새로운 시대, 즉 중세에서 근세로의 전환을 이룬 유럽과 일본은 중국과 조선과는 완전히 다른 궤적을 그리게 된다.

이 책에서 나는 이 반전의 드라마를 정리해보려고 한다. 우선 중국 명나라 영락제 재위 시기 정화의 대항해를 중요하게 다룬다. 유럽이 '르네상스(Renaissance)'를 기점으로 중세를 끝내고 근세로 전환하는 데 그것이 큰 변수로 작용했기 때문이다. 정화의 원정과 그 직후의 쇄국은 잠에서 깨어나는 유럽과 겨울잠에 들어가는 중국의 모습에 그대로 투영된다. 그런 다음 유럽 역사가 근세로 이행하는 과정에서 중앙집권 국가들이 속속 등장하는 가운데 아직 뒤처져 있던 이탈리아의 도시 국가 피렌체(Firenze) 공화국의 니콜로 마키아벨리가 써내려간 '말'을 살핀다. 또한 마찬가지로 중세에서 근세로 넘어가던 일본 전국 시대에 중앙집권 국가를 만들겠다는 원대한 꿈을 이루고자 오와리(尾張) 소국 출신 오다 노부나가가 휘두른 '칼'을 다룰 것이다.

'말'과 '칼'이라는 상징을 통해서 니콜로 마키아벨리와 오다 노부나가가 새 시대를 여는 방식에 관해 어떤 질문을 던졌고 어떤 문제를 발견했는지, 문제를 해결하기 위해 무엇을 과제로 설정했는지, 과제를 달성하고자 어떻게 행동했는지를 살펴보는 것은 시대와 공간을 넘어 현재를 살아가는 우리에게 유의미한 일이 될 것이다.

"세상을 어떻게 변화시킬 것인가?"라는 같은 질문에 대해 '말'과 '칼'이라는 다른 방식 그러나 궁극적으로는 "낡은 생각과 관습을 버린다"는 같은 목적으로 그 해답을 구하려고 했던 마키아벨리와 노부나가 두 인물의 이야기를 통해, 21세기 오늘날 매일같이 목격하고 경험하고 있는 변화의 거센 물결 속을 헤쳐 나가고 있는 현대인들이 귀감으로 삼을 만한 삶의 가치를 되새겨보고자 한다.

역사는 데자뷰(deja vu)를 제공한다. 세계사 평행 이론처럼 역사의 시간과 공간의 다른 지점에서 같은 문제들을 반복적으로 제기하는 듯 보인다. 시간의 흐름이 만들어내는 변화 속에서 어떤 대답을 구하기 전에 먼저 어떤 질문을 던져야 하는지 살펴야 한다는 사실을 일깨우려는 것처럼 말이다.

마키아벨리와 노부나가는 아무런 위협이 되지 않는 죽음의 저편에 서서 살아있는 우리들에게 이렇게 속삭이고 있지 않을까?

'생각하는 대로 살지 않으면, 사는 대로 생각하게 된다.'

제3막 말과 칼의 변주곡

WORDS
&
SWORD

새 시대를 여는 방식

영락제의 명에 따라 환관 정화는 1405년부터 1433년까지 27년 동안 엄청난 규모의 대선단를 이끌고 일곱 차례나 동남아시아와 인도를 거쳐 페르시아까지 항해했다. 아울러 함대의 분대는 아프리카 동해안 말린디까지 갔다. 정화가 이끈 함대는 승무원이 2만 7,000명 안팎에 대형 선박만 60여 척이었으니, 당시로서는 찾아볼 수 없던 대선단이었다. 1492년 콜럼버스의 첫 항해에서는 함선 세 척에 승무원 120명이 탑승했다. 1497년 바스코 다 가마의 인도 항해도 배 네 척에 170명이 나눠 탔다. 1519년 마젤란의 세계 일주에서도 다섯 척에 265명이 탑승했다는 기록과 비교해보면 설사 다소 과장이 있더라도 정화의 함대가 얼마나 거대한 규모였는지 짐작할 수 있다. 당연한 말이지만 대선단의 원양 항해는 배를 건조하고 운용하는 기술이 발전하지 않고서는 불가능한 일이었다.

쇼군의 죽음

나의 실패와 몰락에 대해 책망할 사람은
내 자신밖에는 아무도 없다.
내가 내 자신의 최대의 적이었으며
비참한 운명의 원인이었다.

_ 나폴레옹 보나파르트

"주군께서 돌아가셨습니다."

무거운 침묵 속에서 고통스럽게 일그러진 얼굴이 실룩거렸다. 마침내 외마디 비명과도 같은 말을 힘겹게 내뱉고 다시 무거운 침묵 속으로 숨어들었다.

아프리카 출신의 흑인 무사 야스케(彌介)가 알려준 사실은 포르투갈에서 온 선교사 가스파르 코엘료(Gaspar Coelho)에게 적지 않은 충격이었다. 곁에 있던 예수회 동료 루이스 프로이스(Luis Frois)도 이 사실을 어떻게 받아들여야 할지 모르겠다는 표정으로 그만 굳어

버렸다.

코엘료로서는 우선 교단의 상급 사제에게 이 소식을 알려야 할 것이었다. 이 사람의 죽음은 예수회 극동 관구장 가스파르 코엘료의 지시에 따라 루이스 프로이스의 보고서에 기록돼 마카오와 인도를 거쳐 이탈리아 로마로 전달될 것이다.

그리고 모든 것이 바뀔 터였다.

유럽인들이 이곳 사람들과 접촉하게 된 계기는 포르투갈과 에스파냐가 아프리카 희망봉을 경유해 아시아로 통하는 무역 항로를 개척하면서부터였다. 이후 1549년 예수회 신부 프란치스코 하비에르(Francisco Xavier)가 이 땅에 도착했다. 그에게 이곳은 최적의 선교지로 중국 및 다른 지역에서의 부진을 일거에 해소할 수 있는 땅이었다. 하비에르는 예수회에 보낸 서한에 이렇게 적었다.

"이곳 사람들은 지금까지 발견한 이들 중 최고이며 이보다 우수한 사람들은 다른 이교도 사이에서 찾을 수 없을 것입니다. 이들은 친근하고, 착하고, 악의가 없습니다. 또한 놀랄 만큼 명예심이 강한 사람들로서 그 어떤 미덕보다도 명예를 추앙합니다."

예수회는 하비에르가 처음 이 땅에 내린 이후 33년에 걸쳐 청빈, 정결, 순명을 서원하고 영혼 구원에 헌신할 것을 맹세하면서 하느님의 영광을 드러내고자 애써왔다. 그러나 코엘료 자신은 물론 교단의 선배들이 해온 그 모든 노력들이 한순간에 물거품이 될지도 몰랐다. 더구나 이곳은 자신들이 떠나온 땅에서 바라볼 때 정말로 세상의 끝

오다의 갑옷과 투구. 일찍이 유럽 세계에 눈뜬 오다 노부
나가는 포루투칼-에스파냐식 갑옷을 즐겨 입었다.

이었다. 하느님의 영광이 드러날 모든 세상은 바로 여기서 완성될
것이었다.

그런데 그가 죽었다.

1582년 6월 21일, 천황(天皇)의 무력함을 여과 없이 드러낸 교토
(京都)는 무사한 하루가 시작되기를 기다리고 있었다. 그 교토의 한
구석에서 오다 노부나가 자신이 그린 용의 눈에 점을 찍을 날이 밝

아오고 있었다. 오늘 이 최후의 일격으로 노부나가의 천하는 마침내 완성될 것이었다.

1573년 노부나가는 무로마치(室町) 막부의 15대 쇼군(將軍) 아시카가 요시아키(足利義昭)를 교토에서 추방함으로써 사실상 무로마치 막부를 멸망시켰다. 2년이 지난 1575년에는 천황과 조정에서도 요시아키를 포기하고 노부나가를 실세로 인정해 새로운 막부를 열 수 있는 길을 열어줬다.

일반적으로 이쯤 되면 천황에게 요구해 정치와 군사의 전권을 장악하는 정이대장군(征夷大將軍)이 되든지, 아니면 적어도 요시아키의 쇼군 직을 폐하는 게 자연스러운 수순이었다. 그러나 오다 노부나가는 그렇게 하지 않았다. 여전히 쇼군은 요시아키였다. 이 사실은 쇼군 요시아키를 힘으로 밀어낸 노부나가를 상대로 다른 무장들이 끊임없이 봉기할 수 있는 명분을 제공했다. 실제로 노부나가가 우대신(右大臣)에 오르고 나서도 요시아키는 자신의 재기를 포기하지 않았고, 본원사(本願寺)의 종주(宗主)인 겐뇨(顯如)와 우에스기 겐신(上杉謙信) 같은 무장들이 동조하면서 노부나가에 대한 포위망이 구축되는 위기 상황을 자초했다.

하지만 바로 이런 점이 오히려 오다 노부나가를 매력적인 인물로 느끼게 하는 부분이다. 그는 결코 둘러 가지 않았다. 그는 힘 대 힘의 대결을 통해, 처절한 뭇매질로, 두 번 다시 고개를 쳐들지 못할 정도의 깊은 복종을 이끌어내고자 했다. 그렇게 스스로를 위험한 상황 속에 내던지는 모습은 지구 반대편에서 온 외지인에게도 경외감을 주기에 충분했다. 예수회 선교사 루이스 프로이스는 보고서에 이렇게 적어 로마로 보냈다.

그는 보통 키에 화사한 용모로, 수염이 적고 목소리가 맑으며, 전쟁을 좋아하고 군사 훈련에 힘씁니다. 명예욕이 크고 정의감이 강하며 모욕을 당하면 반드시 보복합니다. 평소에는 인자하고 자애롭습니다. 잠을 적게 자는 편이어서 아침 일찍 일어납니다. 탐욕스럽지 않고 결단력 있으며 전술에 능합니다. 성격이 급해서 한번 흥분하면 걷잡을 수 없지만, 평상시에는 평정심을 잃지 않습니다.

그는 가신들의 의견에 거의 귀를 기울이지 않습니다. 그들에게 그는 두려운 동시에 존경의 대상입니다. 술을 자제하고 음식을 절제하며, 사람을 대할 때는 매우 솔직하고 자신의 견해를 중요시합니다. 그는 일본의 왕족을 경멸해 하급 관료 대하듯이 합니다. 사람들은 절대 군주를 대하듯 그에게 복종합니다. 그는 전투에서 운이 따르지 않을 때에도 결코 물러서는 법이 없으며 인내심이 강합니다.

그는 밝은 이성과 명석한 판단력을 가졌고 신을 숭배하는 것과 주술 및 미신 등의 행위를 경멸합니다. 겉으로는 불교 법화종에 속한 것처럼 행동하지만 실제로는 모든 우상을 눈 아래로 보고 영혼불멸이나 내세를 인정하지 않습니다. 그는 자택에서 청결하게 생활하고 모든 일을 꼼꼼하게 처리합니다. 대화를 할 때는 미사여구를 싫어합니다. 신분이 낮은 부하들과도 친근하게 이야기하지만 자신과 만날 때는 누구도 무기를 소지하지 못하게 합니다.

그가 특별히 애지중지하는 것은 좋은 다기, 말, 도검, 사냥용 매이며, 신분에 관계없이 알몸으로 씨름하는 모습을 구경하기 좋아합니다. 그는 평소에 약간 우울한 표정을 짓고 있으며, 어려운 일에 손을 댈 때는 대담하기 이를 데 없습니다. 사람들은 그의 말이라면 순순히 복종합니다.

1576년 이후 군단 체제 완성으로 몸이 덜 바빠진 노부나가의 머릿속이 빠른 속도로 돌아가고 있었다. 대세가 기울었다는 확신에 힘이 들어갔다. 1578년 3월에는 숙적인 우에스기 겐신이 급사했다는 소식도 들려왔다.

1578년 4월 9일, 노부나가는 돌연 모든 관직에서 물러났다. 겐신의 죽음으로 이제 어떤 명분과 실력으로도 자신을 이길 자가 없다고 판단했던 것일까? 그래서 억지로 뒤집어쓰고 있던 의관이 거추장스럽다고 느꼈을지도 모르겠다. 노부나가가 관직을 던졌을 때 가장 두려움을 느낀 쪽은 아마도 천황과 조정이었을 것이다. 그저 형식적인 권위만 남아 있던 천황에게서 받은 관직을 집어던지는 모습을 보며 얼마나 놀랐을까.

그가 쌓는 아즈치(安土) 성의 본환어전(本丸御殿, 혼마루고덴. 성주가 생활하는 공간) 구조가 천황이 머무는 청량전(清凉殿)과 같은 양식으로 지어지고 있다는 소문에는 얼마나 떨었을까. 사카이(酒井) 지역의 유력 상인 츠다 소규(津田宗及)를 초대해 완성한 천주각(天主閣)를 돌아보면서 노부나가가 직접 안내했다는 이야기에는 어찌 잠을 청할 수 있었을까.

자신의 생일 자신의 법신(法身)을 모신 천주각에 노부나가가 입주했다는 것은 대체 무슨 뜻으로 받아들여야 하는가. 하늘의 대리자인 천황을 제쳐둔 채 노부나가 자신이 머무는 공간을 천주각이라 칭하고 스스로를 신격화해 법신을 모시는 행동이 뜻하는 바는 무엇인가.

1580년 3월, 칙사를 보내와 본원사 겐뇨와 강화를 맺도록 해달라는 노부나가의 요청이 들어왔을 때는 차라리 모처럼 만에 안도의 한숨을 쉴 수 있었을지도 모른다. 이미 본원사의 목줄을 쥐고 있던 노부나가가 천황의 힘을 빌려 화친의 형태를 취한 것은 그 권위를 인정한다는 의미에서 그들로서는 매달릴 만한 가치가 있었을 것이다.

1581년 2월, 노부나가는 오기마치(正親町) 천황과 조정 대신을 초청해 교토에서 대대적인 열병식을 거행했다. 노부나가 군단의 모든 부대가 참가한 엄청난 규모의 열병식을 보면서 천황은 무슨 생각을 했고 노부나가는 무슨 생각을 했을까?

진의를 파악하기 위한 움직임은 천황으로부터 먼저 나왔다. 같은 해 3월 7일, 천황은 오다 노부나가를 좌대신(左大臣)에 임명하기로 결정한다. 그 소식이 3월 9일 노부나가에게 전해졌다. 그러나 그로부터 소름 끼치는 대답이 돌아왔다.

"오기마치 천황께서 양위하신 후 사네히토(誠仁) 친왕의 즉위 시

관직을 받고자 함."

이게 대체 무슨 말인가. 사네이토 친왕은 오기마치 천황의 다섯 번째 아들이다. 다음 천황의 즉위 때까지 관직을 맡지 않겠다는 의미인가, 아니면 지금의 천황더러 물러나라는 뜻인가. 그런데 3월 24일, 조정회의에서 오기마치 천황의 양위가 결정됐다. "물러나라"는 이야기로 받아들인 것이다. 그래도 자식에게 물려주는 것이니 불행 중 다행이라고 여겼을까? 하지만 4월 1일, 다시 노부나가로부터 양위에 대한 답신이 전해온다.

"금년은 마침 금신(金神, 방위신 중 하나로 금신이 거하는 방위는 흉하다 여겨 건물 축조나 수리, 이사, 혼인, 여행, 부임 등이 금기시됐다)의 해이니 양위를 하기에 좋지 않음."

결국 천황의 양위와 노부나가의 좌대신 취임 모두 연기됐다. 이를 두고 지금도 일본 내에서는 오다 노부나가가 양위를 강요했다는 관점과 양위에 반대했다는 관점으로 나뉜 논쟁이 벌어지고 있다. 그렇다고는 하나 한 가지 확실한 사실은 노부나가가 천황의 권위를 부정했다는 점이다. 노부나가는 이미 조정으로부터 받은 모든 관직을 버렸다. 이제 새삼스럽게 관직을 받아들임으로써 황실의 권위를 인정해주고 싶은 마음이 없었다. 그래서 관직을 받지 않겠다는 뜻을 다음 천황 대에 받겠다고 완곡하게 표현한 것인데, 이를 물러나라는 말로 해석해 양위를 하려고 하니 노부나가가 그럴 필요까지는 없다고 막은 것이다. 그들은 아직 노부나가를 몰랐다. 이제 무언가를 결정하는 것은 노부나가의 몫이었다.

해가 바뀐 1582년 3월 11일, 오다 노부나가는 마지막 적수라고 할 수 있는 다케다 카츠요리(武田勝頼)를 공략해 자결하도록 만듦으로써 다케다 가문을 멸망시킨다. 이제 밖으로부터의 위협은 거의 사라졌다. 5월 4일, 그런 노부나가에게 또 다시 천황의 칙사가 도착했다. 오기마치 천황이 노부나가를 정이대장군, 태정대신(太政大臣), 관백(関白) 중에서 노부나가가 원하는 자리에 임명하겠다는 전언이었다. 이와 더불어 막부 개설도 제안했다. 하지만 이에 대해 노부나가는 답을 하지 않았다.

이것이 노부나가에게나 천황에게나 마지막 기회였다. 그리고 상황은 절묘했다. 오다 가문의 다른 가신들은 대군을 이끌고 모두 변방의 전선에 나가 있는 상태였다. 각지에서 들어오는 승전보와 귀속 소식은 이대로 간다면 노부나가가 곧 일본 전체를 통일할 것이라는 분위기를 연출하기에 충분했다. 승부는 그렇게 끝나가고 있었다.

교토를 포함한 긴키(近畿) 지역은 전선에서 멀리 떨어진 후방이었다. 따라서 오다 노부나가와 도쿠가와 이에야스(徳川家康)는 적은 수의 병력을 이끌고도 안심하고 다닐 수 있었다. 긴키 지역을 담당하는 군대를 인솔하던 이가 바로 노부나가의 오른팔 아케치 미츠히데(明智光秀)였다. 그의 부대만이 많은 병력을 보유하고 있었다. 어느새 교토에는 놀라울 정도의 진공 공간이 만들어져 있었다.

1582년 6월 4일, 모리 테루모토(毛利輝元)와 싸우고 있던 도요토미 히데요시(豊臣秀吉)로부터 원군 요청이 들어왔다. 6월 6일, 노부나가는 아케치 미츠히데에게 파병을 명했다. 6월 15일, 미츠히데는 출진 준비를 하고자 자신의 근거지 가메야마(亀山) 성으로 들어갔다. 한편 마지막 저항 세력의 거두인 모리 테루모토와의 전투에 직접 출진하기로 결정한 노부나가도 6월 19일 교토의 본능사(本能寺)에 들어가 머물며 부대가 집결하기를 기다리고 있었다. 이튿날인 6월 20일, 노부나가는 다과회를 열고 늦게까지 바둑을 두었다. 모리가 자신 앞에서 무릎을 꿇고 고개를 숙였을 때 어떤 말을 할까 생각했을지도 모를 일이다. 잠이 오지 않아도 기분 좋은 밤이었을 것이다.

6월 20일 저녁, 아케치 미츠히데는 1만 3,000명의 군사를 이끌고 가메야마 성을 나섰다. 그는 그때 이미 결심이 서 있었던 듯하다. 미츠히데는 히데요시가 싸우고 있는 서쪽이 아니라 본능사가 위치한 동쪽으로 이동을 명령했다. 당연히 부하 장수들은 의아하게 여겼다. 그러자 그는 이렇게 말했다.

"일단 본능사로 가서 주군의 사열을 받아야 한다."

그렇게 미츠히데는 주사위를 던졌다. 6월 21일 새벽, 교토로 흘러 들어가는 가츠라가와(桂川) 인근에 군사 1만을 남겨둔 채 3,000명의 심복 부대만을 이끌고 강을 건넌 뒤 그는 병사들에게 "적은 본능사에 있다"고 선언했다. 그리고는 본능사를 완전히 포위했다.

소란 속에서 잠을 깬 노부나가는 시동인 모리 란마루(森蘭丸)로부터 본능사가 완전히 포위됐으며 포위 부대의 깃발에 아케치 미츠히데의 문장이 새겨져 있다는 보고를 받았다.

"무슨 말이 필요하리…."

아자이 나가마사(浅井長政), 자신을 동경해 이름마저도 가타마사(賢政)에서 노부나가(信長)의 '나가(長)'를 받아 바꿨던 매제, 그렇게 철저히 믿었던 매제의 배반 소식을 듣고 내뱉었던 그 한마디였다. 누구보다도 믿었던 아케치 미츠히데가 모반을 일으켰다는 소식은 그때를 떠올리기에 충분했을 것이다. 아자이 나가마사의 배신으로 죽음의 위기에 몰렸을 때, 훗날 '가네가사키(金ヶ崎) 퇴각전'으로 유명해진 전투에서 히데요시과 더불어 목숨을 걸고 자신을 지켰던 이가 다름 아닌 아케치 미츠히데였다.

천황과 쇼군도 자신이 살리고 죽일 수 있다고 믿어 의심치 않은 오다 노부나가였다. 그런데 지금 보니 이 노부나가를 살리고 죽일 수 있었던 것은 아케치 미츠히데가 아닌가.

"무슨 말이 필요하리…."

활을 쏘고 창으로 막다 방에 들어가 몸을 숨긴 노부나가가 불을 지르고 스스로 할복한 것은 그의 나이 마흔아홉 때의 일이다.

인생 오십년

하천(下天)에 비하면 한낱 꿈과 같은 것.

한 번 생을 얻어

멸하지 않는 자, 누구랴.

'하천'은 불교 우주론에서 말하는 신들이 사는 육욕천(六欲天) 중 가장 살기 좋다는 사왕천(四王天)에 해당하며, 이곳에서의 하루는 인간 세계의 50년이라고 한다. 어쨌든 그가 그토록 즐겨 불렀던 이 '아츠모리(敦盛)'의 노랫말처럼 그는 그렇게 노래가 됐다. 그런데 노부나가가 그토록 아꼈던 아케치 미츠히데가 왜 통일을 앞둔 그 순간 노부나가를 배신했을까?

제 2 장

흑인 무사 야스케

AD MAIOREM DEI GLORIAM
(하느님의 더 큰 영광을 위하여)

_ 예수회 공식 표어

　가스파르 코엘료가 속한 예수회는 동방 항로와 신대륙이 열리자 미개척 지역에 가톨릭교회를 확장시키려는 운동에 적극적으로 참여한다. 예수회는 중국과 아메리카 대륙에서 선교 활동을 펼쳤고 유럽 가톨릭교회 역사상 처음으로 일본에 진출했다. 학문적 역량이 뛰어난 예수회 선교사들은 인도 고아(Goa)를 근거지로 삼고 동아시아 지역으로 선교를 확산했다.

　이들은 아시아에서 이른바 '적응주의' 선교 전략을 펼쳤다. 현지의 언어와 문자를 학습해 사상과 문화를 익힌 다음 해당 지역의 지배

28　　　　　　　　　　　　　　　　　　　　　　　　말과 칼

층이나 지식인들과의 학술 교류를 통해 그리스도교 교리를 전파했다. 관구 책임자 알레산드로 발리냐노(Alessandro Valignano)는 이 같은 선교 방침에 반발해 정반대의 노선을 추구한 프란치스코 카브랄(Francisco Cabral)을 경질하고 가스파르 코엘료를 일본 부관구장으로 파견한 참이었다.

전임자 카브랄은 프란치스코 하비에르 이래 오랫동안 계속돼온 전통을 금지시켰다. 불교 사제들이 입는 오렌지색 실크 예복을 사제들이 입지 못하게 했다. 카브랄은 이 옷을 악마가 입는 것으로 여기면서 가톨릭 사제들은 마땅히 전통의 검은색 사제복을 입어야 한다고 주장했다. 그는 선교사들이 현지인들에게 진지하고 엄숙하게 비치기를 기대했다. 또한 그는 선교사들이 일본인들의 식습관을 따라 식사하는 것도 중단시켰다. 아울러 일본어를 배우는 것을 포함해 어떤 형태로든 문화적 적응을 시도하는 행위를 금지했다.

카브랄의 이 같은 급격한 정책 변화는 지역 선교사들의 사기를 떨어뜨렸다. 이를 돌려놓고자 코엘료를 부관구장으로 임명해 사태 호전을 기대했다. 그런데 호전은커녕 자신들의 가장 큰 지지자였고 일본 전체를 통틀어 가장 강력했던 사내가 죽어버렸다.

쇼군의 죽음을 알리러 온 흑인 무사 야스케는 자신의 본래 주인이던 선교사들 앞에서 미래에 대한 불안과 공포를 그대로 드러내며 떨었다. 당시 많은 흑인 노예들이 외국에 가면 일자리가 있다는 말에 속아 노예선에 실려 남미로 팔려가고 있었다. 선교사 알렉산드로 발리냐노의 손에 이끌려 인도로 간 것만 해도 그로서는 커다란 행운이었다. 인도에서 훈련을 받으며 전사로 키워진 그는 일본에 와서 오다 노부나가의 눈에 들었다. 그 덕분에 노예 신분에서 벗어나 쇼군을 지키는 무사(사무라이)의 지위에까지 올랐다. 이제야 비로소 오늘을 내 의지대로 살고 내일을 기대할 수 있는 삶을 얻었다. 그것이 불과 1년 전의 일이었다. 그런데 주군이 죽었다. 흑인 무사 야스케는 또 다시 자신의 앞날을 알 수 없는 신세로 전락했다.

야스케는 오다 노부나가의 죽음으로 널리 알려진 '본능사의 변'에서 오다 측 인사 가운데 생존이 확인된 유일한 인물이다. 또한 그는 일본 역사상 최초의 흑인 무사, 이른바 '아프로 사무라이(Afro Samurai)'다. 검은 피부와 대조적으로 반짝이는 하얀 눈동자가 침착함을 잃고 허둥대고 있었다. 불과 하루 전까지만 해도 상상조차 할 수 없는 일이 벌어진 데 대한 반응이었다. 애처롭고 간절했지만 그만큼 허무했다.

어찌 보면 그에게 생긴 모든 일은 애초에 그로서는 상상할 수 없는 것들이었다. 지구 반대편 아프리카에서 이곳 일본까지의 여정 중 그의 의지가 반영된 것은 하나도 없었다. 하다못해 지금 아케치 미츠히데 부대에 사로잡혀 죽임을 당하지 않은 것조차 "흑인은 사람이 아니니 죽이지 말고 남만사(南蠻寺, 전국 시대 일본의 가톨릭 사원)로 보내라"는 미츠히데의 명령 덕분이었다.

그가 떠나온 아득하게 먼 길, 파노라마처럼 지나친 그의 인생 여

야스케가 노예의 신분으로 일본을 여행할 때의 모습

정에서 겪어온 모든 표류는 인간의 힘으로는 어쩔 도리가 없는 역사적 사건 때문이었다. 그것은 다름 아닌 동로마 제국의 멸망이었다.

서로마 제국의 멸망에서 동로마 제국의 멸망에 이르기까지, 8세기에서부터 15세기까지 베네치아(Venezia), 제노바(Genova), 피렌체 공화국을 비롯한 이탈리아의 지방 국가들은 유럽과 서남아시아를 잇는 무역을 독점하고 있었다. 밀수를 포함한 향신료, 향료, 아편, 비단 무역은 지중해 연안 도시 국가들을 부유하게 만들었다. 향신료는 매우 값비싼 물품이었고 약으로도 사용되는 등 수요도 많았다.

당시 향신료는 대부분 아시아와 아프리카의 중간 무역 기지를 통해 수입됐다. 인도양의 향신료는 홍해를 통해 이집트 북부 알렉산드리아(Alexandria)로 들어왔다. 이곳에서 유럽 상인들이 향신료를 구입해 유럽으로 가져갔다. 이 상인들은 주로 베네치아 사람들이었다. 그들이 중세 말 지중해 향신료 무역을 사실상 독점하고 있었다. 향신료 수송을 전담하는 갤리(galley) 선단에 내걸린 베네치아 깃발이 이를 자랑하듯 지중해를 오가는 계절풍 장단에 맞춰 펄럭였다.

1453년 동로마 제국의 멸망은 베네치아 상인들의 관점에서 오히려 향신료 무역 독점력을 더욱 키울 수 있는 기회였다. 콘스탄티노플(Constantinople) 함락 과정에서 경제적으로 가장 큰 피해를 입은 사람들이 베네치아의 경쟁자 제노바의 상인들이었다. 제노바 상인들의 피해가 컸던 이유는 당시 콘스탄티노플 시장에서 그들의 교역 규모가 그만큼 컸기 때문이다. 전쟁이 벌어지는 동안 다수의 제노바 상인들이 에게(Aegae) 해에 흩어져 있던 제노바 식민지로 피신했다. 그런 까닭에 오스만(Osman) 제국의 술탄(Sultan)이 콘스탄티노플의 페라(Fera) 지구에 입성했을 때 그곳에 남아 있던 제노바 상인은 거의 없었다. 가장 강력한 경쟁 세력이던 제노바 상인들이 동로마 제국의 멸망으로 새로운 시장을 찾아 떠난 덕분에 베네치아 상인들은 곧바로 그 빈자리를 차지하면서 이집트와 시리아 시장에서 더 많은 몫의 향신료를 확보할 수 있었다.

많은 사람들이 오스만 제국의 콘스탄티노플 정복이 새로운 무역 항로 개척 및 대항해 시대의 원인이 됐다는 설명에 익숙하다. 요컨대 비잔티움 제국(동로마 제국)을 정복한 오스만 제국이 동방의 향신료가 유럽으로 유입되는 교역로를 차단하자 공급이 원활하지 않게 돼 결국 포르투갈과 에스파냐가 오스만 제국을 경유하지 않고도 향신료 생산지로 직접 갈 수 있는 새 항로를 개척했다는 식이다. 하지만 이런 일반적인 내용은 사실이 아니다.

그 누구보다 동서 교역이 폐쇄되지 않기를 바란 쪽은 되레 오스만 제국이었다. 동서 교역로 폐쇄로 가장 큰 피해를 입게 되는 세력이 다름 아닌 자신들이기 때문이다. 오스만 제국은 결코 상업에 적대적이지 않았다. 다만 그들이 원한 바는 자국의 상업을 외국 상인들로부터 보호하는 것이었다. 오스만 제국이 베네치아와 제노바 상인들을 견제했던 이유는 베네치아와 제노바가 동지중해에 많은 식민지를 가졌고 그 식민지가 오스만 제국에 위협이 됐기 때문이다. 동지중해에 식민지를 보유하지 않은 피렌체나 안코나(Ancona)와 같은 도시 국가는 오스만 제국으로부터 더 많은 상업적 특혜를 얻기까지 했다. 니콜로 마키아벨리의 고향 피렌체는 이때만 하더라도 그 번영을 마음껏 누리고 있었다.

이처럼 오스만제국의 성장에도 불구하고 여전히 향신료 무역 노선은 원활하게 작동하고 있었다. 그런데 이슬람 세력을 이베리아(Iberia) 반도에서 몰아내는 데 성공한 포르투갈과 에스파냐의 입장에서는 향신료 무역이 아직도 이탈리아 상인들, 특히 15세기 때는 베네치아 상인들의 수중에 있다는 것이 문제였다. 다시 말해 베네치아 상인들에게는 굳이 새 항로를 개척할 까닭이 없었던 반면 이 무역에서 소외돼 있던 이베리아 반도의 두 나라 즉, 포르투갈과 에스파냐는 동방으로 가는 새로운 노선을 확보하려는 욕구가 강했다. 오스만 제국의 콘스탄티노플 정복이 새로운 항로 개척에 기여한 점이 있다면, 동지중해 연안에서 활동하던 제노바 상인들이 새로운 시장을 찾아 떠나야 했고 그들이 선택한 곳이 바로 북아프리카와 이베리아 반도였다는 사실이다. 실제로 제노바 상인들은 포르투갈과 에스파냐의 새로운 항로 개척 사업에 인적·물적 자원을 지원했다.

아프리카에 대한 광범위한 탐험활농과 새로운 인도항로에 대한 개척은 1440년 포르투갈의 항해왕 엔히크(Henrique O Navegador) 왕자와 그 신하들이 시험적으로 아프리카 서해안을 탐험하면서 시작됐다. 이렇듯 포르투갈의 새로운 항로 개척을 위한 탐험은 1453년 오스만 제국의 콘스탄티노플 정복과는 무관하게 시작됐다. 언제나 그렇듯 결핍은 행동의 원천이고 상상은 위대한 서사의 고향이다. 이렇게 유럽이 아프리카와 연결됨으로써 야스케의 운명이 틀어지는 계기가 만들어졌다.

엔히크는 '항해왕'이라는 별명에서 알 수 있듯이 선원 양성, 해도 작성, 선박 건조 등에 주력했다. 15세기 초 그는 선단을 조직해 아프리카 서해안을 남하해서 인도에 이르는 항로를 찾을 수 있었다.

항해왕 엔히크

이런 초기의 성공에 고무돼 1488년 포르투갈의 바르톨로뮤 디아스 (Bartolomeu Dias)가 이끄는 선단이 희망봉에 도착했다. 당시 향신료 는 동쪽에서 육로와 해로를 거쳐 유럽으로 들어왔는데, 주로 아라비 아 만과 홍해를 경유했다. 기존 무역로가 아니라 인도나 그 너머로 이어지는 해상 교역로를 확보할 수 있다면 막대한 부를 얻을 수 있 다는 꿈이 현실이 될 것이었다. 9년 뒤인 1497년, 마누엘 1세(Manuel I)의 명령을 받아 바스코 다 가마(Vasco da Gama)의 배 네 척이 희망 봉을 돌아 동아프리카 해안의 말린디(Malindi)를 지나서 인도양을 건 넌 뒤 인도 남쪽 코지코드(Kozhikode)에 도착했다. 이로써 변방의 소외자 포르투갈은 향신료 무역으로 성장한 가장 빠른 유럽 해상 제국으로 성장했다.

이 밖에도 에스파냐와 포르투갈 정부를 위해 일하는 수많은 해적, 밀수꾼, 탐험가들의 노력이 이어졌다. 사실 이 시기의 해적, 밀수꾼, 탐험가들은 일확천금을 꿈꿨다는 점에서 같은 부류라고 해도 과언이 아니었다. 1492년 크리스토퍼 콜럼버스(Christopher Columbus)가 서쪽으로 항해를 계속해 지금의 바하마(Bahama) 제도에 이르렀다. 이후 8년 뒤인 1500년 포르투갈의 페드루 알바르스 카브랄(Pedro Alvares Cabral)이 왕명을 받고 바스코 다 가마의 항로를 재현하려다가 폭풍을 만나 우연히 지금의 브라질에 도착했다. 그는 브라질을 포르투갈령으로 삼은 뒤 인도로 가는 항해를 재개했다. 그는 1500년 9월 인도에 도칙했고 1501년 다시 포르투갈로 귀환했다.

에스파냐 최초의 인도항로 개척 시도는 콜럼버스가 아시아와 유럽 사이에 위치한 아메리카 대륙에 도달하는 결과로 이어졌다. 아울러 생각지도 못했던 신대륙을 돌아 아시아로 가려는 시도는 마침내 페르디난드 마젤란(Ferdinand Magellan)과 함께 결실을 보게 된다. 1520년 10월 21일, 마젤란의 함대는 오늘날 마젤란 해협으로 알려진 곳을 통과해 태평양으로 나아갔다. 이듬해인 1521년 3월 16일, 마젤란 함대는 마침내 필리핀을 거쳐 말루쿠(Maluku) 제도에 도착함으로써 아시아로 향하는 서쪽 해상 교역로를 개척하는 데 성공했다.

계속된 포르투갈과 에스파냐의 경쟁은 마침내 다툼이 됐다. 그리고 그 다툼 덕분에 교황의 권위는 인류 역사상 전례가 없는 '토르데

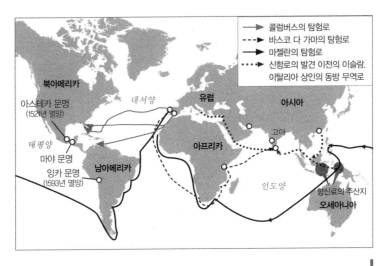

해상 무역로

시야스(Tordesillas) 조약'으로 구체화됐다. 동로마 제국의 멸망 때문에 영토도 잃고 명예도 실추됐지만, 이슬람에 대한 그리스도교의 승리를 통해 신의 영광을 드러내고자 한 교황은 자신이 진정 신의 대리인이라고 믿었다.

"너희는 많은 자녀를 낳고 번성하여 땅을 가득 채워라. 땅을 정복하라. 바다의 고기와 공중의 새와 땅의 모든 생물을 지배하라."(창세기 1:28)

토르데시야스 조약은 대항해 시대의 선발 주자 포르투갈과 후발 주자 에스파냐 사이의 유럽 대륙 이외의 지역에 대한 영토 분쟁을 해결하고자 1494년 6월 7일 교황 알렉산데르 6세(Alexander VI)

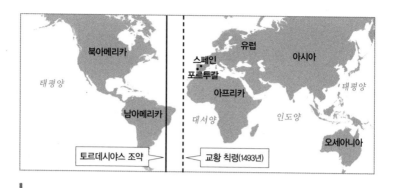

토르데시야스 조약에서의 경계선

의 중재로 에스파냐의 토르데시야스에서 맺은 조약을 말한다. 대서양 하가운데를 기준으로 삼아 새로 발견하는 땅의 서쪽은 에스파냐가, 동쪽은 포르투갈이 차지하기로 했다. 분할 기준선은 카보베르데(Cape Verde) 곶이었다. 서경 43도 37분을 기준으로 선을 그었다. 대서양만 나눈 것이 아니라 지구 전체를 반으로 가른 셈이었다.

본래 이 내용은 1년 전인 1493년 에스파냐가 일방적으로 선언한 것이었다. 외견상 교황이 발표하는 형식을 취했지만 당시 로마 교황청이 에스파냐의 영향력 아래에 있었기 때문에 이 선언은 에스파냐가 한 것과 마찬가지였다. 알렉산데르 6세도 에스파냐 출신이었다. 신의 대리인을 앞세운 에스파냐의 일방적인 선언에 포르투갈이 항의하자, 로마 교황청의 중재로 약 1년여의 협상 과정을 거쳐 최종 합의된 내용이 바로 토르데시야스 조약이었다.

교황이 처음 교서로 선언한 내용과 달라진 점은 서경 38도 지점에 그려졌던 경계선이 서쪽으로 이동해 서경 43도 37분 지점을 기준으로 지구를 한 바퀴 도는 것이었다. 이 조정을 통해 1500년에 발견한 브라질은 포르투갈이 지배하게 됐고, 애초의 교황 교서대로라면 포르투갈령이 돼야 할 필리핀은 에스파냐가 차지하게 됐다. 로마 교황청은 1506년 이 조약을 공식 승인했다. 신은 아담과 이브에게 세상의 전부를 줬지만, 교황은 포르투갈과 에스파냐에 둘로 나눠줬다.

그렇다고 해서 이 조약이 교황의 권위를 빌려 유럽 사회가 그들의 야만성을 드러낸 최초의 행위는 아니었다. 포르투갈의 왕 아폰수 5세(Afonso V)는 교황 에우게니우스 4세(Eugenius IV)에게 아프리카와 동방에서 정복할 땅에 대한 권리를 요구했다. 이에 교황은 1442년 1월 9일 이를 인정하는 교서를 내린다. 이어서 1452년 교황 니콜라오 5세(Nicolaus V)는 아폰수 5세와 그의 후계자들에게 이교도의 땅을 정복해 복속시킬 것을 허용하는 교서를 재차 반포한다. 이른바 '둠 디베르사스(Dum Diversas, 다른 곳까지)' 교서다. 교황이 나서서 아폰수 5세에게 아라비아 지역의 사라센(Saracen) 사람들, 이교도, 신앙이 없는 자들을 세습 노예로 삼을 수 있는 권리를 부여함으로써 노예 무역을 신의 이름 아래 합법화해준 셈이었다.

또한 1455년에 니콜라오 5세는 '로마누스 폰티펙스(Romanus Pontifex, 로마 교황)' 교서를 통해 아프리카 대서양 연안의 땅과 섬에서 나오는 모든 것들을 독점적으로 소유할 수 있는 권리를 포르투갈에 부여했다. 1479년에 체결된 알카소바스(Alcáçovas) 조약에서는 포르투갈의 아폰수 5세와 그의 아들 주앙 2세(João II)가 카나리아(Canaria) 제도 통치권을 에스파냐의 부부(夫婦) 왕 페르난도(Ferdinand) 왕과 이사벨라(Isabella) 여왕에게 넘겨줬다. 그 대가로 에스파냐는 아프리카에서의 무역 독점권과 아소르스(Açores), 카보베르데, 마데이라(Madeira) 제도에 대한 통치권이 포르투갈에게 있다는 것을 인정했다.

2년 뒤 교황 식스토 4세(Sixtus IV)는 이 조약을 승인하면서 카나리아 제도 동쪽과 남쪽 지역에서 발견하는 모든 것들을 포르투갈의 소유로 정했다. 그러나 만족할 줄 모르던 주앙 2세는 콜럼버스가 발견한 땅도 포르투갈의 섯이라고 주장했다. 이에 에스파냐의 군주들이 반발해 새로운 교황 알렉산데르 6세에게 콜럼버스가 발견한 땅을 식민지화하고 그리스도교로 개종시킬 권리가 누구에게 있는지 정해달라고 요청했다. 토르데시야스 조약의 발판은 이렇게 마련됐다.

알렉산데르 6세는 세 차례 교서를 반포했다. 첫 번째 교서에서는 전능하신 하느님의 권위로 1억 명의 원주민들이 이미 살고 있었으나 유럽인들이 처음 도착한 땅 아메리카 대륙에 대한 영구적 소유권을 에스파냐에게 부여했다. 두 번째 교서에서는 카보베르데 제도에서 서쪽으로 약 560킬로미터 지점(서경 38도)을 기준으로 남북을 잇는 경계선을 확정했다. 알렉산데르 6세는 그 경계선의 서쪽에 있는 땅은 이미 발견한 것이든 앞으로 발견할 것이든 간에 모두 에스파냐 소유라고 규정했다. 세 번째 교서에서는 에스파냐의 영향력을 동쪽으로 인도까지 확대시켰다. 이 교서 내용에 포르투갈의 주앙 2세는 분노가 머리끝까지 치밀어 올랐다. 포르투갈인들이 불과 몇 년 전 아프리카 남단을 탐험하고 복귀한 터라 조만간 인도양까지 독점권을 행사할 길이 열린 상황이었기 때문이다. 알렉산데르 6세의 결정에 불만을 품은 주앙 2세는 교황이 아닌 페르난도 왕 및 이사벨라 여왕과 직접 협상했다. 그 결과로 1494년 에스파냐의 조그만 도시 토르데시야스에서 조약이 체결됐다.

이로써 포르투갈은 아프리카와 아시아를 갖게 됐으며 에스파냐는 아메리카 대륙을 손에 넣었다. 지금의 관점에서 보면 어이없는 일이지만, 이 조약에 따르면 그동안 유럽인들에게 알려지지 않았던 아프리카와 아시아 대륙 전체가 포르투갈의 땅이었다. 조선과 중국 그리고 홋카이도(北海道) 일부를 제외한 일본도 명목상으로는 포르투갈령이었다. 일본을 처음 방문한 선교사도 포르투갈 사람이었고 홍콩이 영국에 넘어가기 전 중국과의 유일한 소통 창구도 포르투갈이 점령한 마카오였다. 당시 포르투갈의 영역을 보면 아프리카와 인도를 거쳐 동남아시아와 일본의 나가사키에 걸쳐 있었음을 확인할 수 있다. 포르투갈인들이 한반도에 오지 않은 것이 다행이라고 여겨야 할 정도다.

이른바 대항해 시대의 서막이라고도 할 수 있는 포르투갈의 해외 식민지 건설에서 가장 먼저 희생된 곳이 북아프리카의 세우타

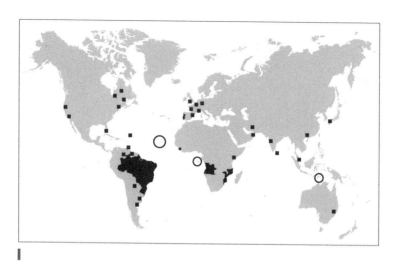

포르투갈 제국의 영토

(Ceuta)다. 이후 기니(Guinea), 르완다(Rwanda), 앙골라(Angola)에 이어 동아프리카로 돌아가 모잠비크(Mozambique)를 차지했다. 흑인 무사 야스케가 모잠비크 출신이라는 설이 가장 유력하다. 그는 당시 노예 무역으로 큰 이익을 보고 있던 포르투갈의 식민지 출신 흑인으로, 앞서 언급했듯이 때마침 일본으로 향하던 사제 알렉산드로 발리냐노와 만나게 되면서 인생이 바뀌게 된다.

발리냐노는 나폴리(Napoli) 왕국의 부유한 귀족 가정에서 태어났고 1566년 로마에서 예수회 사제가 됐다. 1571년에 잠시 성 안드레아 수련원 원장으로 있었는데, 그 해 가을 예수회에 입회한 젊은 마테오 리치(Matteo Ricci)의 시험을 맡았다. 이런 인연으로 마테오 리치

42   말과 칼

의 후견인이 되어 훗날 그에게 지대한 영향을 미치는 인물이 된다.

1573년에는 인도에서 일본에 이르는 예수회 동양 교구를 주관하는 순찰사 겸 부주교로 임명돼 재정, 교역, 교회법, 포교, 외교 등을 관리했다. 당시 그는 예수회 입회를 허가하고 현지 포교장을 임명하거나 파면하며 예수회 선교사를 어디로든 파견할 수 있는 막강한 권한을 갖고 있었다. 유럽의 좁은 세계를 넘어 더 넓은 세상에 신의 은총과 영광을 드러낼 수 있게 됐다. 1574년 3월 21일, 알렉산드로 발리냐노는 국적이 서로 다른 41명의 예수회 선교사들을 이끌고 샤가스(Chagas)에 올랐다.

샤가스는 네 척으로 구성된 소규모 선단의 주선이었다. 선단은 에스파냐령 카나리아 제도와 지금의 가나(Ghana) 지역인 엘미나(Elmina)에 일시적으로 기항해 식량을 싣고 선박을 수리했다. 도착이 늦어질 것으로 예상한 희망봉(Cape of Good Hope)도 예정보다 빨리 돌아, 리스본(Lisbon)을 출발한 지 4개월 만인 7월 14일 모잠비크에 도착했다. 그곳은 인도 제도의 첫 번째 기항지였다. 이는 모잠비크에서부터 발리냐노에게 순찰사로서의 책임과 권한이 발생한다는 것을 의미했다. 그는 즉시 현지 포교 활동 조사와 평가를 시작했다. 발리냐노 일행은 모잠비크 섬에 한 달 가량 머무르면서 예수회 포교 방침과 실천 방법 중 수정해야 할 점을 지적해 보고서를 작성했다. 빌리냐노가 야스케를 만나게 된 것도 이 시기였다.

1627년 예수회 사제 프랑수와 솔리에(François Solier)가 남긴 기록

알렉산드로 발리냐노

에 따르면 야스케는 모잠비크 출신의 무어(Moor)인이다. 에티오피아인들처럼 피부가 검었다. 발리냐노는 그를 인도 제도에서 데리고 왔다. 당시 모잠비크 출신의 노예들 대부분은 포르투갈 노예 상인을 통해 아시아와 아프리카 그리고 나중에는 브라질로 팔렸다. 이들은 용맹한 전사로도 알려져 때로는 주인을 대신해 무기를 들고 전쟁에 참여하기도 했다. 야스케가 포로로 잡힌 전사 출신의 노예였다면 어렸을 때부터 군사 훈련과 실전 경험을 쌓았을 것이다. 이 같은 배경이 발리냐노 일행의 호위 노예가 되고 훗날 노부나가의 가신이 되는 데 결정적인 영향을 미쳤을 것이다.

야스케의 출신지가 에티오피아라는 견해도 있다. 역사학자이자

《야스케(Yasuke)》의 저자 토머스 로클리(Thomas Lockley)가 대표적이다. 그의 주장대로 야스케가 에티오피아인이라면 야스케라는 일본식 이름에 대한 설명이 수월해진다. 구약성서에 등장하는 아브라함의 아들 이삭(Isaac)은 에티오피아 발음으로 이사케(Yisake)다. 또한 이삭의 포르투갈 이름은 이사키(Isaque)다. 아마 야스케의 본명도 이사케나 이사키와 유사했을 것이다. 야스케가 현지인으로서 그리스도교화한 인물이라면 발리냐노의 입장에서도 의미가 남달랐을 것이다. 아브라함이 이삭을 제물로 바쳤듯이 아프리카인 이삭은 일본에 도착한 뒤 발리냐노에 의해 노부나가에게 바쳐짐으로써 믿음의 증거가 된다.

한편으로 야스케가 수단 남부의 딩카족(Dinka)이었을 가능성도 있다. 당시 일본에서 그는 큰 키와 검은 피부색으로 유명했다. 딩카족들은 아프리카에서 가장 키가 큰 부족이었고 에티오피아, 에리트레아(Eritrea), 소말리아(Somalia) 흑인들보다 피부가 더 검었다. 오늘날의 연구 결과를 종합해보면 야스케는 에티오피아 또는 딩카족 거주지나 그 주변 지역에서 태어났고, 어릴 때부터 인도군 또는 아프리카 용병대 캠프에서 군사 노예로 훈련받았다고 볼 수 있다. 그리고 포르투갈의 식민지 모잠비크에서 배를 타고 고향을 떠나게 됐던 인물이다.

발리냐노는 리스본을 출발해 자신의 권한이 처음 발휘된 장소 모잠비크에서 호위 노예로 야스케를 산 뒤 인도의 고아를 거쳐 말레이시아 지역 항구 도시 말라카(Malacca)와 중국 마카오에서 시찰을 마치고 일본으로 향했다. 그렇게 1579년 7월 25일 일본 큐슈(九州)에 도착했다. 그의 첫 번째 일본 체류는 1582년 2월 20일까지 계속됐다.

발리냐노는 분고(豊後), 아즈치, 나가사키(長崎) 등에서 선교사 협의회를 열어 초기 선교의 실적과 반성을 통해 새로운 기본 방침을 결정했다. 발리냐노가 순찰사로서 일본 체류 중 목격한 것은 예수회를 포함한 가톨릭 공동체 내부의 분열과 자신들에 대한 일본인 협력자들의 불만, 서로에 대한 신뢰 부족, 세례 후 신앙 재교육 문제 등이었다. 특히 관구 책임자 프란치스코 카브랄의 독선적이고 일방통행적인 선교 정책으로 인해 선교사들 사이의 혼란은 물론 서양인 선교사와 일본인 협력자들 사이에 불만이 극에 달해 있었다. 이것은 알렉산드로 발리냐노로 하여금 아시아 선교의 방향을 확정 짓는 중요한 터닝 포인트가 된다.

발리냐노는 일본에 체류하면서 일본의 풍습과 관습을 익히려고 노력했다. 1년 넘게 시간을 들여 방바닥에 앉는다거나 젓가락을 사용해 식사를 하는 등의 현지 문화에 적응했다. 복음 활성을 위해 일본 선교지를 시모(下島), 분고, 미야코(宮古) 세 지역으로 분할했다. 현지인 성직자 양성 기관인 신학교 콜레지움(colledium)도 설립했다. 일본인 귀족 자녀들로 구성된 사절단을 꾸려 유럽에 파견할 계획도 세웠다. 그리고 프란치스코 카브랄을 해임한 뒤 후임으로 가스파르 코엘료 신부를 임명했다.

하지만 발리냐노의 첫 번째 일본 방문에서 가장 의미 있는 일은 그가 오다 노부나가를 만났다는 사실이다. 노부나가는 예수회 선교사들의 활동에 대해 치하했고 발리냐노는 그를 통해 적응주의 선교 방침을 더욱 명료하고 확실하게 세우기로 결심했다. 이곳 문화에 적응하는 방식이 아니고서는 가톨릭이 아시아인들의 마음에 자리 잡을 길이 없음을 깨달았다. 가부장적 사회 시스템 그리고 굳이 다른 종교를 필요로 하지 않을 만큼 그들만의 강력한 신념 체계가 있다는 사실도 확인했다.

다행스러운 일은 오다 노부나가는 새로운 것을 받아들이는 데 민첩했다는 것이었다. 그는 1543년 포르투갈 예수회 선교사들과 그들을 돕고 있던 상인들을 통해 서양의 조총을 접하자마자 그것이 전투에서 매우 유용할 것임을 곧바로 깨달았다. 깨달음은 행동이 되어 다른 다이묘(大名)들보다 앞서 조총 부대를 조직하고 그 운용 전술을 개발했다. 노부나가는 조총 부대를 발판으로 전국 시대 전투 양상을 근본적으로 바꿨으며, 이로써 강력한 중앙집권적 행정 체계를 갖출 수 있는 근간을 확보했다. 이제 그가 노래하는 일본 통일의 대서사시는 거의 끝나가고 있었다.

알렉산드로 발리냐노는 일본이 서양을 필요로 하는 까닭은 총이지 종교가 아니라는 사실을 깨달았다. 그런데 조총 수입을 위해 통역관 자격으로 선교사들의 입국을 허락한 덕분에 규슈를 비롯해 수도인 교토에도 수많은 가톨릭교도가 생겨났다. 오르간티노 녜키—

솔도(Organtino Gnecchi-Soldo) 신부는 일본 문화에 대해 카브랄 신부와는 반대의 입장을 고수한 발리냐노의 교토 방문을 환영했다.

그곳에서 발리냐노는 야심 있는 권력가로서 일본의 여러 지역을 손에 넣으며 통일 대업을 완성해가고 있던 오다 노부나가를 만났다. 이 만남은 '하느님의 더 큰 영광을 위하여' 세계를 아우르고자 1534년 탄생한 예수회와, 100년의 전란을 끝내고 일본을 통일한 뒤 중국을 정벌해 황제가 됨으로써 세계를 아우르겠다는 '천하포무(天下布武)'를 내세운, 마찬가지로 1534년에 태어난 오다 노부나가의 조우이기도 했다. 발리냐노에게는 세상의 끝이며 노부나가에게는 세상의 시작인 일본에서 두 사람은 그렇게 만났다.

노부나기와의 만남 자리에서 루이스 프로이스 신부가 통역을 맡았다. 노부나가는 발리냐노의 큰 키와 지적인 눈매 그리고 온화한 인품에 감탄했다. 일본 역사에서 처음으로 비중 있는 유럽 대사의 방문이었다. 분위기도 매우 좋았다. 발리냐노는 콜럼버스를 시작으로 유럽인들에 의해 발견된 곳들이 포함돼 있는 세계 지도를 노부나가에게 선물했다. 그러면서 일본 귀족 자녀들로 구성된 사절단을 꾸려 유럽에 보낼 것을 제의했다. 노부나가는 이를 흔쾌히 받아들였다.

노부나가는 유럽 국가들의 통치 기술에 대해 물었다. 발리냐노는 에스파냐와 포르투갈을 중심으로 가톨릭에 근거한 국가 체계, 법적 구조, 법률 적용, 권력 문제, 식민지로 새로 확보한 영토와 무기들을 소개했다.

　두 사람의 만남은 진솔했고 노부나가는 유럽의 순찰사들과 가까이 지내고 싶어 했다. 노부나가는 일찍이 오르간티노 신부를 자신의 자녀들에게 소개해줄 만큼 선교사들에게 호감을 갖고 있었기에 순찰사들을 대하는 태도도 매우 부드러웠다. 노부나가는 자신이 고안한 열병식 우마조로에(馬揃え) 행사에 순찰사와 예수회 선교사들을 초대함으로써 그들과의 친분을 공적으로 드러내기도 했다. 순찰사가 떠날 때는 값비싼 병풍, 유명 화가의 그림 등을 선물했다. 선교사들은 순찰사의 교토 방문을 통해 일본 선교에 큰 기대를 갖게 됐다. 노부나가 또한 순찰사와 예수회 선교사들에 대해 나름의 기대를 가졌다.

　오다 노부나가가 얼마나 유럽 문물에 대해 호기심이 많았는지에 관해서는 오타 규이치(太田牛一)의 《노부나가 공기(信長公記)》를 보면 알 수 있다.

남만 삿갓이라 불리던 검은색 벨벳 모자를 쓰고 눈썹을 밀었다. 붉은 얼굴 가리개에 중국산 비단으로 만든 진바오리(陣羽織, 무관이 전장에서 입던 겉옷)를 걸치고, 호랑이 가죽을 가공한 승마용 앞가리개를 허리 아래로 늘어뜨린 차림이었다. 요란하게 폭죽이 터지는 승마장에서 갈색 준마를 타고 가신들과 돌아다녔다. 코르도바 산 가죽 제품과 벨벳으로 만든 외투를 좋아해 우에스기 겐신에게 선물로 보내거나 부하들에게 남만식 모자를 포상으로 하사하기도 했다.

소파(sofa)를 마음에 들어 해서 열병식을 치를 때마다 말에서 내려 자주 소파에 앉았다. 에스파냐에서 제작된 유럽식 갑옷을 일본풍으로 개량해 즐겨 입었다. 음악과 무용에 예민한 감각을 가졌던 그는 성당에서 연주하는 오르간 음률에 흠뻑 젖기도 했다. 나중에는 교토에서 오페라 공연을 주최해 감상하기도 했다.

발리냐노와 노부나가의 만남에는 또 하나의 역사적인 순간이 있었는데, 그것은 다름 아닌 야스케와의 만남이었다. 발리냐노가 교토에 들어올 때 검은 피부를 한 건장한 노예가 힘께 입성했다는 소문을 노부나가도 들었던 터였다. 노부나가는 그 흑인 사내를 데려오라고 했고, 오리간티노 신부가 야스케를 대동하고 나타났다. 야스케가 도착했다는 보고가 있은 뒤 얼마 후 접견실에 노부나가가 모습을 드러냈다. 야스케는 노부나가로부터 상당히 떨어진 자리에 무릎을 꿇고 머리를 조아리며 인사했다. 단상에 앉은 노부나가는 오르간티노 신부에게 일러 야스케가 가까이 오도록 했다.

야스케는 노부나가를 자주 알현한 경험이 있는 오르간티노를 통해 당시의 기본적인 예의를 익혔다. 그는 머리를 가능한 한 낮게 숙이고 무릎을 꿇은 채 기어서 앞으로 나왔다. 노부나가는 자리에서 일어나 이 기묘한 인물을 한참을 들여다보다가 일어나라고 말했다.

그러자 야스케가 자리에서 일어섰다. 190센티미터에 달하는 거대한 몸이 공간을 가로에서 세로로 갈랐다. 극도의 불안과 긴장이 그의 온몸을 감쌌다. 그도 그럴 것이 어떤 행동을 할지 알 수 없기로 유명한 이 무장의 화를 돋우기라도 하는 날에는 그야말로 무슨 일이 일어날지 몰랐다. 노부나가는 그에게 상반신을 벗으라고 명령했다. 야스케의 검은 피부는 만지거나 비벼도 떨어지지 않았다. 정말로 피부가 검은 인종이라는 것을 확인한 노부나가는 자식들을 불러 이 희귀한 인물을 보여줬다.

그로부터 며칠 뒤 가톨릭 포교를 허락해준 데 대한 답례로 예수회 일본 관구 순찰사 알렉산드로 발리냐노는 금장식을 한 벨벳 의자와 크리스털 잔과 함께 노부나가가 각별히 관심을 보인 자신의 흑인 노예 야스케를 헌상했다. 발리냐노는 곧 일본을 떠나 인도의 고아를 거쳐 유럽으로 돌아갈 예정이었기에 더 이상 호위는 필요 없다고 판단했다. 더욱이 일본에 있는 동안에도 노부나가의 비호가 있으므로 안전하다고 여겼다. 자신의 노예를 노부나가에게 헌상함으로써 예수회에도 장기적으로 긍정적인 영향을 미칠 수 있다고 믿었다. 나아가 야스케가 노부나가에 대한 귀중한 정보원이 돼줄 수 있다는 기대감도 있었다.

노부나가는 기쁘게 받아들였다. 그에게 야스케라는 이름을 지어주고 자신의 곁에서 잡무를 맡아 보는 무사인 코쇼(小姓)로 삼았다. 이로써 작열하는 태양 아래 모든 것이 여유롭고 자유로운 아프리카

야스케 조각(니콜라 루스 作)

에서 태어나 까닭 없이 노예가 되어 기약 없이 인도 고아로, 말레이
시아 말라카로, 중국 마카오로, 그리고 일본으로 흘러들어온 그는
야스케라는 새로운 이름과 무사로서의 새 직분을 얻게 됐다.

제3장

신밧드의 모험

악화가 양화를 구축한다.

_ 토머스 그레섬

옛날 어느 마을에 남의 짐을 나르면서 어렵게 살아가고 있던 짐꾼 신밧드(Sinbad)가 있었다. 그는 어느 날 일을 하다가 너무 힘들어서 호화로운 상인의 자택 마당에서 잠시 쉬고 있었다. 그런데 집 안에서 맛있는 음식 냄새가 풍겨왔다. 고개를 돌려 궁전 같은 자택 내부를 꿈같이 바라봤다. 처량해진 그는 자신의 처지를 한탄하며 앞날을 걱정하는 노래를 불렀다.

잠시 후 노랫소리를 들은 집주인이 짐꾼 신밧드를 집 안에 들여 호의를 베풀면서 그를 위로했다. 신밧드는 호의에 감사하면서 자신을

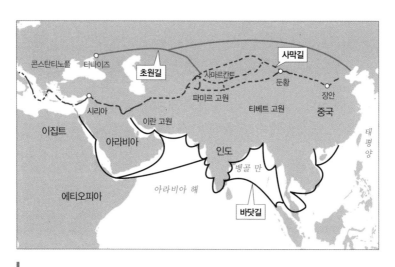

동서 무역로

잘 대해준 까닭을 물었다. 그러자 집주인은 자기의 이야기를 들려줬다. 그의 이름은 신밧드, 짐꾼 신밧드와 같은 이름이었다.

　집주인 신밧드는 자신이 겪었던 일곱 가지 모험담을 이야기했다. 선원으로 항해를 하다가 거대한 파도에 휩쓸려 무인도에 표류했던 일, 외국에 가다가 길을 잃어 거대한 괴물을 만나 간신히 살아나왔던 일, 이상한 도깨비 노인을 만나 잡아먹힐 뻔했던 일, 갖가지 고난을 겪으면서 얻은 금은보화…. 이런 모험담을 들려주면서 집주인 신밧드는 짐꾼 신밧드에게 자신도 지금처럼 호화롭게 살기 전까지는 큰 고난과 역경을 겪었다면서 신세를 한탄해서는 안 된다고 말했다.

　《아라비안 나이트(Alf Lailah and Lailha)》에 나오는 '신밧드의 모험'

의 대략적인 줄거리다. 그런데 신밧드는 얼마나 '옛날', '어느' 마을에 살던 사람이었을까? '어디'로 항해했고 '어떤' 나라들을 방문했으며 그 당시 세계의 '중심'은 어디였을까? 그가 모험한 세상은 어땠을까? 대항해 시대가 열리기 전으로 돌아가보자.

확실한 사실 하나는 15세기까지, 나아가 아편 전쟁이 일어나기 전까지도 유럽은 절대로 세계의 중심이 아니었다는 점이다. 유라시아와 아프리카 그리고 아시아는 지구상에서 세 곳의 거대한 체제를 구축했고, 그 안에서 서로 연결된 무역 지대를 형성하고 있었다. 동아시아 체제는 중국 그리고 적도에 인접한 동남아시아의 향료 군도를 인도와 연결했다. 중동─몽골 체제는 지중해 동부에서 중앙아시아와 인도까지 유라시아 대륙을 연결했다. 반면 프랑스의 거대한 시장 및 제노바와 베네치아의 이탈리아 도시 국가를 중심으로 하는 유럽 체제는 유럽에서부터 중동과 인도양만을 연결했을 뿐이었다.

이런 체제는 부분적으로 중복됐는데, 아프리카 북부와 서부는 유럽과 중동에 연결됐고 아프리카 동부는 인도양과 이어졌다. 그나마 이들 무역 지대도 십자군 전쟁이 끝난 뒤 '동방 무역'이나 이후 '향신료 무역'이라는 명칭에서도 알 수 있듯 아시아 산 후추를 비롯한 향신료, 비단, 도자기 등을 중동 및 아프리카를 거쳐 유럽으로 수입하는 흐름을 말하는 것이었다.

그렇지만 이렇듯 아시아가 주도한 세계 경제 흐름에서 '대역전극'이라고 할 만한 사건들이 15세기 들어 줄을 잇게 됐다. 유럽인들이 아메리카 대륙의 존재를 알게 됐을 뿐 아니라 그곳에서 금과 은을 얻었다. 나아가 그들은 아시아에 직접 접근했다. 이를 통해 그들은 아시아가 선두 주자로 있던 세계 경제에 보다 깊숙이 참여할 수 있게 됐다.

애덤 스미스(Adam Smith)는 1492년과 1498년에 일어난 콜럼버스의 아메리카 항해와 바스코 다 가마의 인도 항해를 세계 역사에서 가장 중요한 사건이라고 생각했다. 그는 자신의 저서 《국부론(The wealth of Nations)》에 "아메리카의 발견 그리고 희망봉을 거쳐 동인도 제도에 이르는 항로 개척은 인류 역사상 가장 위대한 두 가지 사건"이라고 적었다. 물론 인류 역사상 위대한 사건이 아니라 '유럽' 역사상 위대한 사건이라고 하는 것이 맞는 표현이겠지만.

카를 마르크스(Karl Marx) 역시 이 두 사건을 세계사의 결정적 사건으로 간주했다. 자본주의와 공산주의를 대표하는 애덤 스미스와 카를 마르크스가 이 두 사건을 세계사에서 가장 중요한 사건으로 규정한 것은 근대 이후 유럽의 갑작스러운 급부상이 식민지 정책, 노예제도, 아메리카 및 아시아 식민지 착취 등의 원인이라는 자백이기도 하다. 그 선두에 포르투갈과 에스파냐가 있었다. 그렇다면 중세 유럽의 변방에 불과했던 포르투갈과 에스파냐가 세계를 갈라치기할 정도로 급성장하게 된 대항해 시대의 서막은 도대체 어디에서 누구에 의해 시작된 것일까?

"모든 것들이 번창하고 새로워졌으나, 바다 건너 저 먼 나라들에

는 아직 이 소식이 전해지지 않았다. 그리하여 짐의 말을 전하게 하
노니, 그들에게 존경과 복종을 가르치도록 하라."

명(明) 태조 주원장(朱元章)의 넷째 아들로, 조카를 죽이고 명나라
3대 황제의 자리에 오른 영락제의 목소리가 정전을 울렸다. 명나라
를 세운 주원장은 백성들의 부담을 줄여 생활을 안정시키고 생산력
을 높이고자 노력했다. 이 정책은 중국의 정치, 경제, 문화 등의 각
영역을 빠른 속도로 회복하고 발전시키는 결과를 가져왔다. 경제의
풍요, 사회의 안정, 국력의 강성함은 명나라를 동방의 대제국으로
발전시키는 데 물질적·정신적으로 중요한 토대가 됐다.

그러나 영락제에 이르러서는 생각이 달라졌다. 그는 진정한 제국
이 되기 위해서는 우선 명나라의 국위를 만방에 알려야 한다고 여겼
다. 몽골의 무자비한 기마 군단의 폭력에 무릎을 꿇은 경험이 있는
세계 곳곳에 이제 한족의 국가 명이 새로 등장해 태평성세를 이끌어
갈 것이라는 사실을 알릴 필요가 있었다. 영락제는 그들 모두의 황
제가 되기를 원했다.

영락제 앞에 한 사내가 엎드려 있었다. 하얀 비단 두루마기 안쪽
에 자신의 거세된 음경과 고환이 담긴 보석으로 장식된 작은 상자를
지니고 다닌다 해서 '삼보태감(三寶太監)'이라는 별명을 얻은 정화(鄭
和)가 머리를 조아리며 명을 받았다. 영락제는 환관 정화를 바다로
보내기로 결정했다. 원나라를 멸하고 새로이 명나라가 섰음을 대외
에 알리기 위해. 중국에 대한 여러 나라들의 충성을 칭찬하고 격려

정화 석상(중국 남경 소재)

함으로써 이민족들로 하여금 중국과의 관계를 돈독히 유지케 하기 위해. 나아가 덕으로써 회유하고자 하는 명나라의 기본 방침을 알리기 위해.

정화의 본래 이름은 '마삼보(馬三保)'다. 마씨는 이슬람의 예언자 무함마드(Muhammad)의 후손이라는 것을 나타낸다. 아버지의 이름 '합지(哈只)'도 이슬람교의 성지 메카를 순례한 사람에게 붙이는 존칭인 '하지(Hajj)에서 유래했나. 그의 소상은 칭기즈칸의 중앙아시아 원정 때 몽골에 귀순해 원(元) 세조(世祖) 쿠빌라이 때 운남성(雲南省) 개발에 노력한 색목인 정치가 사이드 아자르 샴스 앗딘(Said Azar Shams ad-Din)이었다. 정화가 이슬람 출신이란 것은 영락제가 서방 대원정의 지휘관으로 정화를 마음에 두게 한 이유 중 하나였다.

주원장은 명나라를 건국한 후 원나라 세력 아래에 있던 운남성을 공격했다. 당시 어린 사내아이였던 정화는 붙잡혀 거세된 뒤 환관이 되어 당시 연왕(燕王)이던 주체(朱棣), 즉 훗날 영락제에게 헌상됐다. 주원장의 서거 이후 주체가 제위를 찬탈한 '정난(靖難)의 변'에서 정화는 큰 공적을 세웠다. 이에 영락제로부터 정(鄭) 씨 성을 하사받고 환관의 고위직인 태감이 됐다.

명나라의 관상가 원충철(袁忠徹)의 기록에 따르면 정화는 키가 9척 (2미터)에 가깝고 허리가 굵으며 이마가 높고 코가 작은 전형적인 귀족의 상이었다. 또한 눈썹과 눈이 짙고 귀는 하얗고 크며 치아는 나란히 벌려놓은 조개처럼 가지런했다. 걷는 모습은 마치 호랑이 같고 목소리는 크고 우렁찼다. 이슬람 귀족 집안에서 태어나 포로로, 거세를 당한 소년 전령으로, 황제를 꿈꾸는 야심가의 심복으로, 나라의 권력을 손아귀에 넣은 태감으로, 세계를 품에 안은 대항해가로 자신의 운명을 개척해나간 정화라는 인물은 지혜와 책략 그리고 남다른 용기와 과감한 추진력을 가진, 병법에도 능해 전쟁에 필요한 용병술까지 두루 갖춘 대장부였다.

영락제의 명에 따라 환관 정화는 1405년부터 1433년까지 27년 동안 엄청난 규모의 대선단를 이끌고 일곱 차례나 동남아시아와 인도를 거쳐 페르시아까지 항해했다. 아울러 함대의 분대는 아프리카 동해안 말린디(Malindi)까지 갔다. 정화가 이끈 함대는 승무원이 2만 7,000명 안팎에 대형 선박만 60여 척이었으니, 당시로서는 찾아볼 수 없던 대선단이었다. 1492년 콜럼버스의 첫 항해에서는 함선 세 척에 승무원 120명이 탑승했다. 1497년 바스코 다 가마의 인도 항해도 배 네 척에 170명이 나눠 탔다. 1519년 마젤란의 세계 일주에서도 다섯 척에 265명이 탑승했다는 기록과 비교해보면 설사 다소 과장이 있더라도 정화의 함대가 얼마나 거대한 규모였는지 짐작할 수 있다. 당연한 말이지만 대선단의 원양 항해는 배를 건조하고 운용하는 기술이 발전하지 않고서는 불가능한 일이었다.

실제로도 당시 중국은 조선 기술에서 세계적으로 가장 앞선 나라였다. 중국은 유럽보다 적어도 한 세기 전에 나침반을 항해에 이용했다. 나침반은 종이, 인쇄술, 화약과 더불어 중국의 4대 발명품으로 유명하다. 가로가 아닌 세로돛 종범(縱帆, fore-and-aft sail)과 선박 뒤 끝의 기둥 아래에 장착하는 방향키(stem-post rudder)와 같이 먼 바다를 항해하는 데 없어서는 알 될 기술도 중국에서 먼저 나왔다. 그리고 중국의 전통 범선은 여러모로 뛰어난 배였다.

어쨌든 그처럼 규모가 큰 선단의 해외 진출은 당연히 중국의 위세를 크게 떨쳤고 동남아시아 및 서아시아의 여러 나라들과 중국 사이의 교역을 증진시켰다. 오늘날에도 동남아시아 각국에 중국계 주민인 화교(華僑)가 많이 살고 있다. 싱가포르는 인구의 75퍼센트, 말레이시아는 25퍼센트, 인도네시아는 3퍼센트가 화교다. 또한 이들은 상당한 수준의 경제권을 장악하고 있다. 화교가 동남아시아 일대에 적극적으로 퍼져 나가게 된 계기 또한 다름 아닌 정화의 남해 원정이었다.

정화는 1403년부터 영락제의 명에 따라 항해 준비에 전념했다. 그는 대규모 항해를 하기 전에 시험 삼아 소규모 선단을 중국과 지리적으로 가까운 몇몇 나라에 파견해 항해 경험을 쌓게 했다. 이를 통해 그 지역에 대한 항로, 인근의 섬 위치, 해역의 모양, 조류 흐름,

기후 등에 대해 1차 자료를 수집했다. 이에 더해 정화는 서양에서 전래된 여러 항해 지도, 항로 측정 방법, 별자리를 이용한 항해 기술 등을 확보했다. 그 밖에도 항해할 때 필요한 천문 지리, 해양 과학, 선박 조종 및 수리 등에 관한 지식도 섭렵했다. 이 2년 동안의 소규모 항해 활동은 견문과 지식을 넓히는 계기가 됐으며 대양 항해에 대한 자신감을 키울 수 있는 좋은 기회가 됐다.

정화가 영락제의 명을 받들어 사신으로 나간 1405년부터 1433년까지 일곱 차례에 걸쳐 수행한 항해는 제1차부터 제3차까지를 전기, 제4차부터 제7차까지를 후기로 나눌 수 있다. 전기 세 차례의 활동 범위는 주로 동남아시아와 남아시아 나라에 국한됐다. 당시 동남아시아와 남아시아의 각국에는 왕위 계승을 둘러싼 문제 등 해결해야 할 많은 과제들이 있었다. 이를 해결하지 않고서는 중국이 이 지역과 전통적인 관계를 회복하고 발전시키기 어려웠다. 더욱이 이 지역을 제외하고 더 넓은 세계를 향해 나아간다는 것은 불가능한 일이었다.

후기인 네 번째 항해에서부터 정화의 선단은 이전보다 더 멀리 떨어져 있는 중동의 여러 나라와 아프리카 동해안 지역을 방문했다. 아랍 지역은 몽골 후손들이 지배하고 있었고 아프리카 동해안 지역은 대부분 원시 공동체 단계에 머물러 있었다. 전기 세 차례의 항해가 주로 주변국과의 관계 설정을 위한 정치적 요소가 중요한 비중을 차지했다면, 후기 항해에서는 경제 교류에 중점을 뒀다. 중국의 전

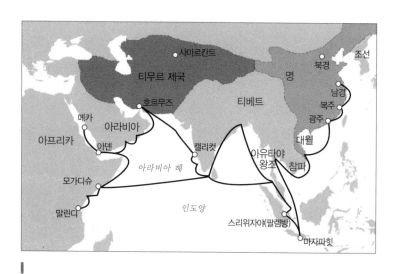

정화의 원정로

통 공예품 비단과 도자기는 멀리까지 전해졌으며, 가는 곳마다 그 지역의 국왕들은 함대와의 물품 교환을 허가했다. 이를 통해 각국과의 무역 거래가 매우 활발해졌다.

정화는 마지막이 된 제7차 항해를 나섰다가 돌아오는 길에 병을 얻어 1434년에 세상을 떠났다. 선단은 즉시 배를 돌려 인도네시아 지역의 자바(Java)로 그의 시신을 옮긴 뒤 그곳에 장사를 지내고 그해 7월 중국으로 돌아왔다. 향년 62세였고 그의 의관을 묻은 의관총(衣冠塚)은 오늘날 남경(南京)에 있다.

일곱 차례에 걸친 정화의 항해에 관한 중국의 기록에 따르면, 그가 선단을 이끌고 인도차이나 반도, 남양 군도, 방글라데시 만, 페르시아 만, 몰디브 군도, 아라비아 해, 아덴 만 등의 지역에 도착했다는 사실을 알 수 있다. 앞에서도 언급했듯이 유라시아, 아프리카, 아시아는 각기 거대한 체제 안에서 서로 연결된 무역 지대를 형성하고 있었다. 이 같은 국제 분업의 틀 속에서 당시 국제 무역은 나름대로 순항했다.

그 경계와 영역을 중국이 넘어선 것이다. 일찍이 전례를 찾아 볼 수 없는 역사적인 대사건이었다. 훗날 포르투갈과 에스파냐가 반대 방향에서 국제 분업의 틀을 깨고 대항해 시대를 열게 된다. 그런데 여기서 주목할 부분은 정화는 인도양과 페르시아 만, 아프리카를 원정했을 때 이들 서구 국가들과는 달리 영토를 차지하거나 해당 지역의 부를 약탈하거나 지역 주민들을 노예로 삼지 않았다는 사실이다. 정화의 선단은 향료를 비롯해 상아, 코뿔소 뿔, 거북 등딱지, 진귀한 목재, 약품, 진주, 그 밖의 다양한 보석 등 중국이 갖고 싶어 하는 물품들을 얻고자 점령과 약탈을 선택하지 않았다. 그것들과 교환하기 위해 값비싼 도자기, 비단, 칠기, 예술품뿐 아니라 면직물, 철, 소금, 대마, 차, 술, 기름, 초 등을 배에 싣고 갔다.

정화는 보물을 실은 대선단을 이끌고 미지의 바다를 항해하면서 낯선 항구들을 방문하고 그 지역 통치자들과 교역했다. 정화는 또한 희귀한 보석은 물론 당시로서는 신기한 동물 기린에 이르기까지 인도양의 진귀한 것들을 수집했다. 때로는 명나라에 우호적인 통치자를 권좌에 앉히고자 지역 정치에 개입하기도 했다. 그럼에도 불구하고 식민지를 삼거나 약탈하거나 노예로 만들지는 않았다.

확실히 서구 유럽은 노예 무역과 식민지 확보가 없었다면 다른 대륙에 비해 획기적인 경제 발전을 이루지 못했을 것이다. 유럽이 200년 동안 패권자로서 세계 질서를 주도한 배경에는 이와 같은 침탈과 희생이 있었다. 하지만 그보다 앞서 훨씬 더 발달한 기술과 군사력으로 바다로 나간 정화의 선단은 그러지 않았다. 왜 그랬을까? 그 이유는 세계를 바라보는 가치관, 즉 세계관의 차이 때문이었다.

당시 영락제의 명을 받은 정화의 임무는 식민지를 확보하는 것도 아니었고 이를 위한 예비적인 탐색도 아니었다. 영락제는 자신에게 경의를 표하기 위해 북경으로 몰려든 외국의 사신들이 만들어내는 끊임없는 물결을 보고 싶었다. 그렇게 함으로써 황제의 권위를 높이고 자신의 정치적 정통성을 강화할 필요가 있다고 본 것이다. 그는 중국의 천하 세계 테두리 안에 있는 모든 나라들로부터 중국의 힘을 인정받고 싶었다. 중국이 세상에서 가장 부유하고 가장 우월한 문화를 갖고 있음을 보여주고 싶었다. 그래서 정화는 방문한 곳을 점령하는 대신 중국 황실의 존재감과 위대함을 알리기 위해 가는 곳마다 조공만을 요구했다.

중국인들에게 교역은 조공과 같은 말이었다. 그들에게 외국과의 교역은 항상 조공을 전제했다. 중국에서 황제는 덕(德)으로 백성을 다스려야 한다. 덕은 백성에게 미치는 황제의 문화적 힘이다. 그의 문화적 힘이 주변 지역에도 영향을 미쳐 그들을 문명화한다. 그러면

영락제

자신들을 문명화시켜준 데 대한 감사의 표시로 중국 황제에게 선물을 바친다. 이 선물이 바로 조공이다. 선물을 받은 중국은 선물을 준 이들에게 받은 것 보다 더 큰 답례를 한다. 그런 식으로 중국인들에게 교역은 곧 조공 무역을 의미했다. 그들에게 무역은 이익을 취하기 위한 것이 아니었다. 문명화를 제공한 것에 대한 감사의 표시로 받은 선물에 답례하는 것일 뿐이었다.

영락제는 명나라에 조공을 바치는 주변 국가들을 순방함으로써 명나라 중심의 세계 질서를 확인하고 이를 더욱 확고히 하고자 했다. 제위 찬탈이라는 취약점을 지닌 영락제에게 주변국들의 조공은 천자가 될 자격, 다시 말해 천명(天命)이 자신에게 있음을 모두에게 확인해주는 셈이었다. 천명을 받은 그는 반드시 성세(盛世)를 실현해야만 했다. 실제로 영락제 재위 기간 중 60여 개 나라가 명나라에 조공했다는 역사적 사실은 그가 성세를 이뤘음을 증명해준다.

중국이 세상의 중심이라는 '중화주의(中華主義)'의 폐해가 없는 것은 결코 아니다. 그렇지만 유럽과의 비교가 중심인 이 책의 관점에서만 본다면 중국은 2,000년 전부터 오늘날까지 거의 비슷한 규모로 영토를 유지하면서, 로마 제국이 멸망한 뒤 작은 도시 국가들로 분열되고 있을 때에도, 게다가 한족이 이민족의 지배를 받을 때조차도 '중화'라는 단일성을 추구하는 방향으로 움직였다. 그 결과 많은 사람들이 모여 사는 하나의 거대 국가를 이뤘고 강력한 힘을 가지게 된다. 그것이 외부 세계를 바라보는 관점과 외부 세계를 대하는 태도에도 커다란 영향을 미쳤다.

정화의 항해가 탐험도 아니고 탐사도 아니라는 증거가 있다. 오른쪽 지도를 보자. 1402년 조선 태종 때 완성된 혼일강리역대국도지도(混一疆理歷代國都之圖)다. '혼일'이란 중국과 주변국을 하나로 아우른다는 '혼연일체'의 뜻이고, '강리'란 변두리 지경을 안다는 의미다. 풀어 쓰면 '중국과 주변국을 아울러 알아야 하는 역대 왕조의 지도'다.

1402년 5월에 문신 이회(李薈)가 자신이 직접 그린 '조선팔도도(朝

혼일강리역대국도지도

鮮八道圖)'를 태종에게 바쳤다. 이로부터 3개월 뒤 김사형(金士衡), 이무(李茂) 등과 함께 이 혼일강리역대국도지도를 완성했다. 권근(權近)이 지도가 만들어지기까지의 과정과 제작 동기를 밝힌 발문을 지었다. 발문에서 권근은 중국의 '혼일강리도(混一疆理圖)'에 일본 지도를 추가해 제작했다고 설명하고 있다. 1398년경 명나라에서 제작한 '대명혼일도(大明混一圖)'에 이회가 그린 조선팔도도와 일본 지도를 추가한 것이 바로 혼일강리역대국도지도라고 할 수 있다. 발문에서 권근이 대명혼일도 외에 참조했다고 쓴 '성교광피도(聲敎廣被圖)'는 이슬람 계통의 세계 지도로 추정되며, 기본적인 지리 정보는 원나라 때 중국을 거쳐 유입된 아라비아 지도로부터 얻은 것으로 보인다.

혼일강리역대국도지도에서 좌측을 보면 아프리카 대륙과 아라비아 반도가 보인다. 1488년에 바르톨로뮤 디아스가 발견했다는 희망봉이 1402년 조선에서 제작한 지도에 이미 그려져 있다. 이것이 무엇을 의미할까?

아랍인들은 이미 오래 전에 아프리카 북부뿐 아니라 아프리카 동부에도 진출했다. 그들이 아프리카 동부 해안을 빙 돌아 북부로 가봤으니 아프리카 대륙과 희망봉이 지도에 표시될 수 있다고 볼 수 있다. 그 흔적이 성교광피도와 혼일강리역대국도지도다. 나침반과 대양 항해술 그리고 이와 같은 지도가 유럽에 전해지지 않았다면 대항해 시대는 열리지 않았을 것이다. 그들이 말한 '발견'이란 이미 존재한 곳에 직접 '도착'했다는 것 이상도 이하도 아니다. 물론 그래야 한다는 '의지'와 그럴 수 있는 '능력' 없이는 할 수 없는 일임에 분명하다.

세 곳의 체제로 나뉘어져 있던 국제 협업의 틀을 깨는 대양 항해 기술과 경험이 중국과 아랍을 거쳐 유럽으로 전해져 대항해 시대를 열었지만, 이후의 역사는 본격적으로 반동의 길을 걷는다. 협업과 상생이 붕괴되고 착취와 지배가 그 자리를 대신한다. '악화가 양화를 구축(驅逐)'한 셈이다. 그 시작을 아랍계 중국인 정화가 열었다. 앞에서 정화의 본명이 마삼보라고 했다. 그의 이름 삼보(三保)는 영어 문헌에서 '삼바오(Sambao)' 또는 '신바오(Sinbao)'로 전해졌다. 이 '신바오'가 아랍권에 전해지는 과정에서 '신밧드(Sinbad)'로 바뀌었다는 설이 유력하다. 그렇다면 '신밧드의 모험'은 '정화의 모험'이다.

정화의 모험은 동북아 및 중동의 지식과 노하우를 지중해를 중심으로 한 유럽으로 옮겼고, 그 씨앗은 번영에 취한 이탈리아 도시 국가에서 '르네상스'라는 꽃으로 피었다. 그리고 800년에 걸쳐 이제 막 이슬람 세력을 이베리아 반도에서 몰아내고 강력한 중앙집권 왕국으로 도약한 포르투갈과 에스파냐가 대항해 시대를 열어나갔다. 때마침 니콜로 마키아벨리의 조국 피렌체는 르네상스가 꽃을 피우기에 좋은 토양이었다.

제 4 장

르네상스의 환각

과거는 미래를 비춰주는 등불이다.
현재와 미래의 일은 과거에도 있었다.
다만 이름과 양상이 달라졌을 뿐.

_ 프란체스코 귀차르디니

    60세의 카를(Karl) 왕이 경건한 마음으로 조용히 무릎을 꿇고 있었다. 이미 스물여덟의 나이에 왕위에 올라 30년 가까운 세월 동안 셀 수 없이 많은 전쟁을 치른 그였다. 프랑크 왕국의 통합, 북이탈리아 정복, 동부 이민족들과의 전쟁, 이슬람 세력과의 전쟁 등으로 다져진 그의 몸은 고령의 나이에도 불구하고 단단했다. 그 든든함에 대한 신뢰가 묻어나는 목소리가 전통 깊은 질문을 던졌다.

    "그대는 신앙을 지키고, 교회를 보호하며, 가난하고 비천한 이들과 과부와 고아들을 도우며 정의롭게 통치하겠는가?"

카를 대제의 대관식(프리드리히 카울바흐 作)

　카를 왕은 자비심을 머금은 부드러운 목소리로 그러겠노라고 답
했다. 대관식에 참석한 이들은 그에게 충성을 맹세했다. 카를 왕의
목과 가슴, 양손과 머리에 기름이 발라졌다. 교황 레오 3세(Leo III)는
그에게 왕관을 씌워주고 카롤루스 아우구스투스(Karolus Augustus)
라는 이름으로 그가 서로마의 황제임을 선포했다.

　중국에만 천명 사상과 같은 전통이 있는 것은 아니었다. 중국 황
제가 천자의 자격, 즉 천명이 자신에게 있음을 인정받아야 했던 것
처럼, 로마 제국에서도 황제가 되기 위한 자격은 하늘로부터 부여되
는 것으로 간주됐다.

　'폰티펙스 막시무스(Pontifex Maximus)'. 이는 로마의 국가 사제단

'콜레기움 폰티피쿰(Collegium Pontificum)'에 속한 최고 사제 또는 대제사장을 일컫는 라틴어 명칭이다. 로마 종교에서 가장 높은 위치다. 초기 로마 공화정에서 지극히 종교적인 자리였던 폰티펙스 막시무스는 서서히 정치적인 위치로 변모하다가 기원전 63년 율리우스 카이사르(Julius Caesar)가 취임한 것을 계기로 이후부터는 로마 황제의 공식 칭호로 자리매김했다. 결국 황제는 정치적·군사적 수장을 넘어 대제사장이라는 종교의 수장으로서 절대 권력과 세습권을 확보할 수 있었던 것이다. 이처럼 로마 제국은 제정일치의 나라로 출발했다.

폰티펙스 막시무스라는 칭호를 마지막으로 사용한 로마 황제는 375년부터 383년까지 재위한 그라티아누스(Flavius Gratianus)였다. 그라티아누스 황제는 제위 후반기 밀라노(Milano)의 주교 암브로시우스(Ambrosius)의 영향을 많이 받았다. 그는 암브로시우스의 종용으로 당시까지 로마 황제의 직함으로 존재하던 폰티펙스 막시무스의 칭호를 스스로 없앴다. 암브로시우스 주교는 황제로부터 대제사장의 이름을 지웠을 뿐 아니라 언제나 황권에 맞서 교권을 지지했는데, 그중에서도 특히 테오도시우스 1세(Flavius Theodosius)와 맞선 일화가 유명하다.

390년 테살로니카(Thessalonica) 주민들이 반란을 일으켜 총독을 살해하고 로마 황제와 황후의 초상화를 흙탕물에 집어 던지는 사건이 발생했다. 이에 격분한 테오도시우스 1세는 군대를 보내 인정사정 봐주지 않고 무차별적으로 학살했다. 이 소식을 들은 암브로시우스는 테살로니카 학살에 대한 책임을 물어 황제가 공식적으로 참회할 것과 당분간 성당 출입을 금할 것을 요구하는 서한을 테오도시우스 1세에게 보냈다.

암브로시우스 주교(프란시스코 데 수르바란 作)

그러나 황제는 이를 가볍게 묵살한 뒤 부활절에 신하들을 대동하고 성당으로 행차한다. 이에 암브로시우스 주교는 문을 가로막은 채 황제가 교회에 들어오지 못하게 했다. 그의 단호한 태도에 테오도시우스 1세는 하는 수 없이 발길을 돌렸다. 이후 황제는 시간이 한참 지난 성탄절에 다시 성당을 찾았다. 하지만 암브로시우스는 이번에도 문 앞에 서서 테오도시우스 1세를 제지하며 '테살로니카 학살'에 대한 사죄를 요구했다.

황제는 결국 그에게 굴복해 자신의 잘못을 뉘우치고 죄를 용서받기 위해 성찬례에 참석하고자 하니 부디 들여보내달라고 간청했다.

그러자 암브로시우스는 보속(補贖, satisfáctĭo)으로 참회의 기도를 요구하고 성당 출입을 허가했다.

이 사건은 훗날 1077년 주교 서임권을 놓고 교황 그레고리오 7세(Gregorius VII)와 대립한 신성 로마 제국의 황제 하인리히 4세(Heinrich IV)가 결국 교황이 체류 중이던 카노사(Canossa)의 성문에서 눈이 내리는 가운데 사흘 동안이나 맨발로 용서를 구한 '카노사 굴욕'의 선례로 남았다. 이를 교회의 권위가 황제보다 높아진 계기로 보는 데는 이견이 많지만, 어쨌든 예전 같으면 감히 상상하지도 못할 일이 일어난 것만은 틀림없었다. 이후 황제의 권위는 주교나 교황의 권위로 대체됐다. 폰티펙스라는 용어도 가톨릭 주교를 가리키는 명칭으로 사용됐으며, 특히 교황의 경우 가장 높은 주교라는 의미에서 폰티펙스 막시무스로 불렸다.

폰티펙스 막시무스라는 이름을 상실한 황제가 다스리는 로마 제국은 급격히 몰락했다. 힘을 잃은 황제들이 이어지다 결국 476년 서로마 제국은 멸망했다. 그런데 동로마 제국은 달랐다. 일반적으로 동방 교회는 세속의 권력에 대해 공격적인 태도를 보이지 않았다. 동로마 제국의 경우 콘스탄티노플의 총대주교가 종교적 권한을 갖고 있었지만, 그도 여전히 전제 군주인 동로마 제국 황제의 신하일 뿐이었다. 황제에 의해 임명되는 자리였고 황제의 뜻에 의해 언제라도 폐위될 수 있는 직책이었다. 단순 비교하기에는 무리가 있으나 황권이 강했던 동로마 제국은 서로마 제국 멸망 후에도 무려 1,000

년을 더 유지하는 저력을 보여줬다.

서로마 제국 멸망 이후 황권을 넘어서는 정신의 수장으로서 신권을 대표하는 인물은 교황이었지만 로마 제국을 대체하는 물리적 세계를 통합할 방법은 없었다. 그렇다면 이 물리적 세계를 다스릴 정치권력의 대리자가 필요한 법이다. 그리하여 800년 12월 25일, 교황 레오 3세가 프랑크(Franck)의 왕 카를에게 황제의 관을 씌우고 서로마 제국이 멸망한 이래 3세기 동안 공석이었던 로마 황제의 부활을 선언한다. 그가 바로 카롤루스 대제(Carolus Magnus)이며 '샤를마뉴(Charlemagne)'로도 알려져 있다.

카롤루스 왕조의 대가 끊긴 이후 962년에는 오토 1세(Otto I)가 카롤루스 대제의 후계자를 자처해 황제가 됨으로써 다시 제위가 이어졌다. 제국의 최고위 귀족인 독일 선제후들이 황제 후보자를 '로마인의 왕'으로 선출하면 교황이 그에게 신성 로마 제국(Sacrum Imperium Romanum, Holy Roman Empire) 황제의 관을 씌워주는 식으로 대관식이 이뤄졌다. 하지만 황권이 강화된 16세기부터는 신권에 의한 교황의 대관 전통은 거의 단절됐다. 지상의 왕들이 교황과 같은 영매를 거치지 않고 직접 하늘과 상대하는 시대로 들어섰기 때문이다. 절대 왕정은 다시 한번 신권을 직접 휘두르게 될 것이었다.

신성 로마 제국의 정식 명칭은 '독일 국가의 신성 로마 제국(Heiliges Römisches Reich Deutscher Nation, Holy Roman Empire of the German Nation)'이다. 신성 로마 제국이라는 이름은 프랑크 왕

국의 카를 왕이 로마로 가서 카롤루스 아우구스투스로서 황제가 됐을 때부터 사용한 것이 아닌, 훨씬 훗날 프리드리히 1세(Friedrich I) 시기인 1157년부터 사용한 명칭이다. 이때 제국의 이름에 '신성'을 붙이는 것이 논란이 됐다. 교회의 권세가 막강한 중세에 신성이라는 단어는 오직 교회만 사용할 수 있었다. 말하자면 신성은 교황청의 독점 용어였다. 교황청의 교회를 '신성 로마 교회(Sancta Romana Ecclesia, Holy Roman Church)'라고 부르는 것도 그런 이유에서였다.

그런데 프리드리히 1세가 제국의 명칭에 '신성'이라는 단어를 붙여서 사용하기 시작했다. 교회와 제국이 같은 대열에 있어야 한다는 논리였다. 물론 바티칸으로서는 내키지 않는 일이었지만, 교황이 대관식까지 치르며 '황제'라는 호칭을 승인한 만큼 적극적으로 반대할 수도 없는 노릇이었다. 그러다가 신성 로마 제국이 '독일 국가의 신성 로마 제국'으로 바뀐 것은 프리드리히 1세가 신성 로마 제국이라는 명칭을 사용한 때로부터 300년도 훨씬 지난 1474년부터였다. 마치 오랜 거짓말에 대한 고백, 즉 신성하지도 않고 로마 제국도 아닌, 알고 보면 그저 독일의 나라라는 고백을 담은 표현이자 권력이 강화된 황제들의 자신감을 드러낸 명칭이었던 듯하다.

한편으로 보면 이 시기는 교회의 관점에서 보면 교황의 아비뇽(Avignon) 유배 등을 거치면서 교회에 대한 쇄신의 목소리가 높아진 때였다. 콘스탄티노플을 함락시킨 오스만 제국의 침공 위협 또한 높았다. 이탈리아 도시 국가들 사이의 분쟁이 극에 달했고, 영국 성공

회처럼 민족 국가들의 등장으로 장차 군주들이 성직 서임권을 마음대로 처리하려는 국교회 사상이 득세하게 되는 시기이기도 했다. 따라서 그 어느 때보다 영적 임무에 충실하고 교회 개혁의 과업을 성실히 수행할 의지와 능력을 갖춘 교황이 필요했다. 그러나 불행히도 이 기간 동안에 오히려 교회의 세속화와 교황의 부패가 전면에 드러났다. 이 시기의 교황들은 로마 가톨릭교회가 소유해온 토지인 이른바 '베드로 세습령(Patrimonium Petri)'를 자신의 사유지로 여겼으며, 마치 자신이 군주인 듯 행동함으로써 교황의 사명을 저버렸다.

교황들의 이 같은 세속적 공명심은 놀랍게도 당대에 그치지 않았다. 로마를 예술품으로 장식하는 데 몰두했을 뿐더러 자신들의 문란한 성생활로 태어난 사생아 자식들에게 영지를 물려주고자 혈안이 되기도 했다. 자신의 일가에게 성직과 영주의 자리를 세습하는 족벌주의가 이 시기 교황들의 특징이 됐고 종국에는 종교 개혁의 원인으로도 작용했다.

그들은 교황령의 땅을 아들이나 조카들에게 봉토로 줬고 아예 교황령에서 빼내어 독립적인 공국을 만들려고 시도했다. 족벌주의는 세력이 강해진 세속 군주들의 도전에 맞서 중앙집권 체제를 구축함으로써 강력한 교황권을 행사하려는 명분이었다. 그러나 그 명분은 실리 앞에 무릎을 꿇었다. 게다가 타락한 교황에 의해 임명된 추기경들도 이미 충분히 교황을 닮아 있었다. 그런 그들이 다시 부적절한 교황을 선출하는 악순환을 되풀이했다. 식스토 4세부터 레오 10

세(Leo X)에 이르는 1471~1521년의 기간은 교황권이 최악으로 타락한 시기다. 신의 이름으로 자행되는 신권과 왕권의 싸움을 신은 그저 바라보기만 했다. 그래도 아직은 누가 이기든 간에 승자는 자신의 영광을 신에게 돌리고 있었다.

바티칸에 시스티나(Sistina) 성당을 세운 식스토 4세는 이후 교황 율리오 2세(Julius II)가 된 조카를 비롯해 두 사람의 조카를 추기경으로 만들었다. 그리고 또 다른 조카에게 이탈리아 북부의 이몰라(Imola)를 공국으로 하사하는 등 족벌주의를 제도화함으로써 로마 교황청과 추기경단을 세속화했다. 식스토 4세의 조카딸의 아들이 라파엘레 리아리오(Raffaele Riario) 추기경이다. 그는 교황령의 영토 확장을 위해 피렌체 공화국을 삼키려고 했다. 피렌체의 수반 로렌초 디 피에로 데 메디치(Lorenzo di Piero de Medici, 이하 로렌초 메디치)와 그의 동생 줄리아노 디 피에르 데 메디치(Giuliano di Piero de Medici)를 모두 암살한 뒤 반란을 일으켜 정권을 장악하고자 했다. 이른바 1478년 메디치의 정적 파치(Pazzi) 가문의 이른바 '파치 음모'였다. 계획하고 실행에 옮겼지만 실패로 끝났다. 로렌초는 부상을 입고 살아남았으며 줄리아노는 살해당했다.

그러자 식스토 4세는 오히려 피렌체 시민 전체를 파문하고 2년간 전쟁을 벌였다. 더불어 베네치아 공화국에 페라라(Ferrara) 공국을 공격하도록 충동질했다. 이에 분노한 이탈리아의 여러 군주들이 서로 연합해 식스토 4세에게 평화를 깨지 말 것을 요구했다. 그 뒤를 이은 인노첸시오 8세(Innocentius VIII)는 추기경 매수를 통해 교황이 된 인물이다. 그에게는 사제가 되기 전에 얻은 두 명의 사생아가 있었으며, 그중 한 명이 로렌초 데 메디치의 딸과 결혼함으로써 사돈 지간이 됐다. 또한 그는 사돈 로렌초 데 메디치의 차남 조반니 디 로렌초 데 메디치(Giovanni di Lorenzo de Medici, 이하 조반니 데 메디치)를 고작 열세 살 때 추기경으로 임명했는데, 그가 바로 훗날의 레오 10세다.

인노첸시오 8세의 뒤를 이은 알렉산데르 6세는 로마 가톨릭 역사상 최악의 교황이었다. 그는 삼촌인 갈리스토 3세(Callistus III)에 의해 추기경이 된 뒤 성직 매매를 통해 교황으로 선출됐다. 세속명이 로드리고 보르자(Rodrigo Borgia)인 그에게는 모두 4남 1녀의 사생아가 있었고 그중 한 명을 추기경으로 임명하는데, 그가 바로 마키아벨리를 이야기할 때 빼놓을 수 없는 인물인 체사레 보르자(Cesare Borgia)다. 그리고 나머지 자식들도 모두 교황령 영주로 만들었다. 또한 예수회 제3대 총장 프란치스코 보르자(Francisco Borgia)는 그의 손자다.

중세의 균열은 계속됐다. 신성 로마 제국과 신성 로마 교회가 그 부실한 실상을 드러낸 중세 후기에는 농업에서도 소작료, 즉 지대(地代)를 몸으로 때우는 노동지대나 토지 생산물로 납부하는 현물지대보다 돈으로 지불하는 화폐지대가 보편적 수단이 됐다. 농민들이 지대를 내기 위해 돈에 눈뜨게 됐고 이른바 '재산' 개념이 생겨났다.

누구든지 토지를 소유한 사람이라면 그 땅에 관한 관할권을 가졌고 거기에서 다른 권력이 파생됐다. 봉건 영주의 몰락과 교황권 쇠퇴가 반복될 때마다 신성 로마 제국의 영토는 오늘날 국가의 전신(前身)으로 변화하기 시작했다. 다만 그 변화의 정도는 지역마다 달랐다. 일반적으로 고대 게르만족의 터전과 중세 봉토가 거의 동일한 지역, 예컨대 프랑스와 같은 지역에서 가장 빨랐고, 자유 도시들처럼 상인 중심의 특권에 의해 생기고 유지된 영토는 변화가 지리멸렬했다.

쉽게 말해 영국, 프랑스, 포르투갈, 에스파냐가 점차 강화된 왕권을 바탕으로 중앙집권적 국가의 형태로 통합을 이뤄가는 동안 바젤(Basel), 아우크스부르크(Augsburg), 쾰른(Köln), 스트라스부르(Strasbourg)와 같은 도시들은 처음에는 지방 영주나 성직 제후에 종속돼 있었으나 점진적으로 자치권을 확보하면서 자유 도시로 분열했다. 그런 분열은 국가의 통일과 중앙 집권화를 방해하는 족쇄와 같았다. 자유 도시로 가장 많이 분열된 지역은 이탈리아였다. 그런데 그 이탈리아 중북부 토스카나(Toscana)에서 역설적이게도 르네상스가 태동했다. 피렌체를 중심으로.

토스카나에 많은 성과 수도원들이 들어서고 인구가 증가하면서 점차 신성 로마 제국의 영향으로부터 독립적인 코무네(Comune)가 형성됐다. 코무네는 12세기부터 13세기 이탈리아 북부와 중부에 있던 주민 자치 공동체를 말한다. 영주권을 배제하고 주변의 농촌 지역까지 지배하는 도시 공화국의 성격을 지니고 있었다. 루카(Lucca)가 최초의 코무네였고, 피렌체, 아레초(Arezzo), 시에나(Siena)도 코무네로서 서로 경쟁하며 발전했다. 중세에 이 지역은 로마를 찾는 순례자들 덕분에 요식업과 숙박업 등으로 부를 쌓았다.

11세기 피사(Pisa)는 이 지역에서 강력한 도시 국가 중 한 곳으로 성장했다. 해안에 면한 입지 조건을 살려 지중해 곳곳에 교역 도시와 식민도시를 세우는 등 지중해 무역으로 부를 축적했고 십자군 전쟁에서도 중요한 역할을 했다. 피렌체, 시에나, 루카는 은행업으로 부를 축적했는데, 오늘날 벨기에 서부에서 네덜란드 서부와 프랑스 북부에 걸친 지역 플랑드르(Flandre) 및 프랑스와 영국에까지 지점을 세우는 등 국제적으로 사업을 영위했다. 루카는 비단 생산지로 유명했다.

그런데 피사 공화국이 멜로리아(Meloria) 전투에서 제노바 공화국에 패배한 뒤 13세기와 14세기에 걸쳐 쇠퇴한 반면 피렌체는 아레초와 피사를 점령하며 15세기부터는 토스카나 지역의 가장 중요한 도시이자 문화 중심지로 군림했다.

로마 시대에 모든 길이 로마로 통했다면 르네상스 시대의 모든 길은 피렌체로 통했다. 유럽에 흩어져 있던 황금이 피렌체로 흘러들어왔다. 피렌체 상인들은 양모 무역과 고리대금업으로 막대한 부를 축적했다. 그들은 오래전에 지어져 낡아버린 수도원 내부를 장식하기 위해 경쟁적으로 아낌없이 돈을 쓰기 시작했다. 수도원이나 성당에서 성직자에게만 허용했던 묘지를 평신도인 상인들에게 돈을 받고 팔면서 묘지 안쪽의 기도실 내부를 장식해달라는 조건을 걸었기 때문이다. 이렇게 해서 수도원과 성당 벽면은 아름다운 그림으로 채워질 수 있었다. 이를 위해 메디치 가문을 비롯한 피렌체의 많은 부자 상인들이 예술가들을 고용했다.

수도원이 아름다운 예술품들로 채워진다는 것은 변화된 이 공간을 시민들에게 널리 알림으로써 신앙심을 공고히 다질 수 있는 기회이기도 했다. 이처럼 상인과 성직자의 이해관계가 맞아떨어지면서 르네상스 예술은 봄을 맞은 듯 활짝 피어났다. 더욱이 주문이 몰린 화가들이 앞다퉈 공방을 운영하는 등 예술 분야에서도 경쟁이 시작되는 계기가 마련됐다.

예나 지금이나 어떤 분야든 발전하려면 경쟁이 필요했다. 베네치아의 정치와 종교가 아무런 갈등이나 경쟁 없이 신을 향한 예술품을 만들면서 여전히 중세의 잠에 취해 깨어나지 못하는 동안 피렌체는 종교와 정치의 상호 개입과 갈등을 해결하기 위한 경쟁을 통해 예술의 발전을 이뤄냈다.

승부의 결과는 금세 드러났다. 수도원의 돈줄을 쥐고 있던 상인들의 욕망은 점점 커져갔다. 초기에는 기도실에 장식할 그림의 주제를 교회에서 정했는데, 시간이 흐르면서 제작비용을 대는 상인들이 스스로 작품의 주제를 정하기 시작했다. 그리고 그 그림 속에 자신이나 자녀들의 얼굴을 그려 넣도록 요구했다.

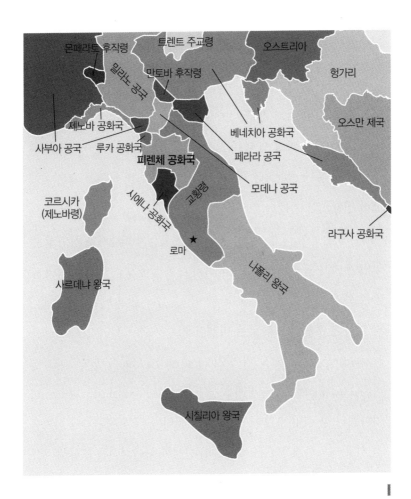

몬페라토 후작령
트렌트 주교령
오스트리아
헝가리
밀라노 공국
만토바 후작령
제노바 공화국
베네치아 공화국
오스만 제국
사부아 공국
루카 공화국
페라라 공국
피렌체 공화국
코르시카
(제노바령)
시에나 공화국
교황령
모데나 공국
로마
라구사 공화국
사르데냐 왕국
나폴리 왕국
★
시칠리아 왕국

르네상스 시대(1494년)의 이탈리아

비록 교회의 권위에 의존하는 형태이기는 했지만 이런 움직임들이 르네상스의 기본 개념인 신 중심에서 인간 중심으로 옮겨가는 일련의 과정을 이끌었다. 교회 안에서 '인본주의(人本主義)'의 싹이 피어나는 역설이 현실이 됐다.

피렌체 르네상스 예술을 이야기할 때 메디치 가문을 **빼놓을** 수 없을 것이다. 메디치 가문은 조반니 디 비치 데 메디치(Giovanni di Bicci de Medici) 이래 세 명의 교황과 두 명의 프랑스 왕비를 배출했다. 300년 동안 피렌체를 지배하면서 이탈리아뿐 아니라 유럽 전체에서 명망 있는 가문으로 성장했다.

메디치 가문이 상업, 정치, 종교 전반에 걸쳐 피렌체를 장악할 수 있었던 이유 중 하나는 교황과 교회의 욕망을 충족시키기 위해 수많은 예술가와 문인 그리고 과학자들을 후원했기 때문이다. 메디치 가문이 후원한 인물로는 미켈란젤로 부오나로티(Michelangelo Buonarroti), 레오나르도 다 빈치(Leonardo da Vinci), 산드로 보티첼리(Sandro Botticelli), 갈릴레오 갈릴레이(Galileo Galilei), 니콜로 마키아벨리 등 수없이 많다. 또한 전혀 분야가 다른 예술가와 학자들을 서로 교류하게 함으로써 그들의 신선한 아이디어를 조합해 새로움을 창출해내는 데 이바지했다.

언뜻 화려하게만 보이는 르네상스의 장미꽃을 피웠음에도 불구하고 이탈리아는 수많은 가시가 달린 가지처럼 분열을 안고 있었다. 무기력한 천황이 머무는 교토를 중심으로 66개국으로 분열된 일본

과 마찬가지로, 허울뿐인 교황이 머무는 로마를 중심으로 10여 개
의 나라로 분열된 이탈리아는 그렇게 한 인물의 탄생을 기다리고 있
었다.

WORDS
&
SWORD

제
2
막

마키아벨리의 말,
노부나가의 칼

노부나가가 자신의 통치 영역에서 보여준 사회는 일부 특권 계급만이
단물을 빼먹는 게 아닌, 누구에게나 평등하게 기회가 제공되고 땀 흘려
노력한 자가 보답 받는 세상이었다. 그리고 사회 질서를 어지럽히거나
불공정 거래로 자신만 이득을 취하는 행위가 아니라면 기본적으로는
자유로운 사회였다. 신앙 및 직업의 자유를 보장받고, 다른 사람이 생각
지도 못한 아이디어가 있다면 인정받는 사회이기도 했다. 유럽에서는
종교 개혁의 바람이 불어 '말'을 통해 이루고자 한 세상을 일본에서는 노
부나가가 '칼' 한 자루로 이루려고 했다. 그런데 역설적이게도 유럽에서
는 개혁의 대상이 된 바로 그 종교가 일본에서는 새로운 시대의 담론을
이끌어내고 있었다.

제 5 장

분열된 제국

군주가 좋고 싫음을 드러내지 않으면
신하는 속내를 드러낸다.
군주가 지략과 지혜를 감추면
신하는 스스로 조심한다.

_ 한비자

　이탈리아의 르네상스는 유럽 사회를 중세에서 근세로 이끄는 촉
매가 됐다. 그럼에도 불구하고 정작 이탈리아에 살고 있는 사람들을
하나로 통합할 수 있는 제도, 정치 체제, 사상을 만들어내지는 못했
다. 르네상스의 위대성은 표현 방식과 학문적 기량을 드러낸 문학과
철학 그리고 고대 사상의 여러 주제를 회화, 조각, 건축물 등을 통해
대중화했다는 데 머물렀다.

　그러나 같은 시기 15세기부터 시작된 대항해 시대는 유럽인들이
갖고 있던 자기인식의 경계가 지중해를 벗어나 더욱 넓은 세계와의

대면을 가능하게 했다. 교황은 로마와 이탈리아를 주무르던 권능으로 그들의 탐험과 정복에 대해 '십자군'의 위상을 부여하기까지 했다. 그 결과 이 시기의 유럽은 아무런 죄의식 없이 아프리카 노예 무역을 통해 자본을 쌓고 그 노예들의 강제 이주를 통해 아메리카 식민지를 개척했다.

그렇게 새로운 시대의 출발을 알리는 총성이 울렸지만 지중해 무역을 정점에서 이끌던 이탈리아는 그 흐름에 올라타지 못했다. 주변 나라들이 절대 왕정의 중앙집권 체제를 구축하면서 강력한 통합을 이뤄내는 동안에도 이탈리아에서는 작은 도시 국가들끼리 서로 다투거나 주변 왕국들의 각축장이 되는 상황이 16세기 후반까지 계속됐다.

이탈리아의 이 같은 상황 속에서 살다 간 마키아벨리는 차라리 예외적인 인물이었다. 오늘날 우리에게 그는 유럽사 전체를 관통해온 정치학의 윤리적 근거 《니코마코스 윤리학(Ethika Nikomacheia)》의 틀을 뒤엎고 정치 문제를 보다 냉철하게 직시한 인물로 묘사된다. 《니코마코스 윤리학》에서 아리스토텔레스는 인간은 선(善)을 추구하는 존재이며 그 최고의 선은 행복으로 귀결된다고 여겼다. 그리고 이성을 기반으로 적절히 욕망을 조절하는 중용을 강조하면서, 선을 추구하는 인간상을 가장 바람직한 것으로 봤다.

하지만 마키아벨리는 그와 같은 인간상을 깼다. 틀을 벗어났다는 것은 그만큼 그가 살던 당시의 이탈리아가 정치적으로 분열됐고 경쟁이 치열했음을 방증한다. 한편으로는 어쩌면 지금도 계속되는 분열과 경쟁 속에서 그를 우리가 필요로 하는 이미지로만 바라보고 있는 것일 수도 있다. 우리는 마키아벨리를 제대로 알 필요가 있다. 알려진 마키아벨리가 아닌 그 시대를 살았던 마키아벨리의 있는 그대로의 모습을 봐야 한다. 그렇지만 우리는 하다못해 마키아벨리의 진짜 얼굴조차 알지 못한다.

마키아벨리는 살아서가 아니라 죽어서 유명해졌다. 그의 대표적인 작품 《군주론(Il Principe)》이 쓰인 때는 1513년의 일이다. 정식으로 출판된 것은 1532년이었다. 당시 이 책이 얼마나 널리 읽혔는지는 알 수 없지만 불과 한 세대 정도 지난 1569년 출간된 영어 사전에 그의 이름은 파생어 '미기아벨리언(machiavellian)'이라는 형용사로 등장한다. '마키아벨리 같은', '권모술수에 능한'이라는 뜻이었다. 유럽의 가장 남쪽 이탈리아 반도에서 살다간 이의 이름이 불과 한 세대 만에 바다 건너 영국의 사전에 비열함의 상징으로 등장한다는 사실은 많은 것을 생각하게 만든다.

그리고 또 하나의 단서가 우리에게 있다. 1575년경의 일로 추정되는데, 마키아벨리 사후에 산티 디 티토(Santi di Tito)라는 화가가 마키아벨리의 초상화를 그린다. 오른쪽 그림이 산티 디 티토가 상상해 그린 마키아벨리의 모습이다. 티토는 비록 자신의 상상일지언정 당시에 알려진 마키아벨리의 이미지를 구체화하려고 애썼을 것이다. 더욱이 르네상스 시대는 인간의 몸에 대한 관심이 대단히 높아진 때

말과 칼

· 니콜로 마키아벨리(산티 디 티토 作)

이기도 했다. 고정된 생김새로부터 다양한 표정과 동작으로 관심이 이동했고, 타고난 운명보다 인간의 자율적 의지가 더 중요해졌다. '관상은 사람이 스스로 만들어가는 것'이란 새로운 인식도 생겨났다. 이런 변화는 신분 이동과 상승이 활발해진 사회 분위기와도 일치한다. 이 시기에는 옷 밖으로 드러난 얼굴과 손이 관상의 중요한 대상으로 부각됐다.

16세기의 이와 같은 흐름 속에서 동물의 관상학적 원리를 바탕으로 인간의 얼굴을 연구한 인물이 있었다. 이탈리아의 화가 잠바티스타 델라 포르타(Giambattista della Porta)였다. 과학자, 천문학자, 철학자였던 포르타는 인간 내면의 감정을 외면으로 표현하기 위해 동물의 생김새와 인간을 비교 분석하는 형태학적 관점을 차용했다. 그는 1586년 〈인간의 인상학(De Humana Physiognomonia)〉라는 논문을 발표했으며 당시에도 여러 언어로 번역돼 전파됐다.

포르타의 작업은 동물의 독특한 외형적 특징을 그대로 사람에 적용하는 방식이었다. 코가 큰 황소에서 황소의 코를 닮은 사람을 그려냈다. 뾰족한 주둥이를 가진 개로부터는 입이 툭 튀어나온 사람을 그려냈다. 부엉이의 얼굴에서 부엉이를 닮은 사람을 그려냈다. 이처럼 포르타는 각 동물을 대표하는 캐릭터 하나를 뽑아내 인간의 얼굴에 그대로 적용함으로써 다양한 얼굴 형태를 몇 가지로 일반화하려고 했다. 그가 그린 동물과 사람을 서로 비교해보면 동물과 인간의 얼굴 형태가 무척 닮았음을 발견하게 된다. 나아가 이런 작업은 해당 인물의 성격을 더욱 선명하게 표현하는 방법을 제공했다. 그 사람이 사악한지, 욕심이 많은지, 정직한지, 나태한지, 총명한지 등의 성품과 교양을 직관적으로 드러냈다. 〈인간의 인상학〉에는 이해를 돕기 위한 삽화가 많이 실려 있는데, 그중 우리가 살펴볼 부분은 원숭이와 고양이에 대한 묘사다.

우선 산티 디 티토가 그린 마키아벨리의 초상을 보자. 36세 무렵의 모습이라고 하는데, 전체적으로 보면 큰 체격에 비해 얼굴이 다소 작게 묘사돼 있다. 얼굴의 이목구비만큼이나 사람의 인상에 큰

〈인간의 인상학〉 중에서

영향을 미치는 머리카락은 매우 짧다. M자형 이마와 뭔가를 알고 있다는 듯 빛나는 작고 검은 눈. 미소인지 냉소인지 구분하기 어려운 엷은 웃음을 머금은 입. 광대뼈의 윤곽을 따라 아래로 홀쭉하게 내려간 뺨과 입술선 그리고 귀의 모양.

다음으로 포르타가 원숭이와 고양이를 그린 그림을 보자. 꽤 비슷하지 않은가? 〈인간의 인상학〉에서 원숭이상과 고양이상의 전형으로 제시한 삽화의 턱과 코의 모양이 초상화 속 마키아벨리와 상당히 비슷해 보인다. 흔히 고양이상의 소유자는 경계해야 할 대상으로 여겨진다. 간계에 능하고 음험하다. 또한 원숭이상에서 볼 수 있는 작은 귀를 가진 사람은 품행이 나쁘고 강도 기질이 있다. 또한 사치스럽고 음탕하다. 원숭이상에 보이는 작은 눈은 그 사람이 교활한 자임을 알려준다. 원숭이처럼 지나치게 여윈 뺨을 가진 자는 약삭빠르고 음흉하며 남의 물건을 잘 훔친다고 한다.

그러나 이렇게 교활하고 간악한 이미지의 마키아벨리는 실제 마키아벨리가 아니다. 특히 《군주론》이 1559년 교황 바오로 4세(Paulus IV)에 의해 금서 목록에 올랐다는 이유로 그가 세상의 주목을 받게 됐다는 사실로부터 추론된 마키아벨리는 단언컨대 진짜 마키아벨리가 아니다.

1559년 바오로 4세가 처음 펴낸 후 마흔두 번째 목록까지 모두 4,126권을 수록한 교황청의 금서 목록은 1966년 로마 교황청이 이를 폐지할 때까지 400여 년 동안 가톨릭교도를 구속하는 역할을 했다. 금서에 오른 목록에는 베르그송(Henri Bergson), 콩트(Auguste Comte), 디포(Daniel Defoe), 데카르트(René Descartes), 디드로(Denis Diderot), 플로베르(Gustave Flaubert), 홉스(Thomas Hobbes), 흄(David Hume), 스피노자(Baruch de Spinoza), 칸트(Immanuel Kant),

로크(John Locke), 밀(John Stuart Mill), 몽테뉴(Michel de Montaigne), 몽테스키외(Charles de Montesquieu), 파스칼(Blaise Pascal), 루소(Jean Jacques Rousseau), 상드(George Sand), 스탕달(Stendhal), 볼테르(Voltaire), 졸라(Émile Zola) 등이 쓴 책들이 포함돼 있었다.

기존 질서를 뒤흔드는 책은 시대를 막론하고 금서가 된 셈이다. 당시 교황청이 금서로 지정한 저작 목록은 다음과 같다.

- 앙리 베르그송《창조적 진화(L'evolution Creatrice)》
- 오귀스트 콩트:《실증철학강의(Cours de Philosophie Positive)》
- 바뤼흐 스피노자: 저작물 일체
- 임마누엘 칸트:《순수이성 비판(Kritik der reinen Vernunft)》
- 니콜라우스 코페르니쿠스(Nicolaus Copernicus):《천체의 회전에 관하여(De Revolutionibus Orbium Coelestium)》
- 조르다노 브루노(Giordano Bruno):《무한자와 우주와 세계(De l'infinito Universo et Mondi)》
- 갈릴레오 갈릴레이: 저작물 일체
- 마르틴 루터(Martin Luther): 저작물 일체
- 장 칼뱅(Jean Calvin): 저작물 일체
- 울리히 츠빙글리(Ulrich Zwingli): 저작물 일체
- 존 위클리프(John Wycliffe): 저작물 일체
- 마키아벨리:《군주론》

- 에밀 졸라: 저작물 일체

- 알렉상드르 뒤마(Alexandre Dumas):《삼총사(Les Trois Mousquetaires)》 《몬테크리스토 백작(Le Comte de Monte-Cristo)》및 연애 소설 일체

- 귀스타브 플로베르:《보바리 부인(Madame Bovary)》

- 오노레 드 발자크(Honore de Balzac): 연애 소설 일체

- 아나톨 프랑스(Anatole France): 저작물 일체

- 빅토르 위고(Victor Hugo):《파리의 노트르담(Notre-Dame de Paris)》 《레미제라블(Les Misérables)》

- 장 자크 루소:《사회계약론(Du Contrat Social)》《에밀(Émile)》

- 루소, 볼테르, 디드로 등의 백과전서파:《백과전서(Encyclopédie)》

- 볼테르:《철학 사전(Dictionnaire Philosophique)》《철학 서한(Lettres philosophiques)》《캉디드(Candide ou l'optimosme)》《랭제뉘 (L'ingénu)》

- 샤를 드 몽테스키외:《법의 정신(De l'esprit des Iois)》

- 토머스 홉스:《리바이어딘(Leviathan)》

- 조르주 상드: 저작물 일체

- 스탕달: 저작물 일체

- 조제프 에르네스트 르낭(Joseph Ernest Renan):《예수의 생애(Vie de Jesus)》

- 표도르 도스토예프스키(Fyodor Mikhailovich Dostoevskii): 저작물 일체

- 존 밀턴(John Milton):《아레오파지티카(Areopagitica)》
- 사드 후작(Marquis de Sade):《쥐스틴, 또는 미덕의 불운(Justine, ou les Malheurs de la Vertu)》《줄리엣(Juliette)》《소돔의 120일(Les 120 Journées de Sodome)》

1559년 이후 과학적 성취와 새로운 지식이 출현할 때마다 약화되는 종교의 위상을 지키고자 한 처절했던 몸부림이 바로 이 금서 목록이다. 심지어 성서도 금서였다. 일찍이 1229년 발렌시아 공의회에서 성서를 가톨릭 사제 외에는 읽는 것을 금했기 때문이다. 그런데 이 금서 목록은 다른 한편으로는 금서 지정에도 불구하고 끝끝내 이를 돌파해낸 서양의 지성이 누구이며, 교양인이 읽어야 할 책이 무엇인지를 확인해주는 목록이기도 했다.

어쨌든 지금 우리가 알고 있는 마키아벨리즘이 기만과 사악함 그리고 위선을 뜻한다면 적어도 그런 의미에서 마키아벨리는 절대로 마키아벨리주의자가 아니었다. 무엇보다 그는 마키아벨리주의자로서의 삶을 사는 데 실패했다. 그렇다면 그의 진짜 모습은 어땠을까?

니콜로 마키아벨리는 1469년 5월 3일 도시 국가 피렌체에서 태어났다. 피렌체는 이탈리아 반도 중북부에 위치한 인구 7만의 도시 국가로 늘 강대국들의 침략 위협에 노출돼 있었다. 당시 이탈리아 반도는 로마냐(Romagna) 지방을 중심으로 한 교황 직할의 교황령, 남부 지역의 나폴리 왕국, 중북부의 피렌체 공화국, 북서쪽의 밀라노 공국, 북동쪽의 베네치아 공화국 등으로 나뉘어 옛 로마 제국의 기상은 전혀 찾아볼 수 없는 가운데 극심한 분열 상태에 있었다.

이 같은 분열은 앞서 살펴본 것처럼 교황들의 개인적 권력욕 그리고 그리스도교 정신의 훼손이 가져온 결과였다. 교황을 둘러싼 교회 세력은 이탈리아 전체를 아우를 정도의 강력한 통치력은 발휘하지는 못했지만, 다른 정치 세력들이 이탈리아를 통일하지 못하도록 방해할 수 있는 힘은 갖고 있었다. 이 절묘한 세력 균형 속에서 이탈리아의 세포 분열은 계속되고 있었다.

이탈리아가 분열로 몸살을 앓고 있는 동안 영국과 프랑스는 양국 간의 100년 전쟁과 영국 내부에서 일어난 장미 전쟁에 봉건 영주 세력을 동원함으로써, 결과적으로 전쟁이 끝난 뒤에는 제후들의 몰락과 왕권 신장 및 국민 의식 형성이 이뤄졌다. 또한 지중해 무역의 변방, 8세기 이후에는 이슬람 세력의 지배를 받고 있던 이베리아 반도의 가톨릭교도들도 이슬람 세력을 몰아내고자 끊임없이 국토 재정복 운동을 벌인 끝에 15세기 중엽 카스티야(Castilla), 아라곤(Aragon), 포르투갈이라는 세 가톨릭 왕국을 세우는 데 성공했다.

1479년 아라곤의 왕 페르난도와 카스티야의 여왕 이사벨라가 혼인하면서 양국을 병합해 에스파냐 왕국을 수립했다. 1492년에는 이들 부부 왕이 이슬람의 마지막 거점이던 그라나다(Granada)를 함락하고 영토를 통일했다. 이후 종교 재판을 통해 이교도를 탄압하는 한편 귀족 세력을 누르고 왕권을 강화했다. 포르투갈은 한때 카스티야 왕국에 속해 있었지만 12세기 말 독립을 이뤘고, 15세기 후반에는 주앙 2세가 제후 세력을 아우르며 국가 통일을 추진했다. 이베리아 반도의 이 두 나라는 유럽의 다른 국가들과 달리 이슬람 세력과의 긴 싸움 속에서 왕과 귀족이 대립하기보다 서로 힘을 모아야 했다. 이 때문에 이베리아 반도에서는 지방분권 체제가 일찌감치 사라졌으며, 내부 분쟁도 다른 나라들보다 적었다. 강력한 왕권을 기반으로 가장 먼저 해외 팽창의 길에 뛰어들 준비가 돼 있었던 것이다.

마키아벨리는 피렌체의 법률가이자 교황을 지지하는 구엘프(Guelph) 분파 소속의 베르나르도 디 니콜로 마키아벨리(Bernardo di Niccolo Machiavelli)의 2남 2녀 가운데 셋째로 태어났다. 1453년 콘스탄티노플 함락 이후 오스만 제국에 대한 두려움과 불안감이 채 가시지 않은 15세기 후반은 이탈리아인들이 배덕을 배우는 기간이기도 했다. 오스만 제국이 향신료를 비롯한 동방의 무역로를 차단했다는 서구 사회의 일반적 이해와 달리 술탄은 콘스탄티노플 정복 이튿날인 1453년 5월 30일 페라 지구의 제노바 상인들을 대상으로 법령을 반포했다. 제노바 상인들이 페라와 다른 오스만 제국 영토에서 물품을 자유롭게 거래할 수 있는 권한을 부여하고, 관세를 면제해주며, 분쟁이 일어났을 때 스스로 처리할 수 있는 권리 등을 약속하는 법령이었다.

그런데 앞서 언급했듯이 제노바 상인들은 오스만이 점령하기 전에 이미 페라를 떠난 상황이었다. 이 같은 지원에도 제노바 상인들의 귀환이 부진하자 오스만 제국은 1454년 4월 18일 법령을 수정해 혜택을 베네치아 상인들로 확대됐다. 하지만 베네치아에 대한 오스만의 정책은 이중적이었다. 15세기 후반 들어 오스만 제국은 동지중해 무역을 장악하고 있던 베네치아 상인들을 견제하기 위해 그들의 경쟁 세력이던 피렌체 및 라구사(Ragusa) 상인들을 우대하는 정책을 펼쳤다. 그 일환으로 1469년 피렌체에 더 큰 상업적 혜택을 부여하는 조약을 체결했고, 1479년에는 로도스(Rhodos) 섬에 주둔하고 있던 요한네스(Johannes) 기사단에도 특혜를 부여했다.

그 결과 과거 콘스탄티노플이었던 이스탄불과 라구사, 안코나, 피렌체를 연결하는 교역로가 활성화됐다. 이탈리아의 도시 국가들은 이교도와 어울리는 데 대한 로마 교황의 매서운 눈길에도 불구하고 실리를 취하는 행동을 보임으로써 신앙과 도시 국가 간 경쟁 속에서 배덕의 줄타기를 했다. 교황은 자신의 눈앞에서 돈을 위해 신앙을 저버리는 도시 국가들을 응징할 누군가가 절실히 필요했다.

313년 로마 황제 콘스탄티누스 1세(Constantinus I)가 밀라노 칙령으로 그리스도교를 공인했다. 그리고 324년 다신교가 오랫동안 자리 잡고 있던 로마에서 멀리 떨어진 비잔티움(Byzantium, 콘스탄티노플)으로 수도를 옮기고 그곳을 '새로운 로마'로 공표했다. 세계 최초의 그리스도교 황제와 그리스도교 도시의 탄생이었다. 그 후로도 1,000년이 이어진 동로마 제국과 수도 콘스탄티노플의 함락은 세계 최초의 그리스도교 국가를 잃었다는 충격만큼이나 교황과 교회를 광기로 내몰았다.

1452년 3월 교황 니콜라오 5세는 프리드리히 3세(Friedrich III)의 신성 로마 제국 황제 대관식을 집전한다. 이는 로마에서 거행된 신성 로마 제국 황제의 마지막 대관식이기도 했다. 바로 그 무렵 동로마 제국 황제 콘스탄티누스 11세가 오스만 제국의 술탄 메메드 2세(Mehmed II)의 콘스탄티노플 침략에 도움을 요청하는 친서를 니콜라오 5세에게 보냈다. 이에 니콜라오 5세는 위기에 처한 콘스탄티노플을 돕기 위해 가톨릭 국가들의 힘을 하나로 모으려고 했지만 실패했다. 그런 가운데 동로마 제국이 멸망했고, 교황 니콜라오 5세의 선종 후 알폰소 보르자(Alfonso Borgia)가 갈리스토 3세(Callistus III)라는 이름의 새 교황으로 선출됐다. 알폰소 보르자는 로드리고 보르자, 즉 알렉산데르 6세의 숙부다.

갈리스토 3세는 1453년 5월 29일 콘스탄티노플을 함락한 오스만 제국을 몰아내고자 십자군을 모집하기 위해 애썼지만 유럽의 여러 가톨릭 군주들의 지원을 얻지 못했다. 이탈리아를 대신할 세력으로 기대했던 영국, 프랑스, 독일 지역을 신뢰할 수 없게 되자 교황은 그리스도교 세계를 구해낼 새로운 대상을 모색했다. 포르투갈이 그의 눈에 들어왔다.

1456년 교황 갈리스토 3세는 교서 '인테르 카이테라(Inter Caetera, 다른 것들 사이에)'를 반포한다. 이 교서는 포르투갈 정부에 이교도를 물리칠 권한과 이전에 식스토 4세가 내렸던 '둠 디베르사스'와 '로마

누스 폰티펙스' 등에서 확인된 무어인들의 노예 신분을 재차 확인하는 동시에 아프리카인들을 노예화하는 데 대한 교황의 승인을 담고 있었다. '로마누스 폰티펙스'는 또한 항해왕 엔히크 휘하에 그리스도교 기사단을 둘 수 있도록 승인했다. 요컨대 그들을 새로운 십자군으로 선언한 것이다.

그러나 갈리스토 3세의 교서 '인테르 카이테라'는 일찍이 1435년 에우제니오 4세(Eugenius IV)가 반포한 교서 '시쿠트 두둠(Sicut Dudum, 오래 전에)'을 정면으로 거스르는 내용이었다. 에우제니오 4세는 그 교서에서 이교도(흑인)도 하느님의 모상을 본떠 창조된 인간이므로 영혼을 갖고 있으며, 그 어떤 그리스도교인도 이들의 자유를 함부로 박탈할 권한이 없다고 천명했기 때문이다.

모든 것이 엉망이 됐다. 교황이 일으킨 혼돈의 에너지가 이번에는 교회와 교황을 향했다. 마침내 종교 개혁을 요구하는 깃발이 올랐다. 마르틴 루터는 〈독일 그리스도인 귀족에게(An Den Christlichen Adel Deutscher Nation)〉라는 논문을 통해 독일에서 개혁해야 할 폐단 스물일곱 가지를 열거했는데, 이는 모두 로마 교황청의 수탈과 관련돼 있었다. 그 가운데 대표적인 것이 사제가 성직 취임 후 첫 수입을 교황청에 바치는 '초년수입세(annates)'와 같은 각종 공물 제도에 관한 것들이었다. 이 밖에도 조달비, 기부금, 십자군 자금 등이 있었다. 또한 교황청은 십일조를 강요했다. 종교 개혁자들의 눈에는 이것이 신의 이름으로 개인의 호주머니를 털어가는 것으로 보였다.

더욱이 일회성이 아니라 아예 제도화하고 있었다.

종교 개혁의 기폭제는 무엇보다 '인둘겐티아(indulgentia, 관용, 은혜)'라는 이름의 이른바 '면벌부'였다. 본래 인둘겐티아란 죄 때문에 받아야 할 '벌'을 면해주는 것을 말한다. 대사(大赦)라고 번역한다. 고해성사로 죄를 고백해도 그 죄에 대한 벌은 남기에, 그 벌을 대사 받으려면 선행이나 기도 등 정해진 조건을 수행해야 한다. 그런데 11세기 말 헌금을 내고 받는 인둘겐티아가 생기더니 르네상스 시대에 극에 달했다. 메디치 가문 출신의 교황 레오 10세(조반니 데 메디치)는 1506년 성 베드로 대성당 재건축을 위한 자금을 마련코자 헌금을 통한 인둘겐티아를 독려했다. 마르틴 루터는 교황청이 현세의 소유와 권리를 포기해야 하며 초년수입세, 헌금 면벌부, 십자군 전쟁세 등 부조리한 관행을 없애야 한다고 반박했다.

종합해 정리해보면 이렇다. 동지중해 무역으로 돈이 흘러넘쳤고, 그 돈이 이탈리아 도시 국가들에 집중됐다. 교황을 비롯한 가톨릭 세력은 이를 기반으로 르네상스를 일으킬 수 있었지만 사치와 부패로 인해 재정이 구멍 났고, 추가 재정을 확보하기 위한 면벌부 판매 등이 독이 되어 종교 개혁 운동이 일어났다. 오랫동안 지중해 무역의 최종 소비처에 불과했던 프랑스, 영국, 포르투갈, 에스파냐 등은 바로 이때 종교 개혁과 개신교가 자라날 수 있는 토양을 제공함으로써 교권을 무시할 수 있는 강력한 왕권의 중앙집권 국가로 발돋움할 수 있었다.

그러나 이런 모든 변화에도 불구하고 르네상스의 전성기에 '유럽의 꽃밭'이라고 불리던 피렌체는 여전히 화려함에 취해 있었다. 그곳에서 마키아벨리는 태어나 자랐다. 아버지는 명망 높은 귀족은 아니었지만 토스카나 지방 귀족의 후손이었다. 하지만 수입은 넉넉지 않았다. 그래도 아버지는 학문에 대한 관심과 교양을 갖추고 있었고, 어머니는 문학에 관심이 있었던 것으로 전해진다. 몇 편의 시를 짓기도 했다. 마키아벨리의 삶 곳곳에서 드러나는 그의 시적 재능은 어머니로부터 물려받은 것으로 보인다.

어쨌든 마키아벨리 집안은 사치할 만한 여유가 없었다. 아버지는 세금 문제로 파산 선고를 받고 경제 활동이 금지돼 몰래 법률가 일을 하고 있었다. 그렇지만 보수가 적었기에 얼마 안 되는 재산을 관리하는 데 온 힘을 기울였다. 마키아벨리는 훗날 이렇게 회상했다.

"어릴 적 나는 즐기는 것보다 참는 것을 배웠다."

그 시절의 기억은 그의 생애를 아우르는 농담과 대화의 텃밭이 됐을 것이다. 그의 아버지 베르나르도는 책을 매우 좋아하는 사람이었다고 한다. 어려운 생활 가운데서도 책은 꼭 사서 공부했고 돈이 부족하면 제본하지 않은 원고를 사서 스스로 제본하는 열성을 보이기도 했다. 책을 사지 못하면 빌려서 읽었고 법률서뿐 아니라 인문서도 섭렵했다. 인쇄 예정인 고대 로마 역사가 티투스 리비우스(Titus Livius)의 역사서에 등장하는 지명을 색인 작업하는 일을 맡아 무려 아홉 달을 애쓴 대가로 그 책을 얻기도 했다고 전해진다.

베르나르도가 남긴 비망록 덕분에 우리는 마키아벨리가 어린 시절 어떤 교육을 받았는지 어느 정도 알 수 있다. 마키아벨리는 1476년 처음 라틴어를 배웠고 이듬해에는 문법을 익혔다. 이후 열한 살 때는 작문을 배웠다. 그는 훗날 자신의 재능을 뒷받침하게 될 많은 지식을 독서를 통해 얻었다. 독서를 매우 좋아했으며 끊임없이 책을 읽었다. 마키아벨리가 처음 읽은 책은 마르쿠스 유스티누스(Marcus Justinus)의 역사서로 아버지가 빌려와서 읽게 한 것이었다. 그 밖에도 고대 그리스의 철학자 플라톤(Platōn)과 아리스토텔레스(Aristoteles), 그리스의 역사가 크세노폰(Xenophōn), 헤로도토스(Herodotos), 투키디데스(Thucydides), 폴리비오스(Polybios)의 저작을 읽었고 단테 알리기에리(Dante Alighieri)의 시도 좋아했다고 한다. 그가 청년기에 도달할 때까지 정신을 살찌웠던 것은 고대 역사에 대한 끊임없는 독서였다. 책이 씨줄이 되고 자신이 사는 시대가 날줄이 되어 그의 사상에 하나씩 무늬로 더해졌다.

1434년 코시모 디 조반니 데 메디치(Cosimo di Giovanni de Medici)가 피렌체의 통치자가 된 이래 1464~1469년 피에로 디 코시모 데 메디치(Piero di Cosimo de Medici)를 거쳐 마키아벨리가 태어난 1469년에는 로렌초 데 메디치가 권력을 손에 넣었다. 주권이 국민에게 있는 공화국인데도 피렌체는 메디치 가문의 지배를 받고 있었다. 그럼 면에서 경쟁국인 베네치아 공화국과 달랐다. 물론 피렌체 사람들도 분명히 공화국의 정체성이 무엇인지 알고 있었다. 그럼에도 불구하고 그들은 정치를 담당하는 소수의 지도자들을 '동등자 중 일인자'로 존중했고 그들의 통치 아래에서 평안을 느꼈다. 입헌군주 제의 유명무실한 군주와 마찬가지로 피렌체의 국민들은 명목상의 주권에 만족하면서 정치를 그들에게 맡겼던 것이다. 당시에는 메디 치 가문이 그 역할을 맡고 있었다.

로렌초는 대내적으로는 많은 예술가와 학자들을 지원했으며, 대 외적으로는 이탈리아 반도 내 다양한 세력들의 균형 유지를 목표로 삼아 높은 지지를 받았다. 1479년 식스토 4세가 나폴리 왕국을 부 추겨 피렌체를 공격했을 때 동생 줄리아노를 잃고 잇단 패배로 궁지 에 몰리게 됐다. 그런데 로렌초가 대담하게도 나폴리로 건너가 몇 달 동안 포로가 되고 결국 페르디난도 1세와 평화 협상을 맺음으로 써 문제를 해결했다.

이를 계기로 그의 인기는 최고조에 달했다. 로렌초가 집권하고 있 던 당시 피렌체 공화국의 영토는 이후 어떤 전쟁에서도 침범당하지 않았다. 반면 정부 요직은 점점 더 로렌초의 측근들에게 집중됐고 피렌체의 자유는 소리 없이 질식하고 있었다. 시대의 변화와 갖가지 영향으로 유입된 사치와 부패는 정치를 비롯해 마침내 풍습까지 물 들였지만 로렌초는 오히려 이를 통치술의 일환으로 잘 활용했다.

하지만 1492년 로렌초가 사망하자 조금씩 메디치 가문에 위기가 찾아왔다. 사업 감각이 뛰어났던 메디치 가문의 역대 인물들과 달리 로렌초는 사업보다 정치적 역량이 뛰어났다. 그런데 그의 뒤를 이은

로렌초 데 메디치

피에로 디 로렌초 데 메디치(Piero di Lorenzo de Medici)는 그 어느 쪽으로도 무능했다. 그것을 증명이라도 하듯 1494년은 이후 닥치게 될 이탈리아의 모든 불행이 시작된 해가 된다. 1494년부터 1559년 까지 계속된 '이탈리아 전쟁'이 시작된 것이다.

프랑스 왕 샤를 8세(Charles VIII)가 나폴리 왕국의 영유권을 주장하며 군대를 이끌고 이탈리아를 침공한다. 이 불행의 씨앗도 종교가 뿌렸다. 교황 인노첸시오 8세는 나폴리 왕국의 페르디난도 1세가 교황에 대한 봉건 비용 상납을 거부하자 1489년 교서를 내려 그를 파면했다. 이후 인노첸시오 8세는 마리 당주(Marie d'Anjou)와 혼인한 샤를 7세의 외손자 샤를 8세에게 나폴리 왕국의 왕권을 물려주려고 했다. 그러나 인노첸시오 8세는 페르디난도 1세와 다툼만 벌이다가 1492년 샤를 8세에게 나폴리 왕국 소유에 대한 희망만을 남기고 죽어버렸다.

희망을 현실로 만들고자 안달이 난 프랑스 왕은 남하를 시작했다. 그러면서 이탈리아 각국에 사절을 보내 프랑스 군대가 영내를 통과할 자유와 필요한 물자를 제공하라고 요구했다. 피에로는 프랑스왕의 요구에 굴복해 순순히 프랑스 군대가 피렌체를 통과하게 했는데, 이 결정에 피렌체 사람들은 당연히 불만을 품었다. 프랑스가 아무런 방해도 받지 않고 들어와 이탈리아를 유린한 데 많은 이탈리아인들이 수치스러워했고 이는 마키아벨리도 마찬가지였다. 결국 시민들은 봉기를 일으켜 메디치 가문을 추방했다. 그렇지만 실질적 군주와 정치가 사라진 진공 공간은 다시 종교의 차지가 됐다.

메치디 가문이 추방당하자 샤를 8세의 침략을 예언했던 도미니크(Dominic) 수도회 소속 수도사 지롤라모 사보나롤라(Girolamo Savonarola)의 권위가 높아졌다. 사보나롤라는 파국을 예언하는 데

지롤라모 사보나롤라

그치지 않고 샤를 8세와의 만남을 위해 파견된 피렌체의 특사로서 혼란을 종식하는 어려운 일을 해낸다. 샤를 8세와 피렌체 시민들의 갈등이 극에 달한 시점에 사보나롤라가 "당신이 하느님의 종으로 왔다는 사실을 모르는 피렌체의 선한 자들을 보호해야 한다"는 말로 평소 신앙심이 깊었던 샤를 8세를 설득하는 데 성공한 것이다. 이로 인해 샤를 8세는 피사에 대한 지배권 회복, 무너진 성채 복원, 프랑스 군대 피렌체 무혈입성 및 신속한 이동 등의 내용에 합의한다. 협상 끝에 피렌체는 프랑스와 동맹을 맺게 됐으며 프랑스 군대는 계속

남하해 이듬해 2월 나폴리를 점령했다. 쫓겨난 메디치 가문만 낙동강 오리알이 된 셈이었다.

피렌체를 구한 영웅이 된 사보나롤라는 시민들의 인기를 한 몸에 받으며 일약 공화국의 실세로 떠올랐다. 피렌체 사람들은 그가 신으로부터 직접 계시를 받는 예언자라고 믿었다. 사보나롤라는 중산층 계급을 기반으로 정권을 잡았다. 귀족 정치를 배격하면서 신권 정치를 표방하는 민주정을 도입한 뒤 타락한 종교를 개혁하려는 법률을 제정했다. 당시 스물다섯 살이던 마키아벨리는 새로운 정부가 시민적이라는 점에서는 만족했지만, 외지 출신의 수도사에 의해 성립됐다는 점과 국가를 신에 봉사하는 조직으로 여긴 그의 생각에는 동의할 수 없었다. 《군주론》에서 일관되게 확인할 수 있듯이 그는 종교를 인간을 위한 수단으로 봤기 때문이다.

지롤라모 사보나롤라는 1452년 페라라에서 태어났다. 피렌체 시민들에게 그는 외지인이었다. 조국에 대한 자부심으로 똘똘 뭉친 피렌체 시민들에게 외지인이 신권 정치를 휘둘렀다는 사실 하나로도 그의 내공이 얼마나 대단한지 알 수 있다. 그는 1490년 중반부터 산마르코(San Marco) 수도원에 머물면서 이후 수도원장을 맡게 된다.

사보나롤라는 강론으로도 유명했다. 파격적인 내용과 직설적 표현으로 피렌체 시민들의 마음을 사로잡았다. 신권 정치를 내세웠음에도 불구하고 사보나롤라는 교회의 부패와 로마의 악덕 성직자들을 신랄하게 비판했다. 신정(神政) 정치의 막후 실세가 된 그는 교황 알렉산데르 6세에 대한 비판도 서슴지 않았다. 비난의 수위도 점점 높아졌다.

1495년 알렉산데르 6세는 사보나롤라에게 로마로 와서 그가 주장하는 예언 능력을 증명해 보이라고 요구한다. 사보나롤라는 건강이 좋지 않고 로마로 가는 도중 폭행을 당할 수도 있다는 이유를 들어 거절한다. 이에 교황은 사보나롤라에게 강론 금지 명령을 내린다. 그러나 사보나롤라는 1496년 강론을 재개했고 교황은 불복종의 죄를 물어 그를 파문한다.

처음에 피렌체의 시민들은 사보나롤라에 대한 교황의 파문을 받아들이지 않았다. 그러자 1498년 3월 교황청은 파문의 강도를 높여 사보나롤라의 신병을 로마로 인계하지 않으면 유럽 전역에 피렌체 시민의 재산을 강탈해도 좋다는 교서를 내리겠다고 선포한다. 효과는 즉시 나타났다. 종교적 신념보다 자신의 재산이 더 중요함을 깨달은 시민들이 사보나롤라에게 등을 보이기 시작했다. 《군주론》의 내용 중 "인간이란 아버지가 죽임을 당한 일은 곧 잊을 수 있어도 자기 재산의 손실은 여간해서 잊지 못한다"는 문장을 이를 두고 한 말일 것이다. 어쨌든 이때를 계기로 피렌체에 4년 동안 몰아닥쳤던 종교적 열광주의에도 찬바람이 불기 시작했다.

역설적인 점은 사보나롤라의 종교적 열광주의를 끝장낸 것도 종교적 열광주의였다는 사실이다. 산 마르코 수도원과 앙숙이던 프란체스코 수도회 소속의 한 사제가 사보나롤라를 향한 공개 도전장을 던졌다. 진정한 하느님의 예언자라면 '불의 심판'을 받으라고 했다. 장작더미에 불을 붙여 길을 만들고 그 위를 걸어서 무사히 통과해야 진짜 예언자라는 것이었다. 만역 화상을 입지 않으면 진짜 예언자로 받들 것이며, 자신도 심판을 받기 위해 기꺼이 불 속으로 걸어가겠다면서 말이다. 이 도발에 산 마르코 수도사들은 격분했다. 사보나롤라는 만류했지만 사제들의 태도는 강경했다.

그런데 양쪽 수도회에서 누가 나서서 불의 심판을 받느냐가 문제였다. 사보나롤라는 당연히 이 위험천만한 일을 자신이 직접 할 수 없었다. 처음 불의 심판을 제안한 프란체스코 사제도 자신보다 낮은 지위의 산 마르코 사제를 상대하지 않겠다며 발을 뺐다. 결국 핵심 당사자들은 쏙 빠지고 산 마르코에서는 수도사 도메니코 부온비치(Domenico Buonvicini)가, 프란체스코에서는 줄리아노 론디넬리(Giuliano Rondinelli)가 불의 심판을 받기로 결정됐다. 그리고 1498년 4월 7일 마침내 시뇨리아(Signoria) 광장에 30미터 길이의 '불의 길'이 마련됐다.

이른 아침부터 몰려든 수많은 피렌체 시민들이 숨을 죽이며 이 엄청난 이벤트를 기다렸다. 장작더미에 불을 붙이는 시간은 정오로 정해졌다. 드디어 양측 수도사들이 불의 제단 앞으로 걸어 나왔고 시민들은 환호성을 질렀다. 하지만 불의 심판은 좀처럼 시작되지 않았다. 절차 문제 등으로 양쪽이 계속 옥신각신 말싸움을 벌이면서 시간만 흘렀다. 아침부터 아무것도 먹지 못하고 시뇨리아 광장에 모여

든 사람들은 점점 인내심을 잃어가고 있었다. 기적을 기대하고 하루 내내 기다리던 시민들은 서서히 동요했다.

그러다 오후 5시쯤 되었을 때 하늘에서 빗방울이 떨어지기 시작했다. 토스카나 지방에서는 흔히 내리는 소나기였다. 그 순간 산 마르코 수도사들이 벌떡 일어나 외치기 시작했다.

"하느님의 계시다! 하느님은 이 불의 심판을 원하시지 않는다!"

이 말 한 마디가 비극의 시작이 됐다. 피렌체 시민들의 실망과 분노는 곧바로 사보나롤라를 향했다.

"저 사기꾼! 저 놈은 예언자가 아니라 사기꾼이야!"

그동안 사보나롤라에게 감격의 눈물을 흘리던 사람들의 눈은 분노에 타올랐다. 배신감에 사로잡힌 시민들은 산 마르코 수도원으로 피신하는 사보나롤라와 수도사들에게 돌을 던지기 시작했다. 사보나롤라는 결국 체포돼 훗날 마키아벨리도 투옥되는 바르젤로(Bargello) 감옥에 갇혔고 모진 고문을 받아 결국 자신의 말이 전부 거짓이라고 진술했다. 그리고 1498년 5월 23일, 시뇨리아 광장 한가운데서 화형을 당해 죽었다. 어설프게 웃자란 최초의 종교 개혁 시도는 이렇게 교황의 승리로 끝났다.

사보나롤라가 화형을 당한 지 5일 뒤인 5월 28일, 마키아벨리는 피렌체 공화국 제2행정위원회(서기국) 서기장으로 선출됐다. 사보나롤라의 사건은 스물아홉 살의 젊은 마키아벨리가 공직 생활을 하기 전 시민들을 지켜보면서 세상에 대해 배운 마지막 장면이었다. 그는

《군주론》에서 이렇게 평하고 있다.

> 시민은 천성이 변덕스럽기 때문에 이들에게 어떤 일을 설득하기는 쉬우나 설득된 상태를 유지하기는 어렵습니다. 그러므로 말로 되지 않으면 힘으로 믿게 하는 대책을 마련해야 합니다. 모세, 키루스, 테세우스, 로물루스 역시 무력을 지니고 있지 않았다면 그들의 율법이 오랫동안 지켜지게 할 수는 없었을 것입니다. 오늘날에도 수도사 사보나롤라의 예가 있습니다.

공화국이라는 이름에도 불구하고 '동등자 중 일인자'에게 정치를 맡기고 명목상의 주권에 만족하던 피렌체 시민들, 그런 그들이 일인자인 피에로 데 메디치와 사보나롤라를 몰아내는 과정에서 보여준 변덕스러운 천성에 대한 뼈아픈 인식을 얻게 된 바로 그 사건 덕분에 역설적으로 공화주의자 마키아벨리의 삶이 막 시작되고 있었다.

시대를 바라보는 역할은 끝났다. 이제 마키아벨리는 관람석에서 무대로 올라서게 된다.

제6장

천황은 어디에

살아있는 것을 발견할 때마다
나는 권력에의 의지도 함께 발견했다.

_ 프리드리히 니체

"지상은 너와 그 자손들이 영원히 다스릴 땅이다."

일본 왕실의 조상으로 여기는 황조신(皇祖神) 아마테라스(天照)가
자신의 손자 니니기(邇邇芸)에게 한 말이다. 이 말은 1,000년도 더 지
나 '팔굉일우(八紘一宇)'의 구호가 돼 일본을 패망으로 이끈다. 팔굉
일우는 일본의 천황제 파시즘의 핵심 사상이다. 태평양 전쟁 시기에
일본이 세계 정복을 위한 제국주의 침략 전쟁을 합리화하고자 내세
운 구호로, '전세계가 하나의 집'이라는 뜻이다. 다시 말해 세계만방
이 모두 천황의 지배 아래에 있다는 이념이다. "지상은 너와 그 자손

들이 영원히 다스릴 땅"이라는 말은 신화에서 사상이 되고, 신념이 됐다가, 분분히 실패함으로써 또 다시 신화가 됐다.

천황이란 역사적으로는 일본 전통 종교 '신도(神道)'의 주신 아마테라스를 숭배하는 교파의 수장을 일컫는 명칭이다. 신화적·종교적 의미에서 천황의 계승식이란 역대 천황이 아마테라스이자 니니기 자체가 되는 의식이다. 계승식은 죽어도 죽는 것이 아니라는 옛 신화적 관점을 재현하는 의식이다. 그렇게 함으로써 그는 제사장으로서의 정통성을 확보하게 된다.

'카이사르 아우구스투스'라는 정치적 수장의 이름과 '폰티펙스 막시무스'라는 제사장의 이름을 모두 사용하던 로마의 황제가 사라지자 유럽은 봉건제이 중세를 맞이했다. 교황이 폰티펙스 막시무스가 됐고, 정치는 봉건 영주들의 몫이 됐다. 그런데 그 마저도 갈가리 찢어지는 형태로 1,000년을 이어갔다.

오늘날 천황은 일본의 명목상 지배자이며 상징성을 가진 구심점이지만 한때는 실제로 권력을 가진 시기가 있었다. 나라(奈良) 시대에서부터 가마쿠라(鎌倉) 막부가 설치되기 전 헤이안(平安) 시대 중기인 710~1185년이 그 시기에 해당한다. 이 기간은 황제가 다스렸던 로마 제국과 마찬가지로 정치 권력과 제사장으로서의 권위를 모두 천황이 갖고 있었다.

그러나 무신들에 의해 가마쿠라 막부가 형성되고 나서부터 천황은 제사장의 의미만을 갖는 존재로 전락한다. 그를 대신해 세속적인 권력을 휘두르는 자리는 쇼군(將軍)이 맡게 된다. 쇼군이 권력을 가졌는데도 자신들이 직접 천황이 되지 않은 이유는 천황이 갖고 있던 '신의 자손'이라는 상징성 때문이다. 쇼군들이 그런 천황의 위임을 받는 식으로 권력을 휘둘렀다는 것이 일반적인 설명이다. 하지만 그것도 무로마치(室町) 막부까지의 얘기다. 에도(江戶) 막부에 이르면 쇼군이 천황에게 이런저런 규정을 강요하는 등 사실상 하급자 취급을 했다. 즉, 쇼군이 직접 천황이 되지 않은 것은 초기에는 천황의 상징성 때문이었지만, 그 이후에는 직접 천황이 되고 싶어 할 이유도 당위성도 사라졌기 때문이다. 그러다가 메이지 유신(明治維新)을 거치면서 천황은 다시 상징에서 사상이 됐고, 신이 됐다가, 태평양전쟁에서 패함으로써 다시 상징이 됐다.

유럽과 일본을 겹쳐놓고 그 역사를 들여다보면 고대에서 중세를 거쳐 근세로 나아가는 과정이 매우 비슷하다. 고대 사회에는 수많은 귀족 가문들이 있었다. 그중에서 가장 유력한 가문은 황실에 편입하거나 보좌하면서 권력을 유지했고, 귀족 간의 수많은 암투와 전쟁이 고대 사회를 이끌어갔다. 그렇기에 황제는 중앙집권 체제를 유지하고자 애썼으며, 유력 귀족 가문은 황제를 돕거나 아니면 반기를 들면서 역사를 전개해나갔다.

그런데 어느 순간 역사의 중심이 바뀐다. 중세에 이르자 황실과 귀족의 주도가 아니라 황제를 능가하는 무사 세력이 주도하는 사회가 된다. 지금까지는 황제나 귀족들이 기르는 개 취급을 받고 살던 무사들이 이제는 자신들이 기존 세력보다 강하다는 사실을 깨닫고 권력의 전면에 나선다.

하지만 절대 권력을 대체할 강력한 권력이 등장하기 전에 절대 권력이 무너지자 영토는 분열된다. 그러자 전체를 아우를 역량은 부족하나 통합은 막을 수 있었던 영주와 무사(기사)가 상하 간의 쌍무적 계약 관계를 맺어 봉건적 질서가 자리 잡게 된다. 주군은 안정을 제공하고 가신은 충성을 약속하는 상호 의무에 기반을 둔 계약이었다. 영주와 농노 사이의 관계도 이에 해당했다.

나아가 같은 영주라도 갖고 있는 힘에 따라 계약 관계가 형성됐다. 하위 영주는 세금과 군대를, 상위 영주는 봉토를 제공하는 관계였다. 봉토의 소유권과 충성 세약은 세습됐으며, 혼인과 상속을 통해 이전될 수 있었다. 또한 쌍무적 계약이므로 의무가 지켜지는 한 영주의 거취는 자유로웠다. 그래서 여러 명의 상위 영주를 섬기고 다수의 봉토를 받는 겸대(兼帶) 또는 혼인과 상속으로 다수의 봉토를 획득함으로써 결과적으로 여러 명의 상위 영주를 모시는 경우도 생겼다. 유럽의 경우에는 국왕조차도 이 같은 혼인과 상속을 통해 직할령이나 직속 영주를 확대하는 정책을 취했다. 충성을 맹세한 상위 영주가 여럿이다 보니 군대를 제공할 때 어떤 영주를 우선으로 둘 것인지에 대한 계약을 따로 맺기도 했다.

한편으로는 이렇게 무사 집단이 귀족 가문을 누르고 권력을 잡게 되자 기존 질서의 붕괴를 목격한 평민들이 성장할 수 있는 기반도 마련됐다. 평민들이 단결해 귀족 세력을 도시에서 몰아내거나 무사 집단의 횡포에 맞서 도시를 자치화하기도 했다. 가혹한 탄압에 맞서 봉기하기도 했다. 이들은 피렌체와 사카이 같은 자유 도시를 만들기도 했고, 아랍 세계나 중국 명나라와 무역을 통해 성장하기도 했다. 장사로 돈을 번 상인들은 용병을 확보해 무사 집단과 대등하게 싸우기도 했다.

그러나 평민 세력의 성장은 봉건 제후들의 몰락을 틈타 성장한 왕들과 하극상을 통해 권력을 차지한 다이묘들의 출현으로 근대로까지 나아가지는 못했다. 다시 말해 평민들은 성장할 수 있는 기반을 갖추기는 했지만 당시 사회를 주도하던 무장 세력에 눌려 새로운 세상을 여는 데까지는 미치지 못했다.

일본의 경우 이런 흐름 속에서 무로마치 막부가 출범했다. 제사장인 천황과 정치적 수장 쇼군 사이의 분업 관계가 형성된 것이다. 그리고 그것은 배신이 어떻게 또 다른 배신을 낳는지를 보여주는 드라마의 시작이었다. 1185년 가마쿠라 막부가 출범하고 150년 이상 안정적으로 유지돼오던 양측의 관계는 마침내 파국을 맞게 된다. 가마쿠라 막부 시대 후기 원나라의 침공 이후 정국이 불안해짐에 따라 막부는 점차 무사 계층의 지지를 잃어갔다.

한편 조정에서는 그동안 다이카쿠지(大覚寺) 혈통과 지묘인(持明院) 혈통이 교대로 황위를 계승하는 이른바 '양통질립(兩統迭立)'이 이뤄지고 있었다. 그 때문에 다음 천황이 자기 자식이 아니라 형의 아들이 되는 등 자연스럽지 못한 경우가 많았다. 이는 황위를 둘러싼 다이카쿠지와 지묘인 혈통의 대립 때문이기도 했지만 황실 세력을 견제하고자 하는 막부의 계산도 들어가 있었다.

그런 와중에 1318년 다이카쿠지 혈통의 고다이고(後醍醐) 천황이 즉위했다. 그 역시 이미 즉위 때부터 다음 황위가 자신의 아들이 아닌 형의 아들에게 계승된다는 사실을 알고 있었다. 고다이고 천황은 정치권력에 대한 의지가 강했다. 실제로도 헤이안 시대의 다이고(醍醐) 천황과 무라카미(村上) 천황의 치세를 이상으로 삼아 과감한 개혁 정책을 추진하는 등 성군으로서의 면모도 보였다.

하지만 그마저도 자신의 대에서 끝나고 황위를 넘겨야 하는 처지가 개탄스러웠다. 양통질립의 원칙을 고수하며 사사건건 황위 계승에 간섭하는 막부가 가장 큰 문제였다. 결국 그는 가마쿠라 막부를 타도하기로 결심했다. 1324년 '쇼추(正中)의 변'이 그것이다. 하지만 사전에 발각돼 실패하고 자신은 일절 관여하지 않았다는 진술로 간신히 화를 면했다. 이후 궁지에 몰린 고다이고 천황은 다시 한번 1331년 '겐코(元弘)의 변'을 일으켰지만 가마쿠라 막부의 압도적인 군사력을 당해내지 못하고 생포돼 모반의 죄목으로 오키(隱岐) 인근 섬에 유배되고 말았다.

2년 뒤인 1333년 친위 세력의 도움으로 오키 섬을 탈출한 그는 또다시 거병했는데, 이에 가마쿠라 막부는 아시카가 다카우지(足利尊氏)에게 진압을 명했지만 그가 오히려 막부를 배신하고 가마쿠라 막부 타도의 일등공신이 된다. 교토로 귀환해 복위한 고다이고 천황은 1334년 연호를 겐무(建武)로 바꾼 뒤 이른바 '겐무 신정'을 단행해 친정 체제를 구축하고 정치 체제를 개편하는 등 개혁을 추진했다. 그러나 막부를 배신한 아시카가 다카우지는 천황까지 배신한다.

1336년 고다이고 천황은 히에이(比叡) 산으로 피신했지만 버티지 못하고 결국 교토로 돌아와 아시카가 다카우지가 옹립한 지묘인 혈통의 고묘(光明) 천황에게 황위의 상징인 세 가지 '신기(神器)', 즉 거울과 칼 그리고 곡옥(曲玉)을 양도한다. 그리고 아시카가 다카우지는 새로운 정권의 탄생을 공표한다. 그것이 무로마치 막부다.

그렇지만 얼마 후 고다이고 천황은 교토를 탈출해 요시노(吉野)에 정착하는데, 자신이 넘겼던 신기는 가짜였고 진품은 자신이 갖고 있으므로 천황의 정통성은 여전히 자신에게 있다고 천명하면서 새로운 왕조를 선포한다. 이로써 일본은 두 명의 천황과 두 개의 조정이 양립한다. 남북조(南北朝) 시대의 시작이다. 이후 다이카쿠지 혈통의 남조와 지묘인 혈통의 북조는 60년 동안 대립한다. 그러나 무로마치 막부 정권의 북조는 점차 안정을 찾아간 반면 남조는 고다이고 천황의 서거 이후 급속히 힘을 잃어 1392년 남북조는 북조로 통일되고 이후 일본 황실은 지묘인 혈통으로 오늘날까지 이어지게 된다.

무로마치 막부의 승리는 지리적으로도 예견돼 있었다. 이전의 가마쿠라 막부가 천황이 있는 교토를 떠나 멀리 동쪽 가마쿠라에 있었던 것과는 달리 무로마치 막부는 교토 한 가운데를 차지했다. 그런데 막상 정통성을 가졌다고 주장하는 천황은 교토를 떠나 요시노에 자리 잡은 것이다.

그렇다고는 하나 배덕과 배신의 향연과도 같은 냄새를 풍기며 시작된 무로마치 막부의 운명은 이미 태어났을 때 결정된 듯 보였다. 제3대 쇼군 아시카가 요시미츠(足利義満)가 남북조 통합을 달성하면서 막부 권력을 공고히 하는 듯했으나, 그의 사후 쇼군을 다이묘들의 합의를 통해 추대하기로 함에 따라 상대적으로 쇼군의 권력이 저하됐다. 그런 과정 속에서 민란이 일어나고 남조 재흥 운동이 벌어지는 등 막부는 지금까지 겪지 못한 사태에 직면한다.

혼란스러운 상황이 지속되자 다이묘들 사이에서 자신들의 영지 통치에 쇼군의 권위 하락이 바람직하지 못하다는 암묵적 동의가 형성된다. 그리하여 제6대 쇼군 아시카가 요시노리(足利義教)는 비록 다이묘들의 추대로 취임하긴 했지만 쇼군 권력 강화에도 힘썼다. 막부에 반항적이던 아시카가 모치우지(足利持氏)를 토벌하고 그 잔당도 궤멸시키자 쇼군에게 반항하는 세력이 표면적으로는 사라지면서 정국이 안정되는 듯 보였다. 그렇지만 이 같은 강경 정책은 결국 반발을 불러일으켜 쇼군 요시노리가 암살당하는 사건이 벌어졌고 이후 쇼군의 권력은 쇠퇴일로로 치닫는다.

이후 잇따라 어린 쇼군이 취임할 수밖에 없는 상황이 되자 국정은 유력 다이묘들 사이의 협의로 운영됐다. 그렇게 세월이 흐르고 제8대 쇼군 아시카가 요시마사(足利義政) 때 일이 벌어진다. 그는 자식이 없어서 동생인 아시카가 요시미(足利義視)를 양자 삼아 후계자로 세울 예정이었다. 여기까지는 별 문제가 없었다. 그런데 나중에 아들 요시히사(義尚)가 태어나자 후계자 문제가 불거졌다. 곧바로 요시미 지지파와 요시히사 지지파가 대립하게 된다.

양측이 대립이 격화된 끝에 1467년 전국의 다이묘들이 병력을 이끌고 교토로 집결해 대규모 군사 충돌이 벌어지니 그것이 바로 '오닌(應仁)의 난'이다. 다이묘들이 동군과 서군으로 나뉘어 전국적인 내란으로 확대됐다. 사실 이 싸움에 참여한 각 다이묘들의 의욕은 그리 높지 않았다. 하지만 그렇다고 승리할 경우 얻을 수 있는 이익을 포기할 수도 없는 노릇이어서 결과적으로 소규모 충돌이 무려 11년 동안이나 결판이 나지 않는 지지부진한 상황이 계속됐다. 교토는 이미 황폐해졌고 전란의 여파는 지방에까지 파급됐다.

쇼군 아시카가 요시마사는 처음에는 전쟁을 중지하라고 명했지만 먹히지 않자 결국 포기하고 매일 연회로 세월을 보냈다. 그러다가 정치에 환멸을 느껴 아들 요시히사에게 갑자기 쇼군 직을 내놓고는 물러나버렸다. 양쪽 파벌의 수장들도 연달아 병사했기에 전란을 유지하기도 어려운 형편이었다. 그런데도 각 다이묘들은 부대를 물려 자신들의 영지로 돌아가지 못하고 있었다. 지금 와서 철수하면 기나긴 전쟁으로 많은 손해를 입었는데도 아무런 소득 없이 돌아가는 셈이라 각자의 영지에서 다이묘로서의 지위가 흔들릴 것이기 때문이었다.

결과적으로 오닌의 난은 교토와 막부의 권위만 초토화시켰을 뿐 승패도 결정짓지 못하고 1477년 흐지부지 끝났다. 오닌의 난은 이렇게 종결됐지만 이후로도 전국 각지에 크고 작은 싸움은 계속됐다. 무로마치 막부의 정치적·경제적 기반은 거의 붕괴됐고 쇼군의 권위는 이름뿐인 것이 됐다. 새로운 쇼군 요시히사는 젊을 때 병사했다. 난리통에 쇼군이 된 것에 비하면 허망한 죽음이었다. 하지만 은퇴한 요시마사는 1482년 은각사(銀閣寺)를 건축하는 등 예술의 세계에 몰두하며 여생을 보내다가 1490년 삶을 마감했다.

이런 흐름 속에서 얄궂은 일들이 이어졌다. 이제까지 쇼군의 권위를 경시하며 멋대로 굴던 다이묘들도 정작 자신들의 임명권자인 쇼군이 권위를 상실해버리자 자신들의 정통성도 잃게 됐다. 다이묘 수하의 하급 관료들의 하극상이 벌어졌고, 나아가 평민들도 들고 일어났다. 그러면서 수많은 다이묘들이 영지를 잃고 몰락했다.

힘이 있으면 권력을 잡을 수 있다는 '능력주의' 풍조가 퍼지면서 가신이 자신들의 영주를 무너뜨리는 하극상은 1493년 호조 소운(北条早雲)이 이즈(伊豆) 지역을 탈취하면서 본격화됐다. 누구의 땅이든 빼앗아 내 것으로 만들면 그만이었다. 그 시초는 오닌의 난까지 거슬러 올라갈 수 있겠지만 어쨌든 전국 시대는 그렇게 시작됐다. 그리고 그 시대는 마침내 한 사내를 낳는다.

16세기에 유럽인 가운데 사악, 간사, 교활, 위선, 권모술수 등의 이미지로 구축된 인물이 니콜로 마키아벨리라면, 16세기 일본인 중에서는 오다 노부나가가 그렇다. 물론 두 사람을 둘러싼 악의적인 짜맞추기는 그들의 참모습이 아니라 후대에 필요에 의해서 조작된 것이다. 교황청의 금서였던 《군주론》은 지금 교양인이라면 누구나 읽어야 할 책이 됐고, 시대의 절름발이로 평가받던 마키아벨리는 이제 시대를 연 선구자로 추앙받고 있다. 입헌군주제 국가로서 여전히 천황이 존재하는 일본이기에 전국 시대 당시 황제를 꿈꿨던 노부나가는 오늘날 비록 정부나 학계의 정당한 평가를 받지 못하지만, 일본인이 존경하는 인물 1~2위에 늘 오르면서 마찬가지로 후대의 재평가를 받고 있다.

피비린내 나는 전장에서 펼쳐지는 인간 군상 및 처절한 죽음 속에서 피어나는 삶의 이야기는 사람들의 마음을 흔드는 매력이 있다. 중국 삼국 시대의 이야기 《삼국지연의(三國志演義)》가 그렇듯 말이다. 오다 노부나가는 그런 시대의 한 가운데를 살다 간 인물이다. 계층 이동, 신분 상승, 권력 관계 등의 유동성이 매우 활발하던 전국 시대가 한창일 때 그는 태어났다. 1534년이었다.

오다 노부나가는 오다 노부히데(職田信秀)의 둘째 아들로, 원래 오다 가문은 오늘날 나고야(名古屋) 지역인 오와리의 다이묘 시바(斯波) 가문의 가신이었다. 그러나 시바 가문이 쇠퇴하자 그 자리를 오다 가문이 차지했고, 그 오다 가문에서도 가장 말단이던 오다 노부히데가 자신의 실력으로 가문의 우두머리 자리에 오르게 됐다. 1563년에 일본으로 건너가 《일본사(日本史, Historia de Japan)》를 쓴 선교사 루이스 프로이스는 당시 눈만 뜨면 싸움을 일삼는 일본인들에 대해 이렇게 적었다.

유럽인은 얼굴에 난 칼자국을 흉으로 여기지만, 일본인은 오히려 자랑으로 여기면서 더욱 두드러지게 한다. 유럽인은 20세가 돼도 검을 차지 않지만, 일본인은 12~13세가 되면 검을 차기 시작한다.

다른 사람을 보면서 비로소 자신을 알게 된다. 누구나 사춘기가 되면 다른 이들과의 끊임없는 비교를 통해 자신을 인식하는 법이다. 그런 의미에서 15세기부터 시작된 대항해 시대는 유럽인들의 자기 인식과 타인에 대한 해석을 더욱 대비되는 것으로 만들었다. 사신들은 '문명인'으로, 외부 세계의 타인들은 '야만인'으로 인식한 것이다. 대항해 시대는 그런 인식을 바탕으로 한 비유럽·비그리스도교 세계에 대한 식민 지배의 첫걸음이었다. 자신들의 사리사욕을 위해 글자 그대로 '무엇이든' 할 수 있게 된 시발점이었다.

신대륙에서 유입되는 금과 은을 바탕으로 르네상스를 구가하고 있던 시대가 낳은 프로이스의 눈에 일본인은 '야만적'으로 비쳤을 것이다. 하지만 비록 양상은 다르지만 당시 일본도 생존과 사리사욕을 위해 그야말로 '무엇이든' 하지 않으면 안 되는 시기였다. 노부히데는 시바 가문의 가신의 영역을 뛰어넘어 제1의 실력자로서 '오와리의 호랑이'라는 별명이 드러내는 바로 그 모습으로 세력을 확장해나

126

갔다.

오다 노부나가가 태어난 나고야 지역은 지금도 일본의 중부 도시다. 이곳에서 그의 역사가 시작됐다. 당시 수많은 소국으로 나뉘어져 있던 일본에서 나고야는 교토로 가기 위해 반드시 지나야 하는 길목이었다. 아울러 나고야는 한반도의 이주 세력이 오래도록 개척해왔던 오사카 및 교토 지역의 다소 복종적인 문화와 그로부터 일탈이 시작된 동일본의 야만적 공기가 뒤섞이는 곳이기도 했다. 그런 곳에서 오다 노부나가는 자신만의 꿈을 꾸게 된다. 일본 역사상 그 누구도 꿈꾸지 않았던 배덕의 꿈을.

나고야를 기점으로 기세등등하게 세력을 확장해가던 오다 노부히데는 이윽고 사이토 도산(斎藤道三)이라는 커다란 벽에 부딪혔다. 사이토 도산은 승려로 출발해 기름 장수였다가 무사가 된 인물로, 자신이 모시던 다이묘들을 차례로 배신하고 영지를 빼앗아 결국 미노(美濃)의 다이묘가 되면서 '미노의 살모사'라는 별명을 얻었다. 오다 노부히데는 이 사이토 도산과의 일전에서 괴멸에 가까운 타격을 입었다.

그가 참패를 당하자 통일돼가고 있던 오다 가문은 다시 분열되기 시작했다. 일족들이 내부에 세력을 규합하는 한편 사이토 도산과 공모해 오다 부자를 제거하고자 움직였다. 결국 노부히데는 자신의 후계자인 아들 노부나가와 사이토 도산의 딸을 혼인시키기로 결심한다. 그렇게 함으로써 사이토 도산과의 싸움을 멈추고 내분도 가라앉

히고자 한 것이다.

정략은 그랬지만 실상은 쉽지 않았다. 당시 노부나가는 상투를 끈으로 친친 감아 꽁지처럼 드리운 머리 모양에다 옷을 바닥까지 질질 끌리게 입고 다녔고, 그마저도 제대로 입지 않아 한쪽 소매는 나풀거리기 일쑤였다. 허리춤에는 부싯돌 주머니를 일곱 개나 달고 다녔는데 어디에 쓰려는 건지 아무도 알 수 없었다. 여름이면 수영을 한다고 온 강을 헤집고 다니고, 종일 사냥과 싸움으로 보내다가, 그마저 지루해지면 참외를 씹으면서 마을을 어슬렁거렸다. 과연 사이토 도산이 이런 노부나가에게 자신의 딸을 줄 것인가.

아닌 게 아니라 사이토 도산도 노부나가의 사람 됨됨이를 알기 위해 정탐을 보낸 터였다. 그리고 돌아온 성탐꾼으로부터 보고를 받는다. 누구는 '멍청이'라 하고, 누구는 '참외 도둑'이라고 하며, 제사 지내려고 지은 농부의 밥을 빼앗아 주먹밥을 만들어서는 여자 아이들에게 씨름을 시켜 상으로 나눠주는 해괴망측한 인물임을. 널리 인심을 잃어 이미 어미조차도 남편에게 노부나가 말고 그 동생을 후계자로 삼으라고 권할 정도로 세상이 손가락질하는 망나니라고 정탐꾼은 보고했다.

그런데 이를 듣고 사이토 도산은 이렇게 생각한 듯하다. 내 별명은 '살모사'다. 태어나면서 제 어미를 뜯어먹고 세상에 나오는 존재다. 나는 기꺼이 그런 삶을 선택했다. 죽이지 않으면 죽임을 당하고, 때에 따라서는 부모도 배신하는 게 세상이다. 가짜 중 노릇을 때려

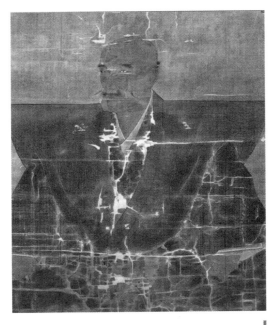

사이토 도산

치우고 기름을 팔러 다니면서 출세할 기회를 노리던 나다. 그러다
가신이 됐고 주군을 몰아내는 과정에서 영지를 차지하기 위해 세 번
이나 정략결혼으로 아내를 맞이했다. 그중에는 주군의 아이를 잉태
한 주군의 애첩도 있었다. 임신 사실을 알고서도 그랬던 이유는 영
지를 차지하기 위해 가장 좋은 방법이었기 때문이다. 나는 영지를
차지한 뒤 그 애첩에게서 태어난 아이를 후계자로 삼기까지 했다.
그런데 내가 친아버지가 아닐뿐더러 가문의 원수라는 사실을 아이
가 알아버렸다. 언제 나를 향해 칼을 겨눌지 알 수 없는 상황에서 입

안에 가시 같은 오다 놈으로부터 혼담이 왔다.

그랬다. 안팎으로 골치를 앓고 있는 것은 노부히데만이 아니라 도산 자신도 마찬가지였다. 어떤 상황이든 간에 부정적으로만 봐서는 좋은 결과를 얻을 수 없음을 도산은 경험을 통해 잘 알고 있었다. 결국 도산은 아들과는 배다른 남매이자 끔찍이 아끼는 딸을 불러 자신의 고민을 털어놓았다. 오다 가문과 손을 잡고 아들을 제압하지 않으면 앞으로 위험해질 테니 그쪽으로 시집을 가면 어떻겠느냐고 물었다.

그랬더니 살모사의 새끼도 살모사라 했던가, 딸의 대답이 가관이었다. 자신을 오다 노부나가에게 보내려는 것은 오라비를 견제한다기보다 장차 오다 가문의 영지를 손에 넣기 위함이 아니냐고 되묻는 것이 아닌가. 금이야 옥이야 키운 딸을 사위 삼을 사람이 망나니인 줄 알면서도 시집보내고자 하는 아비의 복심을 읽은 것이다.

딸의 말에 흡족해진 사이토 도산은 고개를 끄덕이고 단검을 건네면서 아비가 명하거든 노부나가를 찌르라고 말했다. 하지만 그녀는 아무리 망나니라도 지내는 동안 정이 들어 찌를 수 없게 되거나 반대로 아버지의 허점이 보이면 아버지를 찌르게 될 수도 있으니, 그래도 상관없다면 출가하겠다고 대답했다. 이때가 그녀의 나이 열네 살이었다. 이 영민한 여인은 전국 시대의 딸은 마냥 귀여운 딸로만 살 수 없고, 여인에게는 여인의 삶이 허락되지 않음을 알고 있었는지도 모르겠다.

강한 자는 이기고 방심하는 자는 패한다는 사실을 스스로 증명하며 살아온 삶, 결국 사이토 도산은 딸을 이용해 오다 가문의 영지를 빼앗을 작정으로 그녀를 출가시킨다. 어차피 오다 쪽에서도 지금까지 내내 맞서다가 필요에 의해 혼인을 제안한 것 아닌가.

그렇게 1548년, 열다섯 살 오다 노부나가는 한 살 어린 열네 살 신부를 맞이했다. 사료에는 오다 노부나가가 별거 중인 부하를 꾸짖거나 도요토미 히데요시의 부부싸움을 중재하는 등 아내의 내조를 중요하게 여기는 언동이 많이 기록돼 있지만, 정작 그의 아내에 대한 자료는 부족하다. 어쨌든 결과적으로 적과의 동침이 사랑의 동침으로 이어지지는 않은 것 같다. 둘 사이에는 아이가 없었다.

시답잖은 놀이로 하루를 보내고 들어와서는 턱을 괸 채 아내의 얼굴을 올려다보며 생글거리는 남편, 그러나 그는 결코 만만한 사내가 아니었다. 망나니에게 딸을 보내서 훗날 영지를 가로채려는 생각은 진짜 바보에게는 통할지 모른다. 하지만 노부나가는 바보가 아니었다. 세상이 모를 뜻을 품고 때를 기다리던 그에게 빤한 속셈이 먹힐 리 없었다. 더욱이 오다 가문의 가신들은 정말로 노부나가가 바보라고 믿었기 때문에 이 정략결혼의 노림수에 대해 결코 의심을 풀지 않았다. 훗날 지금의 주군인 노부히데가 죽고 바보 멍청이 아들 노부나가가 영주가 되면 어떤 일이 벌어질지 두려웠다. 그렇게 되면 사이토 도산의 손아귀로 오다 가문의 영지가 고스란히 들어갈 게 빤하다고 생각했다. 모자란 미래의 주군이 영리한 악당과 그 딸에게 제대로 걸렸다고 걱정했다.

이 같은 분위기 속에서 그저 서로에 대한 정중함만이 있었을 뿐 두 사람이 부부의 살가운 연을 맺기란 어려웠을 것이다. 그런데 어떻게 살다가 갔는지 기록도 거의 없는 그녀가 훗날 노부나가를 배반한 아케치 미츠히데의 사촌 누이였다는 사실은 역사가 얼마나 장난꾸러기인지를 보여준다. 아케치 미츠히데의 생애 전반에 대한 자료도 불명확해서 이 또한 설(說)이긴 하지만, 그녀의 어머니가 아케치 가문 출신인 것만은 맞는 듯하다.

지금의 관점에서야 중학생 나이밖에 되지 않는 당시의 노부나가였지만 그저 어린아이로 취급하면 안 될 것 같다. 지금으로부터 무려 500년 전이다. 전란의 시기에 태어난 사내는 벌써 어른이었기 때문에 아내를 대하는 나름의 생각이 있었을 것이다. 아버지를 죽이려는 자들은 적들만이 아니었다. 삼촌은 아버지를 노리고, 동생은 자신을 노리고, 가신조차 믿을 수 없는 상황이었다. 아내에게 집중할 수 없었던 것도 충분히 이해가 된다. 무엇보다 처음 그 몇 년 동안의 어색한 관계가 두 사람 사이의 결실을 맺을 수 있는 기회를 막았는지도 모른다.

노부나가는 때때로 시골의 멍청이로 끝날 것이냐, 아니면 천하를 손에 넣을 것이냐는 말을 했다고 한다. 그런 그의 속을 알았던 것일까, 오다 노부히데는 세상이 아들을 비웃고 아내와 가신들이 그 동생을 후계자로 삼아달라고 탄원서를 올리는 와중에서도 끝내 그를

'오와리의 멍청이' 시절 노부나가의 모습을 재현한 종이 인형

내치지 않았다. 그러나 불행히도 노부히데는 형제의 배신에 따른 충격으로 마흔두 살의 젊은 나이에 세상을 떠나고 말았다. 스물다섯 명의 자식들을 남기고.

이제 오다 가문의 영지는 남겨진 수많은 자식들과 일족에 의해 갈기갈기 찢기게 될 일만 남아 있었다. 오다 노부나가의 마음도 찢겨져나갔다. 난잡한 이합집산이 일어날 것이라는 생각이 정신을 어지럽혔다. 하지만 애초부터 노부나가에게는 아버지의 영지만을 이어받아 안주하고 싶은 마음이 없었다. 좁은 영지와 후계자 자리를 놓고 다투는 이들이 한심해 보일 뿐이었다. 그는 오히려 아버지의 죽음이 만들어낸 빈틈을 통해 아(我)와 피아(彼我)를 구별하고자 했다. 후계자를 바꾸려고 하지 않는 자신을 위협하려고 거병까지 한 일족의 행동에 울화통이 터져 죽은 아버지였다. 마지막 보루가 무너지는 날, 사자 새끼가 탯줄을 끊고 첫 울음을 터뜨리는 날, 아버지는 그렇게 아들에게 자리를 내줬다.

장례식 날이 됐다. 주군을 잃은 가신들은 깊은 슬픔을 안은 채 장례식장으로 모여 들었다. 저승에 간 사람에 대한 슬픔만은 아니었다. 앞으로 어떻게 될 것인가, 어떻게 해야 하는가에 대한 복잡한 심경이 억눌린 슬픔이었다. 오늘의 슬픔은 곧 잊힐 테지만, 앞날에 대한 불안감은 살아남은 자의 설움을 부추길 것이었다.

승려들의 염불이 산과 들을 울리는데 한 사람만 자리에 없었다. 오다 노부나가였다. 애도의 물결 속에서 장례식이 시작되기를 기다리고 있건만 새로운 주군은 절 뒤편에서 씨름판을 벌이고 있었다. 가신들의 가슴 속에 분노와 원망의 감정이 스쳐가는 사이 겨우 부름에 응한 노부나가가 등장했다. 그런데 씨름을 하다 만 차림새 그대로 나타난 것도 모자라 불상 앞에 멈춰 서서 눈을 부릅뜨고는 향을 한줌 움켜쥐더니 그대로 부친의 위패를 향해 던져버리는 게 아닌가. 그리고는 예의 그 꽁지머리를 흔들며 나가버리는 것이었다.

장례식장에 있던 모든 이들이 그 불효막심하고 몰상식한 행동에 충격을 금치 못했다. 뒤를 이어 노부나가의 동생 노부유키(信行)가 예복을 입고 지극한 정성으로 향을 올렸다. 당연히 사람들은 두 형제를 비교했다. 도대체 주군은 무슨 생각으로 저런 행동을 한단 말인가. 장차 오다 가문은 어찌될 것인가.

설령 가슴으로는 울었을지 모르겠지만 그 후에도 노부나가의 행

134

동에는 변함이 없었다. 끈으로 질끈 묶은 머리에 웃통을 벗고 돌아다니는 것도 그대로였다. 아버지를 대신해 가문을 인솔하겠다는 의지도 자질도 없어 보였다. 죽은 아버지를 대신할 수 있는 유일한 사람인 연로한 스승 히라테 마사히데(平手政秀)만이 그 모습을 안타깝게 바라볼 뿐이었다.

그런데 얼마 후 큰일이 벌어졌다. 마사히데의 세 아들 중 장남이 갖고 있는 말을 노부나가가 탐냈다. 아무리 스승이라고는 하지만 가신은 가신, 주군이 달라고 하면 드려야 하는 법. 그런데 장남이 콧방귀를 뀌며 노부나가의 청을 일언지하에 거절한 것이다. 노부나가는 이에 앙심을 품고 연못에서 낚시를 하고 있던 이들 형제를 물에 빠뜨려 초주검을 만들어놓았다. 격분한 삼형제는 이를 계기로 주군 노부나가를 죽이고 자결하려는 생각까지 하게 됐다. 마사히데는 자식들을 꾸짖고 달래보기도 했지만 막무가내였다. 늙은 가신은 자신의 무력함을 뼈저리게 느꼈다.

그 어떤 소문이나 사실에도 아랑곳하지 않고 노부나가를 보필해왔던 자신이다. 그런데 내 자식이 주군을 죽일 생각을 하다니. 그는 지금껏 주군에 대한 세상의 판단에 동의하지 않았다. 나아가 주군이 자질이 있든 없든 충성을 다하는 것이 가신의 도리라고 여겼다. 하지만 이제 꼼짝없이 오다 가문과 자신의 가문이 파멸할 지경에 이르게 됐다. 이를 막을 방법은 오직 하나, 할복뿐이다. 죽음으로서 중재할 것이다. 죽음으로서 호소할 것이다. 주군도 깨닫는 바가 있을 것이다.

깊은 새벽 마사히데는 다다미를 걷어내고 실내에 향을 피우고는 칼로 배를 열십자로 갈라 자결했다. 소식을 듣고 달려온 노부나가의 눈앞에 검붉게 번진 핏물과 오른 손에 칼을 쥔 채 엎어져 있는 스승의 늙은 몸뚱이만이 남아 있었다. 지겨울 정도로 쫓아다니며 잔소리를 해주던 스승의 입술이 끔찍한 침묵으로 굳어 있는 모습에 온몸이 밧줄로 친친 묶인 것처럼 갑갑해졌다.

"마사히데, 이 바보 같은…."

주군의 눈 밖에 나면 죽음만이 있을 뿐이던 당시, 아무리 못났어도 주군을 우롱하는 것은 자기 자식이라고 해도 용서받지 못할 일이었다. 더구나 그 누구보다도 노부나가의 인물됨을 빌고 다른 가신들의 생각을 바꾸기 위해 최선을 다했던 그였다. 그렇지만 아비로서 주군이 내 자식들을 죽이는 모습 또한 볼 수 없었을 것이다.

때로 시대의 제약은 그 시대를 살아가는 이로 하여금 아무것도 할 수 없다는 좌절감을 주기에 충분하다. 그 숨 막히는 압박감 속에서 그는 자신만의 방식, 아니 그 시대의 방식으로 세상에 대한 예를 다했다. 그리고 1553년 노부나가는 마사히데(正秀)의 이름을 따서 정수사(正秀寺)를 세우는 것으로 스승에 대한 예를 갖춘다. 그러나 충신의 죽음으로 온전히 혼자가 된 노부나가의 스무 살은 이렇게 홀로 서기를 강요당하는 시련으로 시작됐다.

마키아벨리의 눈물

네가 느끼는 것을 말하라.
네가 생각하는 것을 하라.
네가 가진 것을 주어라.
후회하지 말라.

_ 에스파냐 격언

    사보나롤라가 화형을 당한 이후 피렌체에서는 피에로 소데리니 (Piero Soderini)가 이끄는 공화정 정권이 출범하게 된다. 그런데 그 이전 1498년 5월 28일 예기치 않은 일이 벌어진다. 사보나롤라를 처형한 광기와 흥분이 가시지 않은 가운데 마키아벨리가 제2행정위 원회 서기장으로 발탁된 것이다. 재능이 있는지 없는지 여부와 상 관없이 오랜 서기장 경험이 있던 두 명의 전임자 그리고 사보나롤라 제거에 공을 세운 인물들을 제치고, 이름도 알려지지 않았고 경험도 일천한 젊은이가 선택됐다는 것은 의외의 일이 아닐 수 없다.

마키아벨리가 13세에서 29세에 이르는 기간 동안 어떻게 살았는지에 대한 관한 기록은 남아 있지 않다. 그때까지 피렌체에서 명성은커녕 어떤 문서에도 언급이 없던 마키아벨리가 스물아홉의 나이에 마치 하늘에서 떨어진 것처럼, 그야말로 혜성처럼 등장한 것이다. 메디치 가문의 통치에 협력했던 두 명의 전임 서기장들이야 체제 전복 때문에 연임이 어려웠을 것이라고 쉽게 이해할 수 있다. 하지만 다른 유공자나 유력들이 있었는데도 마키아벨리가 제2행정위원회 서기장으로 발탁된 것은 순순히 납득하기가 어렵다.

다만 마키아벨리와 같은 시대에 살았던 역사가 파올로 조비오(Paolo Giovio)의 말을 신뢰할 수 있다면 그것이 꼭 이상한 일은 아니었다. 마키아벨리는 하업을 위해 피렌체대학에서 공부한 깃으로 보인다. 조비오는 마키아벨리가 그동안 받았던 고전 수업 가운데 가장 탁월한 교육을 마르첼로 아드리아니(Marcello Adriani)로부터 받았다고 쓰고 있다. 이 아드리아니가 바로 피렌체 공화국 제1서기장이었다. 이런 배경은 마키아벨리가 어떻게 갑자기 1498년 정부 요직에 앉게 됐는지 이해할 수 있는 단서가 된다. 아드리아니는 이미 제1서기장이었고, 정권이 바뀌면서 생긴 서기국 공석을 채워야 할 때 마키아벨리의 재능을 기억하고 자리를 마련해줬다고 유추할 수 있다. 아드리아니의 지원 그리고 아마도 아버지 베르나르도와 친분이 있던 인문주의자들의 영향으로 마키아벨리는 새로운 공화국의 문을 열고 들어섰다.

말과 칼

당시 피렌체 공화국에서 제1행정위원회는 대외 관계와 외교 교신, 제2행정위원회는 국내 시정과 전쟁을 관장하는 역할을 주로 맡았지만, 그 경계가 명확하지는 않아서 각각의 역할이 뒤바뀌기도 하고 중첩되기도 했다. 내정, 외교, 전쟁 등 모든 일이 이 두 기관을 통해 처리됐다. 더욱이 고위 장관들은 짧은 임기로 인해 자주 교체됐기 때문에 실질적으로 국정 전반을 잘 알 수 있는 쪽은 그들뿐이었다. 즉, 공화국의 핵심이 그들이었다.

소데니리의 공화국은 프랑스 샤를 8세가 약속했지만 아직 이루지 못한 피사의 지배권 회복을 최우선 과제로 삼았다. 만약 피렌체가 사보나롤라 정권 시기에 맺은 프랑스와의 관계를 포기했다면, 다시 말해 샤를 8세에 대항한 다른 이탈리아 도시 국가들의 적의를 사지 않았다면 피사 탈환은 보다 쉽게 이뤄졌을 수도 있었다. 하지만 상황은 더 복잡했다. 사보나롤라 처형 하루 전에 샤를 8세도 죽었다. 그렇다고 이탈리아 반도에 평화가 온 것도 아니었다. 새로 왕이 된 루이 12세(Louis XII)는 샤를 8세와 마찬가지로 '시칠리아의 왕'이라는 칭호는 물론 할머니로부터의 계승권을 주장하며 스스로를 '밀라노 공'이라고 칭함으로써 이탈리아에 대한 속내를 일찌감치 드러냈다. 그래서 알프스 산맥 이남의 모든 나라들은 희망과 두려움이 뒤섞인 감정으로 그의 움직임을 예의주시했다.

프랑스는 샤를 8세와 루이 12세 그리고 프랑수아 1세(François I)를 거치면서 중앙집권 체제의 통합 국가로 성장해나갔다. 국가 체제의 지속적 발전과 확대와 정착을 위해 국가 재정을 키우고 군사력을 증진시켰다. 또한 왕국의 영토를 확장하고 왕권 강화를 상징하는 직할령을 확대하고자 브르타뉴(Bretagne) 공국을 합병하고 부르고뉴(Bourgogne) 지역도 분할 합병했다. 그런데 샤를 8세가 이탈리아를 침공해 시칠리아 왕국과 밀라노 공국의 소유권을 주장하는 과정 속에서 피렌체 공화국은 메디치 가문의 추방 그리고 사보나롤라의 집권과 몰락을 경험한 터였다.

불행히도 마키아벨리가 사회생활을 시작할 무렵부터 죽음에 이르는 기간은 역사에서 '이탈리아 전쟁'이라고 부른 시기였다. 이탈리아 전쟁은 흔히 '대이탈리아 전쟁(Great Italian Wars)' 또는 '이탈리아 대전쟁(Great Wars of Italy)'으로 역사상 알려져 있는데, 1494년부터 1559년까지를 포함한 일련의 전쟁을 가리킨다. 이 시기 동안 이탈리아의 도시 국가들과 교황령 그리고 프랑스, 에스파냐, 신성 로마 제국, 잉글랜드, 스코틀랜드 등 서유럽의 주요 국가 및 오스만 제국이 참전했다.

원래는 나폴리 왕국과 밀라노 공국의 왕위 계승과 관련된 갈등으로 시작됐지만, 전쟁은 순식간에 영토를 둘러싼 각국의 권력 투쟁으로 번졌다. 그 때문에 이해관계에 따라 동맹을 맺어 서로 밀착하거나 정기적으로 배신하는 역동맹이 일어났다. 그야말로 이탈리아판 전국 시대의 한 가운데에서 마키아벨리는 그의 경력을 시작한다. 그리고 그 속에서 죽는다.

마키아벨리는 1498년 5월 28일 제2행정위원회 서기장으로 선출됐는데 6월 1일 다시 전쟁이 시작됐다. 1년이 지난 뒤인 1499년 5월 그가 작성해 보고한 〈피사에 관한 담론(Discorso sopra le cose di Pisa)〉은 현존하는 마키아벨리 최초의 정치 논고로, 피렌체 정무위원회가 왜 그를 신임하게 됐는지를 알 수 있다. 그는 이 보고서에서 급료 인상과 지휘권 확대를 요구하는 피렌체의 용병대장을 만나 첫 번째 요구에 대해서는 종전 액수를 유지하도록 하고, 두 번째 요구인 지휘권 확대에 대해서는 긍정적 방향으로 검토하겠다는 언질을 주는 것으로 마무리함으로써 자신의 문제 해결 역량을 보여준다.

프랑스 국왕 루이 12세가 이듬해인 1499년 9월 11일 밀라노 공국을 무력으로 점령했다. 카르타고의 한니발(Hannibal)이 갈리아를 지나 로마를 침공했듯이, 게르만 출신 용병대장 오도아케르(Odoacer)가 갈리아를 넘어 로마로 진격했듯이, 프랑스의 나폴레옹 보나파르트(Napoléon Bonaparte)가 갈리아를 건너 이탈리아를 침략했듯이, 갈리아(Gallia) 지역에 쌓여 있던 에너지는 언제나 이탈리아 반도를 향해 분출됐다.

루이 12세의 기세에 눌린 피렌체는 결국 프랑스와 용병 계약을 체결했다. 반란을 일으킨 피사를 점령해주는 조건으로 5만 두카트(ducat) 금화를 지불하기로 한 것이다. 그러나 프랑스가 이끄는 스위스 용병들은 피사의 성벽을 대부분 파괴하면서도 성 안으로 돌격하지는 않았다. 이에 피렌체 정부는 피사 공격을 독려하기 위해 군사

고문단을 보내면서 마키아벨리를 고문단의 보좌관으로 파견했다. 하지만 성벽 아래에서 계속 한심한 공방을 벌이다가 갑자기 군대가 포위를 풀고 밀라노로 철수해버리는 사태가 벌어진다. 철수 명령을 내린 사람은 루이 12세 자신이었다. 밀라노 방어를 위해 병력이 필요했기 때문이다. 더구나 그는 피사 점령을 대가로 이미 5만 두카트의 거액을 받았는데도 군대 철수 비용을 들어 3만 8,000두카트를 더 요구했다. 추가 대금을 지불하지 않으면 피렌체와 외교를 단절하겠다고도 통보했다.

자체 상비군을 보유하고 있지 않던 피렌체로서는 청천벽력과도 같은 말이었다. 프랑스 용병대가 없으면 피사 회복은 고사하고 피렌체까지 위험해졌다. 다급해진 피렌체 정부는 프랑스에 외교 사절을 보내 문제를 해결할 수밖에 없었다. 그래서 특사를 파견하기로 결정한다. 명문가 출신의 프란체스코 델라 카사(Francesco della Casa)가 대사로, 마키아벨리를 부사로 임명된다. 마키아벨리로서는 생애 첫 해외 출장 임무가 될 터였다.

그런데 그가 프랑스로 출발하게 되는 1500년 7월은 아버지 베르나르도의 장례가 있은 지 얼마 되지 않은 시점이었다. 국가의 중대사를 책임져야 하기에 변변한 장례식도 치르지 못했다. 베르나르도의 시신은 산타 크로체(Santa Croce) 성당에 서둘러 묻혔다. 아버지의 죽음을 뒤로 하고 떠나는 이 첫 해외 임무는 그의 경력상 중요한 전환점이 된다. 이탈리아 사람들이 야만인이라고 부르는 바로 그 족

속이 이제는 거꾸로 피렌체와 이탈리아에 뭔가를 가르치고 있었다.

그들의 힘은 강력한 통일성에서 나왔다. 그들은 복종에 적응돼 있었고, 상비군을 보유하고 있었으며, 무엇보다도 군주의 이름 아래 하나로 뭉쳤기 때문에 이민족들을 지배하는 데 유리한 조건을 확보하고 있었다. 그런데도 피렌체가 고용한 프랑스 용병, 정확히 말하면 프랑스가 고용한 스위스 용병들은 싸움을 피하며 실리만을 취하는 모습을 보인 것이다. 그도 그럴 것이 돈을 받고 싸우는 용병은 살아남아야 돈을 받을 수 있다. 그들에게는 목숨을 걸어야 할 까닭이 없었다. 목숨을 걸 이유가 없는 이들에게 목숨을 건 피렌체를 위해서 마키아벨리는 목숨을 잃은 아버지를 뒤로 하고 떠났다.

마키아벨리 일행이 프랑스 리옹(Lyon)에 도착했다. 하지만 루이 12세는 이미 리옹을 떠난 뒤였다. 하는 수 없이 알아서 찾아 나설 수밖에 없었다. 이윽고 네베(Nevez)에서 추기경이자 프랑스의 총리대신 조르주 당부아즈(Georges d'Amboise)와 만나는 데 성공했지만, 그는 의도적으로 마케아벨리 일행을 홀대하면서 시간만 끌었다. 루이 12세가 계속해서 거처를 옮기고 있어 알현하기가 어렵다면서 기다리라는 말만 되풀이했다. 그리고 추가 용병 대금만 강조했다.

그들이 이곳까지 온 목적은 피사 건에 대해 해명을 듣고 프랑스로 하여금 잘못을 인정하도록 하는 것이었다. 계약 조건대로 서둘러 피사를 점령하라고 요구해야 했다. 그러나 루이 12세는 곧 네베를 떠나 몽타르지(Montargis)와 멜룅(Melung)으로 계속 이동했고 9월에는 블루아(Blois)로 거처를 옮겼다. 마키아벨리 일행은 이리저리 끌려만 다니는 신세가 됐다. 그런 와중에 대사 프란체스코 델라 카사마저 사퇴해버린다. 당부아즈의 시간 끌기 전략에 더 이상 참지 못하고 떠나버린 것이다. 결국 마키아벨리 혼자서 이 늙은 여우와 담판을 지어야 했다.

마키아벨리는 당부아즈의 전략이 시간을 끌어 제풀에 지치게 하는 전략임을 잘 알고 있었다. 그래서 자신도 똑같이 맞대응했다. 용병 대금만 독촉하는 당부아즈에게 자신은 권한이 없고 피렌체에서 곧 대사를 다시 이곳으로 파견할 것이라면서 시간을 끌었다. 계속 이동하는 왕의 군대를 따라다니면서 말이다. 그가 그렇게 프랑스에 오래 머무는 동안 누이도 세상을 떠났다. 왕도 낭트에서 투르로 떠났다. 세상을 떠난 누이를 따라가지 못하고 그는 투르로 떠난 왕을 따라갔다.

마침내 그는 용병 대금 1만 두카트만 받는 것으로 루이 12세의 재가를 얻어내고 협상을 종료했다. 차액은 나중에 지불한다는 조건이 붙었지만 중요하지 않았다. 1501년 1월 14일, 피렌체로 마키아벨리가 귀환했을 때 그의 손에는 새로 확정된 프랑스와 피렌체 간의 조약서가 들려 있었다. 이 조약서에는 "피렌체가 외국 군대의 침략을 받으면 프랑스 군대가 의무적으로 참전한다"는 내용이 포함돼 있었다.

하지만 이 놀라운 성과가 마키아벨리와 체사레 보르자 사이의 악연이 시작되는 계기가 된다. 또한 마키아벨리의 체사레 보르자에 대한 짝사랑의 시작이기도 했다. 루이 12세의 밀라노 점령은 경쟁 도시 국가 베네치아의 요청과 교황청의 공식적인 축복 속에서 벌어진 일이었다. 그래서 프랑스 왕이 자신의 군대를 당당히 이탈리아 반도로 진격시킬 수 있었다. 그 배경은 이랬다.

체사레가 교황이자 아버지인 알렉산데르 6세의 명을 받아 이탈리아 중부 지방에 대한 무력 정벌을 시작했을 때, 교황군 총사령관으로서 그가 거느리고 있던 군대는 교황청의 오합지졸로 편성돼 있었다. 체사레는 자신에게 100퍼센트 충성할 수 있는 병력이 필요했다. 지략이 뛰어났던 보르자 가문의 이들 부자는 우선 프랑스의 왕 루이 12세에게 호의를 베풀며 접근한다. 밀라노 세력을 경계하던 베네치아가 프랑스에 지원을 요청하자 교황청이 프랑스의 개입을 발 빠르게 승인해줌으로써 루이 12세의 환심을 산 것이다.

체사레는 그 덕분에 프랑스 병력 일부를 지원받아 이탈리아 중부 지역 정벌에 나선다. 처음에 프랑스 군대는 체사레의 명령을 잘 따르지 않았다. 그래도 체사레는 이탈리아 부대와 프랑스 부대의 충성심을 서로 경쟁시키면서 정복지를 조금씩 늘려나간다. 늘어난 정복지는 새로운 전투에 임한 군대의 사기를 높이고, 높아진 사기가 새로운 정복지를 안겨주는 식이었다. 체사레는 이탈리아 중부 정벌이 어느 정도 마무리되자 이번에는 서쪽에 위치한 피렌체 공격을 준비한다. 중부의 맹주 피렌체 공화국을 차지하면 자신의 통치권이 더욱 확대될 것이라고 믿었다. 물론 피렌체와 동맹 관계를 유지하고 있던 프랑스의 루이 12세는 체사레의 피렌체 공격을 반대했다. 앞서 마키아벨리의 프랑스 파견으로 거둔 외교적 업적이 효과를 발휘한 것이다.

루이 12세는 피렌체를 구하기 위해 체사레 보르자를 응징하겠다면서 "이는 오스만 튀르크 토벌만큼이나 경건하고 성스러운 일"이라고 선언했다. 교황과 교황의 아들을 공격하면서 이교도인 튀르크 토벌과 같다는 왕의 분노 앞에서 체사레는 퇴각을 고민할 수밖에 없었다. 1502년 6월, 체사레 보르자는 피렌체의 사절단으로 온 마키아벨리와의 첫 번째 만남에서 이렇게 말했다.

"나는 당신들의 현 정부가 마음에 들지 않소. 그들을 신뢰할 수 없기 때문이오. 당신들은 정부를 교체해야 하고 지금까지 내게 약속한 것들을 모두 지키겠다고 맹세해야 하오. 당신들이 나를 친구로 여기지 않는다면 나는 당신들의 적이 될 것이오."

체사레 보르자의 격정적인 비난에도 불구하고 마키아벨리는 체사레와의 회담 이후 피렌체에 보낸 보고서에서 그를 이렇게 평가했다.

이 영주는 실력이 뛰어나며 멋진 인물입니다. 전쟁에 임할 때 더욱 그 진가가 드러납니다. 승리의 영광을 차지하고 영토를 확장하기 위해 결코 쉬는 법이 없습니다. 위험도 불사하고 피곤함도 개의치 않습니다. 그는 장소를 신속히 이동하는데 아무도 그의 이동을 눈치 채지 못합니다. 그는 부하들 사이에서 인기가 높고 그 부하들은 이탈리아에서 제일가는 전투력을 갖고 있습니다. 이 모든 조건 때문에 그는 항상 승리를 차지하고 있으며 무서운 존재가 돼버렸습니다. 행운의 여신이 보내는 빛이 항상 그의 앞길을 비추고 있습니다.

하지만 보고서의 높은 평가와는 달리 마키아벨리는 프랑스와의 조약서 한 장으로 체사레 보르자를 보기 좋게 한 방 먹인 셈이었다. 연합군 관계를 유지해오던 프랑스가 자신의 앞길을 가로막는 존재가 됐다고 판단한 체사레는 이 시점에서 중요한 권력의 법칙을 깨달은 듯 보인다. 권력을 잡기 위해서는 결코 타인의 무력이나 호의에만 의지해서는 안 된다는 사실을. 그는 프랑스의 그늘에서 벗어나 독자적인 힘을 구축해야 한다고 판단했다. 그런데 체사레 스스로 갖고 있던 강력한 면모가 드러나는 데는 그리 오랜 시간이 걸리지 않았다.

1502년 10월 6일 이몰라(Imola)에서 마키아벨리와 체사레는 두 번째 회담을 하게 된다. 이 만남은 이듬해 1월까지 이어졌다. 그러나 하루 뒤에 벌어질 사건을 마키아벨리가 미리 알았더라면 그는 결코 그곳에 가지 않았을 것이다.

루이 12세의 엄포에 밀려 퇴각한 일 때문에 체사레 보르자의 체면과 입지는 많이 약해져 있었다. 10월이 뿜어내는 가을 햇살에 기력을 잃고 시들기 시작하는 나무와도 같았다. 체사레의 교황군은 이몰라에 진을 친 채 옴짝달싹 못하고 있었다. 이런 정체 상태는 피아를 구분할 수 있는 균열을 드러내는 법이다. 용병대 대장들의 수군거림이 늘었다. 아니나 다를까, 그동안 자신의 명령을 따르던 용병대가 집단으로 반란을 일으켰다. 이른바 '마조레(Maggiore)의 반란'으로 알려진 사건이었다.

오랫동안 체사레의 일방적 지휘에 반감을 품고 있던 오르시니 (Orsini) 가문의 장군들이 주동이 돼 일으킨 쿠데타였다. 체사레는 그 전에 이미 반란의 기운이 싹트고 있음을 눈치 챘으면서도 짐짓 아무것도 모르는 척 행동했다. 그런데 10월 7일, 반란을 일으킨 용병대장들이 정식으로 선전포고를 했기 때문에 이제는 모르는 척도 할 수 없었다. 그런데도 체사레는 아무런 대응을 하지 않았다. 그는 용병대상들에게 화해의 제스처를 취하면서 한편으로는 교황청과 프랑스의 힘을 끌어들이기 위해 동분서주했다.

체사레는 쿠데타를 일으켜 공석이 된 장군들을 대신해 자신에게 충성을 다하는 에스파냐 용병대장 3명을 주력 부대 대장으로 임명했다. 증원을 위해 프랑스 가스코뉴(Gascogne) 지역의 보병 500명과 창기병 1,500명을 은밀히 모병했고 스위스 용병 1,500명을 사비까지 털어 끌어 모았다. 흥미로운 부분은 적대 관계로 돌아선 프랑스의 루이 12세를 어떻게 설득했는지 밀라노에 머물고 있던 프랑스 정규군도 3,000명이나 추가로 확보했다. 체사레로서는 그 병력이 이곳 이몰라로 집결할 시간을 벌 필요가 있었다.

하지만 체사레의 군사 행동이 시작되기도 전에 반란은 낙엽이 지 듯 갑작스럽게 잦아들었다. 반군을 지지해주리라고 기대했던 프랑 스가 반대로 체사레에 대한 지지를 선언했다는 사실을 알게 된 반란 군 용병대장들은 당황했다. 당연히 부대 내에서도 불안과 공포가 퍼 져나갔다. 체사레와 프랑스의 보복을 우려한 용병대장들이 하나둘 전선에서 이탈하기 시작했다. 이 모든 일들이 반란을 일으킨 지 한 달 만에 일어났다. 반란의 주모자들은 곧바로 태도를 바꿔 체사레와 의 평화 협정에 매달렸다. 협정 내용은 로마냐 지방에 대한 체사레 의 지배권을 인정하고 용병대장들은 다시 체사레의 지휘를 받아들 이겠는다는 것이었다.

놀랍게도 체사레는 용병대장들을 사면하겠다고 선포한다. 용병대 장들은 체사레의 관대한 결정에 감동해 그 앞에 무릎을 꿇고 눈물을 흘리며 충성을 맹세했다. 아직 서른도 되지 않은 젊은 지휘관 체사 레는 아버지뻘 되는 용병대장들의 어깨를 감싸 안으며 함께 눈물을 흘렸다. 시간이 흘러 1502년의 마지막 날인 12월 31일, 다사다난했 던 한해를 마무리하는 축하연이 열렸다. 체사레는 이 자리에 반란군 용병대장 5명을 정중히 초대했다. 마키아벨리는 이 일련의 과정을 유심히 관찰하고 있었다.

술로 목을 축이고 안주로 배를 채우던 5명의 용병대장은 그 자리 에서 모두 체포돼 곧바로 처형됐다. 그들의 목은 오늘 먹고 마신 죄 가 아니라 어제 잘못된 말을 뱉어낸 죄 때문에 몸을 떠나게 됐다. 오늘의 불행은 항상 어제 잘못 보낸 시간의 보복이다.

체사레는 여기서 멈추지 않았다. 자신이 조금 흔들리는 모습을 보이자마자 등을 돌린 로마냐 사람들에게 강력한 경고를 던지는 동시에 그들의 마음을 다시 얻을 필요가 있었다. 그는 기민하게 판단하고 즉시 움직였다. 체사레는 우선 역량은 뛰어나지만 성격이 잔혹한 레미로 데 오르코(Remirro de Orco)를 로마냐의 새 총독으로 파견했다. 예상대로 레미로 데 오르코는 모처럼 주어진 무대에서 마음껏 자신의 성격을 드러내며 폭정을 일삼았다. 로마냐 시민들의 원성이 하늘을 찔렀다.

체사레의 노림수는 하나였다. 마키아벨리의 표현대로 "지금까지의 모든 폭정은 자신의 뜻이 아니라, 제멋대로 행동한 총독 레미로 데 오르코의 냉혹한 성격 탓"임을 드러내 그 불충의 결과를 보여주면 됐다. 그리고 어느 날 아침 로마냐 시민들은 광장에서 두 동강 난 채 나뒹구는 레미로 데 오르코의 몸뚱이를 목격한다. 마키아벨리는 "그 처참한 광경에 시민들은 통쾌함과 더불어 전율을 금치 못했다"고 썼다. 체사레 보르자의 눈 밖에 나면 큰일 난다는 확신의 불이 붙었다. 그것이 긍정적이든 부정적이든 간에 이로써 로마냐 사람들의 마음은 체사레의 것이 됐다.

마키아벨리와 체사레의 두 번째 만남은 해를 넘겨 1503년 1월 23일까지 이어졌다. 그동안 마키아벨리는 체사레가 치욕을 견디고 화를 참으면서 때를 기다리는 모습, 최선을 다해 자신의 시민을 다독

거리고 요새를 강화하면서 전쟁에 필요한 모든 조건들을 재정비하는 모습을 고스란히 지켜봤다. 평화를 위태롭게 한 반란군 대장들에게 듣기 좋은 말로 회유하면서 그 일부를 반란 세력에서 이탈하게 하려는 시도도 목격했다. 통하지 않자 많은 비용을 감수하면서까지 프랑스, 로마, 밀라노 등 각지에 끊임없이 전령을 보내 군대와 무기를 확보하려 애쓰는 모습도 봤다. 체사레가 외교와 전쟁에서 보여준 불굴의 의지, 냉철한 분별력, 뜨거운 저돌성, 은폐와 기만 능력, 능숙한 정책과 기민한 실천력을 빠짐없이 관찰했다. 이탈리아의 영웅이 탄생하는 현장이었다.

약 넉 달 동안 이어진 두 번째 만남을 통해 마키아벨리는 이 사내를 좋아하게 됐다. 이탈리아를 통일하고 강력한 국가를 이룩할 인물로 봤기 때문이다. 그의 이름 체사레는 그의 삶과 어울리는 것이었다. 그가 이끄는 부대의 깃발에는 "황제가 아니면 아무것도 아니다"라는 뜻의 "아우트 카이사르 아우트 니힐(Aut Caesar Aut Nihil)"의 문장이 새겨져 있었다. 이탈리아어 체사레(Cesare)는 라틴어의 카이사르(Caesar), 즉 '황제'라는 뜻이다. 더욱이 그는 교황의 아들이다. 그런 그가 아버지 교황으로부터 '폰티펙스 막시무스'라는 대제사장의 칭호를 물려받고, 그 이름과 자신의 힘으로 '카이사르 아우구스투스'라는 황제의 칭호를 얻어 양쪽 모두를 겸하게 된다면 위대한 로마제국의 영광은 프랑스 왕이나 독일 신성 로마 제국의 황제가 아닌 이 이탈리아의 왕에 의해 재현되는 꿈만 같은 일이 현실이 될 수 있

체사레 보르자(안토벨로 멜로네 作)

었다.

공화국의 공복이자 공화주의자이어야 할 마키아벨리는 자신의 신
분과 신념을 배신하는 내면의 흥분에 몸을 떨었을 것이다. 이탈리아
전체를 통일하고 프랑스와 에스파냐에 맞설 강력한 군주의 모습을
직접 바라보고 있다는 사실이 오히려 비사실적이었다.

마키아벨리는 장차 자신이 쓰게 될《군주론》의 핵심을 체사레 보
르자를 통해 보게 된다.《군주론》은 체사레의 행동을 가까이에서 관
찰할 수 있었던 1502~1503년의 경험을 바탕으로 한 것이다. 냉혹
한 현실 인식과 그에 기반을 둔 정치공학에 대한 주장을 위해 어떤

이름이 필요했다면 마키아벨리는 아마도 '마키아벨리즘'이 아니라 '체사레즘'이라고 불렀을 것이다. 그런 의미에서 《군주론》만을 갖고 마키아벨리를 이해하는 것은 옅고 무모하다. 《군주론》은 마키아벨리를 비추는 거울이 아니라 체사레 보르자를 비추는 거울이기 때문이다.

한편 몇 년 전으로 거슬러 올라가 첫 번째 해외 출장을 마치고 아버지와 누이가 세상을 떠난 피렌체로 돌아온 그는 깊은 공허함에 결혼을 생각하게 됐다. 그래서 그는 1501년 마리에타 코르시니(Marietta Corsini)와 혼인했다. 서른두 살의 나이에 그 시대가 권하는 방식인 중매를 통해서였다.

자신의 공허감을 채우려는 결혼이었기 때문인지 마키아벨리는 그녀를 깊이 사랑하지는 않은 것 같다. 마키아벨리는 일생 동안 수백 통이 넘는 편지와 메모를 남겼는데, 그중 현재까지 전해지는 편지만 해도 300통이 넘는다. 하지만 애석하게도 그 많은 편지 중에 아내에게 보낸 것은 단 한 통도 없다. 대부분이 절친 브란체스코 베토리(Francesco Vettori)에게 보낸 것들이거나 불륜 관계에 있던 애인들에게 보낸 러브레터였다. 친구 베토리에게 보낸 편지도 새로운 여자에게 빠져 느낀 사랑을 찬미하는 내용으로 아내에 대한 언급은 일절 없다.

색다른 편지가 한 통 전해지는데 그마저도 마리에타 쪽에서 남편 마키아벨리에게 보낸 편지다. 그녀가 1503년에 보낸 편지에는 외지로 나간 마키아벨리에게 최근에 얻은 아들 소식을 전하면서 "아기가 당신을 닮았어요", "당신의 편지를 받아 보고 싶어요"라며 안타까운 마음을 전하고는 마지막에 "집에 돌아오는 것을 잊지 말아요"라는 말로 마치고 있다. 이 한 통의 편지에서 알 수 있는 사실은 마리에타는 남편을 그리워하고 사랑했지만 마키아벨리의 아내를 향한 애정은 그렇지 않았다는 것이다. 애초에 아내가 그렇게 바라던 편지 한 통 남아 있지 않은데다, 남편에게 집에 돌아오는 것을 잊지 말아달라고 부탁하는 아내란 그에게 과연 어떤 존재였을까?

그럼에도 불구하고 정계에서 쫓겨나 별다른 수입 없이 시골에서 힘들게 지낼 때조차도 마키아벨리 곁을 지켜준 이는 다름 아닌 아내 마리에타였다. 그런 아내에 대한 마키아벨리의 감정은 여섯 아이를 낳는 동안에도 정신적 안식처 정도에 그쳤던 것 같다. 기력을 회복하기만 하면 그는 기꺼이 아내 곁을 떠나서 다른 여자와 함께했다.

아버지와 누이를 갑자기 잃은 슬픔이 마키아벨리를 찾아왔듯이, 세상을 다 가질 것만 같았던 체사레 보르자는 자신에게 이름을 남겨준 폰티펙스 막시무스를 갑자기 잃게 된다. 1503년 8월 18일, 신의 이름으로 세상을 호령하던 교황 알렉산데르 6세가 한여름 동안 잠깐 활개 치는 모기에 물려 말라리아를 앓다가 세상을 뜬 것이다. 마키아벨리가 가족을 잃은 슬픔을 새 가족을 맞아들이는 것으로 예를 다했다면, 체사레 보르자는 아버지가 숨진 날 자신도 역시 같은 병에 걸려 자리에 눕는 것으로 예를 다했다.

사실 체사레는 오래전부터 아버지의 사후를 준비하고 있었다. 아버지가 죽고 난 뒤 자신이 이끌어갈 세계에 대해 탁월한 전망을 바탕으로 모든 것을 준비하고 모든 경우를 예상했지만, 정작 자기 자신이 아버지가 죽는 순간 삶보다 죽음에 더 가까이 있을 것이라고는 꿈에도 생각하지 못했다. 그는 병상에서 다시 일어났으나, 그의 권위는 다시 일어나지 못했다.

알렉산데르 6세가 병사하고 뒤를 이어 비오 3세(Pius III)가 교황으로 선출됐지만 재임 한 달도 채 되지 않아 서거했다. 정치적으로 위기를 느낀 체사레는 아버지의 정적이었던 율리오 2세(Julius II)와 비밀 협약을 맺고 교황을 선출하는 콘클라베(Conclave)에서 그를 지지한다. 그러나 율리오 2세는 교황으로 선출되자마자 체사레와의 약속을 간단히 뒤집어버린다. 체사레는 교황의 체포령이 떨어지자 로마를 빠져나가 에스파냐령 나폴리로 숨었다. 하지만 그곳에는 에스파냐 왕 페르디난트 2세의 지령을 받은 나폴리 총독 곤살로 데 코르도바(Gonzalo de Córdoba)가 기다리고 있었다.

체사레는 그곳에서 체포돼 1504년 에스파냐로 이송됐고 산탄젤로(Sant'Angelo) 성에 수감되는 신세가 된다. 그러다가 2년 만에 탈옥해 아내의 친정인 나바라(Navarra) 왕국으로 건너간다. 여기서 그는 능력을 인정받아 나바라 왕국의 총사령관 자리에까지 오르는데, 거기까지였다. 1507년 나바라의 친에스파냐 세력이 일으킨 반란을 토벌하던 중 적진을 향해 돌격하다가 낙마했고, 적병들이 넘어진 그의 위로 달려들면서 최후를 맞았다. 그의 나이 서른한 살이었다.

그가 입은 고급 갑옷과 의상을 탐낸 적병들이 닥치는 대로 벗겨가려고 난도질을 해댄 탓에 그의 시신은 형체도 알아보기 어려울 정도로 훼손됐다고 전해진다. 장례를 치른 뒤에도 수난은 끝나지 않았다. 처음에 그의 시신은 교회에 묻혔다. 그러나 죄인을 묻을 수 없다는 교회의 반발로 도로 파내져서 계단 옆 순례자들이 다니는 길 아래에 파묻히는 굴욕을 당했다.

이탈리아인 황제, 체사레 보르자 임페라토르 카이사르 아우구스투스 폰티펙스 막시무스. 마키아벨리가 총사령관(임페라토르), 황제(카이사르 아우구스투스), 대제사장(폰티펙스 막시무스)의 모든 영광을 바치고 싶었던, 하지만 단 한 번도 그렇게 불리지 못한 이 영웅은 처음에는 프랑스에 의해 무릎이 꺾였고, 나중에는 에스파냐에 의해 목이 날아갔다.

제 8 장

삶과 죽음의 문명

지식은 능력이 되어야 한다.

_ 카를 폰 클라우제비츠

2012년 5월 18일, 일본 다네가시마(種子島) 우주 센터에서 대한민국 '아리랑 3호' 위성이 성공적으로 발사됐다. 이로써 한국은 세 번째 다목적 실용위성을 확보하게 됐으며 순수 우리 기술로 만든 첫 번째 지구 관측위성을 보유하게 됐다. 1969년 10월에 설립된 다네가시마 우주 센터에서는 일본의 모든 상업용 인공위성 및 로켓이 엄청난 섬광과 굉음을 울리며 발사되고 있다.

일본이 지구를 넘어 우주로 나아가려는 꿈의 출발점이 된 곳이 바로 다네가시마이다. '씨앗'을 뜻하는 '종자'라는 이름 그대로 다네가시마는 우주 개발의 씨앗을 뿌리고 있는 셈이다. 그런데 엄청난 섬광과 굉음을 울리며 하늘을 갈랐던 발사체에 대한 기억은 이미 500년 전 다네가시마에서 시작됐다.

1543년 8월 초에 중국 명나라의 왕직(王直)은 선단을 이끌고 광동(廣東)을 출항했다. 배는 길이 45미터에 달하는 대형 선박이었다. 그들은 광주(廣州) 만 입구에 있는 상천도(上川島)에 잠시 기항했다. 왕직 일행은 그곳에서 일본으로 가는 배편을 기다리고 있던 8명의 포르투갈인을 태웠다. 왕직은 자신이 타고 있던 남만선(南蠻船)에 3명을 태우고 나머지 5명은 다른 배에 태웠다.

앞서 살펴봤듯이 당시 중국을 포함한 아시아는 포르투갈의 관점에서 보면 토르데시야스 조약에 의해 자신들 것이었다. 포르투갈은 아프리카 서해안과 동해안 대부분을 장악한 네 이어 페르시아의 일부, 인도의 서해안, 말라카 해협 지역을 수중에 넣었다. 그리고 중국에서는 마카오를 거점으로 삼았다. 그들은 이어서 양자(揚子) 강 하구에 위치한 교통의 요지 영파(寧波)에까지 진출했다. 당시 중국에 거주한 포르투갈인이 1만 명에 달했다는 기록도 있다. 왕직은 포르투갈 해상 세력과의 친선을 위해 그들이 일본으로 갈 수 있는 배편을 제공한 것이었다.

명나라는 왜구(倭寇) 때문에 골치가 아팠다. 이들의 출신지는 사츠마(薩摩), 분고, 조슈(長州)가 주를 이뤘고, 이어서 오스미(大隅), 치쿠고(筑後), 하카다(博多), 다네가시마 등이었다. 조슈 한 곳을 제외하면 나머지 모두가 규슈(九州) 지역에 있었다. 막부의 통치력이 닿지 않는 일본 최서단 규슈는 왜구의 소굴이었다. 이런 왜구들이 중국의 동남해안 일대를 침입할 때 길잡이 노릇을 한 명나라 사람들이 있었는데 '왕직, 항호(抗虎), 진동(陳東)의 무리'라는 기록이 남아 있다. 왕직의 무리는 밀무역에 종사하면서 때로는 왜구에게 협조하고 있었다. 왕직은 명나라 말에서 청나라에 이르는 역사에서 방국진(方國珍), 정지룡(鄭芝龍), 장보자(張保仔)와 더불어 중국의 4대 해적으로 유명하다.

왜구들로 인해 체면과 재산을 잃은 명나라 조정은 가만히 있을 수 없었다. 모기처럼 작지만 귀찮은 왜구의 침입에 대비해 엄청난 비용을 투입하고 해안 경비를 강화했다. 금산위(金山衛)를 비롯한 창국위(昌國衛), 태창위(太昌衛) 등의 해안 요새를 구축했다. 이렇게 단속이 강화되자 왕직은 중국 연안에 밀무역 기지를 계속 유지하기가 어렵게 됐다. 그래서 그는 일본으로 가기로 결심한다.

왕직의 선단은 같은 해 8월 10일경 상천도를 떠났다. 밀수꾼들의 배는 다른 해적들에게는 그야말로 말 그대로의 보물선이었다. 아니나 다를까, 이틀 후 다른 해적의 습격을 받아 왕직의 선단은 뿔뿔이 흩어졌다. 왕직이 타고 있던 배는 해적의 공격을 겨우 뿌리치고 빠져나올 수 있었다. 그런데 이번에는 태풍을 만났다. 왕직의 남만선은 당시에는 독립국이었던 지금의 오키나와 지역 류큐(琉球) 열도를 따라 북상하면서 섬마다 들러 기항을 요청했지만 모두 거절당했다.

출항 열흘째인 8월 25일, 왕직의 남만선은 표류를 거듭한 끝에 다네가시마 가도쿠라(門倉) 앞바다에 겨우 닿았다. 급보를 받은 치안 책임자 니시무라(西村)가 달려왔다. 5명의 포르투갈인을 태운 보트가 해변 가까이로 접근했다. 괴이한 사람들이 보였다. 복장, 머리 색깔, 눈 색깔, 코 모양이 모두 이상한 사내들이 배에서 내렸다. 니시무라는 서양의 포르투갈인을 처음 본 것이었다.

8월 27일 아침, 왕직의 배가 일본 쪽 예인선에 이끌려 입항했다. 항내로 들어선 배는 돛 줄이 끊어지고 노가 부러진 상태였다. 선창도 크게 손상을 입어 수리하는 데 상당한 시간이 걸릴 것으로 보였다. 승선자 110명은 항만 근처의 자원사(慈遠寺)에서 출항 때까지 머물기로 했다.

그러던 어느 날 다네가시마의 도주(島主) 도키타가(時堯)가 남만인(포르투갈인)들이 갖고 있던 통 모양의 철봉에 깊은 관심을 보이며 그것이 무엇인지 물었다. 남만인 한 사람이 웃으면서 그 철봉을 도키타가에게 건넸다. 남만인이 둥근 납 구슬과 검은 가루를 보여주면서 설명했지만, 통역만으로는 도키타가의 궁금증을 풀지 못했다. 남만인은 그 둥근 구슬이 사슴이나 산돼지뿐 아니라 하늘의 새까지 떨어뜨릴 수 있다고 말하며 실제로 보여주겠다고 했다. 남만인은 들판 언덕에 말뚝을 세우고는 그 위에 큼직한 조개껍질 하나를 올려놓았다. 그러고는 철봉에다 검은 가루와 둥근 구슬을 집어넣은 뒤 불을 붙일 끈을 끼웠다.

거리는 50보였다. 남만인은 철봉 한쪽 오른 뺨을 대더니 한쪽 눈을 감은 채 조개껍질을 겨냥했다. 다음 순간 철봉의 끝에서 엄청난 굉음과 섬광이 뿜어져 나왔다. 깜짝 놀라 모두가 뒤로 자빠지려는데 그 순간 조개껍질이 산산이 부서졌다. 도키타가의 눈이 반짝거렸다. 남만인이라고 멸시하던 마음은 이미 사라졌다.

일본에 등장한 최초의 철포는 가마쿠라 막부 때 몽골군이 사용하던 것이었다. 그 후에도 중국계 소총이 전해졌지만, 대포를 소형화한 것에 불과해 명중률이 매우 낮았다. 그런데 이 남만인들이 갖고 있는 철포는 명중률, 사정거리, 파괴력에서 중국제를 훨씬 능가했다. 도키타가는 이 무기의 기능과 조작법을 열심히 배웠다. 남만인도 성의껏 가르쳤다.

포르투갈인들의 입항 12일째인 9월 9일, 도키타가는 직접 철포 사격에 나섰다. 그동안 그는 사격 예비 훈련에 몰두했었다. 한복판에 검은 동그라미를 그려 넣은 판자를 표적으로 삼았다. 거총에 이어 조준. 가신들뿐 아니라 포르투갈인들도 숨을 죽였다. 도키타가는 방아쇠를 가만히 뒤로 당겼다. 발사와 동시에 굉음과 섬광. 표적판은 두 개로 갈라져 허공으로 날아올랐다.

도키타가는 뒤통수를 맞은 듯한 충격에 빠졌다. 그는 오래도록 궁술을 연마해왔지만 아직도 미숙했다. 그런데 이 철포는 달랐다. 겨우 며칠 연습했는데도 단 한 방에 표적판이 두 동강 나버리는 것을 보며 깊은 감명을 받을 수밖에 없었다. 이 철포야말로 빼앗긴 영토

탈환을 꿈에도 잊지 못했던 그에게 하늘이 내린 선물이었다. 도키타가는 남만인에게 철포를 팔라고 부탁했다. 포르투갈인도 호의적이었다. 그 대가로 거금을 받은 포르투갈인은 도키다카에게 철포 한 정을 더 내줬다. 이후 다네가시마에서는 철포를 국산화하고자 모든 역량을 집중했다. 제작 책임은 칼 만드는 장인이던 야이타 긴베(八板金兵衛)에게 맡겨졌다.

철포 국산화는 기술 장벽이 상당했다. 총을 만드는 것은 그동안 칼을 만들어온 경험이나 솜씨만으로는 도달할 수 없는 아예 다른 일이었다. 첫 번째 난관은 80센티미터 길이의 총신 제작이었다. 결국 짧은 통을 깎고 그것들을 용접해 하나로 붙였다. 두 번째 난관은 총신과 빙아쇠 부분을 볼드와 니트로 고정하는 깃이었다. 하지민 너트 깎는 법을 도저히 알지 못해 그냥 녹여 붙이는 방식을 고안해냈지만 이내 부서졌다. 기술을 전수해달라고 사정을 하니 포루투갈인은 긴베의 딸 와카사(若狹)를 달라고 요구했다. 당시 열여섯 살이던 와카사는 아버지를 위해 포르투갈인에게 시집을 갈 수밖에 없었다.

일본의 조총은 이 같은 우여곡절을 거쳐 세상에 나왔다. 선박 수리가 완료돼 다네가시마에서 중국 영파로 돌아온 일행은 곧 영파에 거주하는 포르투갈인들 사이에서 화제의 인물이 됐다. 지금까지 상품으로 생각지 않았던 철포가 예상 이상으로 환영받았다는 것, 그리고 남만의 상품이라면 그것이 무엇이든 날개 돋친 듯 팔린다는 소문이 퍼졌다. 영파의 포르투갈인들은 다네가시마를 다시 방문하기로

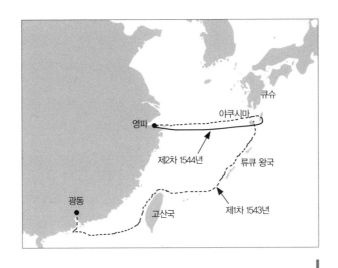

두 차례의 걸친 남만선의 항로도

결정했다. 이번에는 열여섯 척의 대선단이 조직돼 다네가시마를 향해 출항했다. 하지만 그중 열다섯 척은 또 다시 풍랑으로 실종되고 한 척만이 겨우 입항했다. 유일하게 살아남은 이 배에는 남만인과 혼인한 야이타 긴베의 딸 와카사도 타고 있었다.

지난해 도키타가 입수한 철포의 탄환은 13그램짜리였지만, 이번에 포르투갈인들이 팔려고 가져온 것은 30그램짜리였다. 그리고 약속대로 철포 제작 기술자도 함께 왔다. 긴베는 이 기술자로부터 너트를 깎는 방법과 얇은 철판을 비스듬히 말아서 총신을 만드는 법을 배웠다. 마침내 일본제 철포가 제작됐다. 1545년 다네가시마에 체류하고 있던 사카이의 상인이 철포의 구조와 제조법 등을 배운 뒤 돌아갔다. 사카이는 주물사들이 집단 거주하고 있어서 곧 조총을 대량 생산하는 데 성공한다.

1590년 3월, 쓰시마(対馬) 도주 소 요시토시(宗義智)가 조선에 사신으로 와서 선조를 알현하고 조총을 진상했다. 조선과의 교역에 사활을 걸고 있던 그는 일본이 조선을 침략하려는 게 반갑지 않았다. 조총을 갖고 조선을 찾아온 것도 이 때문이었다. 그러나 선조와 조선 관료들은 조총의 가치를 전혀 인정하지 않았다. 조총을 시험 발사한 뒤의 평가는 이랬다.

발사음이 크고 탄환이 250보쯤 날아갔지만, 60보의 사정 거리가 아니면 치명상을 가하지 못한다. 더욱이 비가 오거나 습하면 화약의 장전이 어렵고, 발사까지 시간이 너무 소요된다는 약점이 있다. 반면 조선의 활은 250보 이상 떨어진 적의 가슴을 꿰뚫을 수 있으며 20에서 30발의 화살을 계속 쏠 수 있다. 철포보다는 연사가 가능하고 숙달된 조선의 활이 더 우수하다.

그렇지만 1592년 일본의 침입으로 시작된 임진왜란(壬辰倭亂)에서 실제로 조선 군대와 백성들이 받은 가장 큰 충격은 다름 아닌 조총이었다. 16세기에 일본이 세계 최대의 조총 생산국이자 보유국이었다는 사실은 더욱 적지 않은 충격이었다. 조총을 바라보는 지도층의 인식 차이로 화약을 쓰지 않는 활, 창, 검 등 냉병기 위주의 조선 육

군은 조총 앞에 무력하게 당했다.

새로운 기술의 출현은 효율의 문제로만 세상을 바라보던 기존 지도층에게 충격일 수밖에 없다. 총의 등장은 검과 활을 얼마나 효율적으로 사용할 것인가 하는 기존의 고민을 무력화시킨다. 돌로 싸우던 부족이 청동기를 든 부족에 의해 사라져간 것과 마찬가지다. 새로운 기술의 출현은 경쟁자들을 완전히 다른 게임의 규칙 속에서 다룰 수 있는 시공간을 만들어낸다. 기술은 복제가 이뤄지지 않는 동안에는 분명한 경쟁 우위의 원천이 된다.

조총의 충격이 일본에 전해진 것은 오다 노부나가가 열 살이 되던 해인 1543년의 일이었다. 그러나 조선의 판단이 그랬듯 새롭다고 해서 무조건 좋은 것은 아니었다. 당시 조총의 화력은 썩 강력하지는 않았다. 게다가 불을 붙여 격발하고 재장전하는 데까지 시간이 너무 오래 걸렸다. 유효 사거리 또한 짧아서 활에 비할 바가 아니었다. 그리고 무엇보다 매우 비쌌다.

더욱이 의지의 측면에서 봤을 때 전국 시대 무장들이라고 해서 누구나 분열된 일본을 통일시키려고 한 것도 아니었다. 무로마치 막부의 실권에 의해 생각지도 못한 권력을 누리게 된 대부분의 다이묘들은 역내 패권에 만족하고 있을 뿐이었다. 수많은 분국으로 나뉘어져 있는 지금, 사방을 둘러싼 적을 무시한 채 주변국을 공격하는 것도 쉽지 않은 때였다. 절대 강자가 없었기 때문에 핵분열을 거듭하는 시대에는 그저 수비만 할 수 있으면 충분했을 것이다.

이런 이유로 전국의 많은 무장들이 조총을 알게 됐지만 그것이 창과 검을 뛰어넘는 개인 병기로 대두되는 데에는 꽤 오랜 시간이 걸렸다. 조총이 막 들어왔던 때 오다 노부나가는 너무 어렸다. 불과 열 살의 나이에 조총을 보자마자 그 의미를 깨달은 그가 훗날 조총을 주력 무기로 활용하기 전까지 그것은 그저 우연히 전해진 신무기일 뿐이었다.

그렇지만 1543년의 조총 유입은 우연한 사건이면서 시대적 요구에 부응한 역사이기도 했다. '우연'이 어떻게 '필연'을 이끌어내는지를 살피는 것 또한 역사 읽기의 즐거움이다. 조총 유입이라는 사건이 일본 역사의 물줄기를 크게 틀어놓는 것은 30년이 지난 1575년의 일이다. 나가시노(長篠) 전투에서 보여준 오다 노부나가 조총 부대의 활약은 '복제'가 이뤄진 기술 경쟁에서 관리 역량이 얼마나 큰 경쟁 우위를 만들어낼 수 있는지 증명한 대표적인 사례다. 노부나가로서는 자신의 꿈을 펼치는 데 결정적 공을 세운 수단인 조총이 '우연히' 흘러든 바로 그 시기에 살고 있었다. 그는 잠시도 눈동자를 가만두지 않고 주변을 둘러봤고 조총이 그의 눈에 닿았다. 마침내 시대가 그를 만난 것이었다.

이후 조총은 돈 없이는 전쟁을 할 수 없는 군비 경쟁의 시대를 야기했다. 엄청나게 고가인 철포로 무장한 부대를 갖출 만큼의 경제력을 가진 부자 다이묘가 아니면 살아남을 수 없었다. 새로운 무기와 이를 취득할 수 있는 경제력의 차이는 전투력의 차이를 극명히 벌려놓았다. 양산 기술과 체제가 완성된 도요토미 히데요시 때에도 조총은 쌀 아홉 석의 가치였다. 오다 노부나가가 어릴 때에는 그보다 서너 배는 더 비쌌을 것이다.

지구 반대편에서 포르투갈인들은 일본인들의 죽음의 양상을 바꾼 조총만 들여온 것이 아니었다. 이번에는 일본인들의 삶의 양상을 바꾸려는 목적으로 체사레 보르자가 나바라 왕국에서 죽음을 맞이할 무렵 태어난 한 사내가 일본으로 향하고 있었다. 다신교의 나라 로마를 그리스도교의 나라로 바꾸는 데 성공한 가톨릭은 종교 개혁으로 인해 유럽에서 많은 신자들을 개신교에 빼앗기고 있었다. 안에서 잃은 것을 밖에서 찾으려는 시도는 대항해를 나서는 선단을 따라 아프리카 대륙과 아시아 대륙으로 뻗어나갔으며, 멀리 동방의 끝에 있는 황금의 나라 '지팡구(Japan)'로 이어졌다.

하비에르는 1506년 에스파냐와 프랑스 접경 지역의 나바라 왕국에서 고위 귀족의 아들로 태어났다. 하지만 나바라 지배를 놓고 1512~1524년 벌어진 프랑스와 에스파냐 사이의 전쟁에서 에스파냐가 승리하자 그의 집안은 몰락했다. 그는 아홉 살에 프란치스코라는 세례명을 얻는다. 파리대학과 상트 바르브(Sainte Barbe) 대학 시절 이냐시오 데 로욜라(Ignacio de Loyola)를 알게 된 그는 예수회 창립 일원이 된다. 성직자로서의 기본적인 소양을 갖추게 된 하비에르는 사제 서품을 받아 하느님의 일을 하게 됐다. 그리고 예수회가 로마 교황청으로부터 공식 승인을 받은 1540년 시몬 로드리게스

프란치스코 하비에르(바르톨로메 에스테반 무리요 作)

(Simon Rodriguez) 신부와 함께 예수회 사제로서 첫 번째 선교사로
임명돼 동인도로 파견된다.

　1547년 12월의 어느 날, 말라카의 산타 마리아(Santa Maria) 성당
에서 혼인성사를 마치고 나오는 하비에르를 초조한 모습으로 기다
리고 있는 사람이 있었다. 그는 이후 일본인 최초로 세례를 받게 될
야지로(八次郞)였다. 야지로는 프란치스코 하비에르와 만난 최초의

일본인이 됐다. 이때 야지로는 그동안 배워둔 포르투갈어로 자기소개를 하면서 자신이 얼마나 이날을 기다려왔는지 호소했다.

야지로는 오늘날 가고시마(鹿兒島) 일대인 사츠마(薩摩)의 하급 무사였는데 어떤 일로 인해 살인을 저지르고 절에 피신해 있다가 가고시마 항구에 정박하고 있던 포르투갈 선박을 타게 됐다. 거기에서 이전부터 알고 지내던 아르벨로(Arbelo) 선장에게 고민을 털어놓았다. 선장은 구원을 받고 싶으면 말라카에 있는 프란치스코 하비에르 신부를 만나라고 권유했다. 선장은 프란치스코 하비에르 신부와 친분이 있었고 그의 성품을 높게 평가하고 있었다. 이렇게 해서 야지로는 선장의 소개서를 들고 말라카로 간 것이었다. 하비에르는 야지로를 만나면서 마르코 폴로(Marco Polo)가 《동방견문록(Il Milione)》에서 언급한 지팡구가 실재한다는 사실을 알게 된다.

하비에르는 1549년 8월 15일 야지로를 포함해 가톨릭 사제, 수도사, 중국인 봉사자 등 7명의 일행들과 일본 최남단 사쓰마(薩摩)와 오스미(大隅)에서 선교 활동을 하기 시작했다. 1549년 9월 29일 하비에르 일행은 시마즈 다카히사(島津貴久)라는 다이묘의 초대로 그의 성을 방문해 조총을 선물했다. 다카히사는 크게 기뻐하며 선교를 허용하는 것은 물론 종교의 자유도 허락했다.

가고시마에서 비교적 순조로운 선교 활동을 시작한 프란치스코 하비에르는 교토로 갈 꿈을 가슴에 안고 2년이라는 세월을 보냈다. 교토에 가서 천황을 만나 선교 승낙을 받으면 일본인들이 가톨릭 신앙을 받아들일 것이라고 생각했다. 로마 황제 한 사람이 주교 앞에 무릎을 꿇음으로써 제국을 손에 넣었던 경험은 이 동방의 다신교의 나라를 하느님의 나라로 바꾸는 데에도 지배자 한 사람의 마음을 얻으면 된다고 알려줬다. 그 덕분이었는지 길고 험한 여정도 그에게는 힘들게 느껴지지 않았고, 교토에 다다랐을 때 마치 춤을 추듯 기뻐한 모습은 동행한 이들을 놀라게 할 정도였다. 하지만 그 당시 교토의 모습은 그가 상상한 것과는 너무나 달랐다. 오닌의 난을 시작으로 끊임없이 이어온 전쟁은 그 시대를 전국 시대로 이끌었다. 교토는 천황이 어디에 있는지도 모를 정도로 황폐해져 있었고 선교 활동에 대한 승낙을 받을 수 있는 상황도 아니었다. 야지로에게서 들은 이야기와는 달리 큰 기대를 가지고 방문한 교토는 그의 꿈을 산산이 조각냈다.

지배자의 승인을 받고 그 비호 속에서 포교를 하려는 하비에르의 첫 시도는 무산됐다. 그렇지만 전란이 계속돼 살아남기 위해서 무엇이든 하지 않으면 안 되는 시대는 역설적이게도 종교가 자라기에 좋은 토양이 됐다. 끊임없는 싸움 속에서 백성들은 신체의 안전은 다이묘에게 맡겼고 정신의 안정은 불교에 맡겼다. 그러나 전국 시대의 사찰 세력은 우리가 생각하는 오늘날의 사찰과는 전혀 달랐다. 그 양상은 같은 시기 유럽의 교황과 그 주변 세력이 보여주는 모습을 그대로 옮겨놓은 듯 했다. 한 지역을 아우르는 다이묘에 맞먹는 군사력을 바탕으로 다른 종파와의 군사적 충돌도 마다하지 않았다. 또한 사찰은 당대의 권력자가 자신들의 요구를 들어주고 인정하도록 하는 압력 단체였다. 다른 다이묘들과 결탁해 이해가 대립하는 상대에게 군사 행동을 일으키기도 했다.

이 같은 불교의 부패와 기득권화의 틈을 성공적으로 파고들면서 예수회의 초기 선교는 상당한 성과를 거뒀다. 그리고 훗날 오다 노부나가를 만나면서는 전폭적인 지원을 받으며 교세를 확장할 수 있었다. 하느님의 더 큰 영광을 위한 '말'이 노부나가가 휘두르는 '칼'의 비호를 받았다.

뛰어난 선견지명과 결단력을 바탕으로 천하 통일에 매진하다가 아케치 미츠히데의 배신으로 천하포무의 꿈을 이루지 못한 노부나가는 현재에도 일본에서 상당히 인기가 있다. 하지만 그가 행한 수많은 잔학 행위 때문에 도저히 좋아할 수 없다는 이들도 적지 않다, 그 잔인하고 포악한 행위 중에서 가장 유명한 것이 1571년의 히에이 산의 화공(火攻)이다. 그때 아자이 나가마사의 군대 및 나가시마(長島)의 불교 반란군과 대치하고 있던 노부나가 병력은 갑자기 방향을 바꿔 히에이 산을 향해 진격했다. 그리고 연력사(延曆寺)의 본당인 근본중당(根本中堂)을 시작으로 산 위에 있던 사찰을 한 곳도 남김없이 전부 태워버렸다. 아울러 승려 약 4,000명을 도륙했다.

히에이산의 연력사는 788년 대승 불교를 확장하기 위해 창건된 사찰이었고 수많은 명승들을 배출해 일본 불교의 주요 종파를 연 성지였다. 그 신성한 사찰에 불을 지르고 승려들을 무침하게 살해한 것이었다. 이 밖에 나가시마의 불교 반란군에 대해서도 투항해온 신도 2만 명을 목책으로 에워싼 성에 가둬 죽인 이야기는 노부나가의 잔학성을 거론할 때 반드시 언급된다. 그렇다면 오다 노부나가는 왜 그토록 잔혹한 살육을 벌인 것일까? 만약 그 행위에 불가피하고 합당한 이유가 있었다면 그 배경은 무엇이었을까? 이를 이해하기 위해서는 우선 당시의 사찰 세력이 어땠는지 살펴볼 필요가 있다.

각지의 다이묘들이 군웅할거(群雄割據)한 일본의 전국 시대에는 사찰 세력들도 군사, 행정, 경제 분야에서 거대한 힘을 갖고 있었다. 특히 연력사와 같은 대사찰은 광대한 토지에 기반을 둔 경제력을 바탕으로 정치 권력에 대항하는 일이 잦았다. 다수의 승병을 이용해 지신들의 요구를 관철시키기 위해서 신위를 모신 가마를 짊어지고 조정과 막부를 대상으로 시위를 하는 일도 많았다. 게다가 법화종(法華宗)처럼 자신들의 가르침만이 옳고 다른 것은 다 틀렸다고 주장하면서 다른 불교 종파를 배척하고 개종시키는 데 몰두한 세력도 있었다. 이렇듯 불교 종파 간 대립이 극심해져 피로 피를 씻는 싸움으로 발전했다.

1532년 8월 교토의 법화종 신도들이 오우미(近江)의 다이묘 롯카쿠 사다요리(六角定頼)와 결탁하고 본원사를 공격해 사찰 내 모든 건물을 하나도 남기지 않고 태워버리는 사건이 벌어졌다. 그 결과 본원사는 오사카(大阪)로 옮겨가게 된다. 4년 뒤인 1536년에는 히에이산의 승병과 롯카쿠 무리가 교토에 난입해 법화종 21개 본산을 태우고 시내 곳곳에 방화를 저질렀다. 교토가 쑥대밭이 됐다. 그 피해 규모는 과거 오닌의 난 때보다 훨씬 더 컸다. 법화종 승려와 신도 수천 명이 죽었고 이 가운데는 여성과 어린 아이도 많았다. 사건이라기보다 학살이었다.

그 원인은 다름 아닌 세력 다툼이었다. 교토에서 대대로 자신들의 세력권이라고 여기던 히에이 산 연력사가 있는데 법화종이 감히 포교 활동을 벌였다는 것이었다. 특히 교토 하부 지역 상공업자들의 지지를 얻은 것이 연력사의 신경을 자극했다.

전국 시대는 무사뿐 아니라 사람들 모두를 광란의 상태로 이끌었다. 먹느냐 먹히느냐의 상황에서 늘 긴장할 수밖에 없는 환경이었다. 전국 시대의 다이묘들은 다른 지역으로부터의 침공은 물론 가신의 모반이나 동맹 지역의 배반에도 신경을 써야 했다. 그랬기 때문에 일단 적과의 싸움이 시작되면 상대가 두 번 다시 일어설 수 없도록 완전히 섬멸할 필요가 있었다. 적병은 전원 처형하고 적장의 일족은 여성과 아이들까지 죽였다. 아무리 종교 세력이라도 남녀 가릴 것 없이 무기를 들고 싸우는 시대였다. 전투원과 비전투원을 구분할 수 없으니 무조건 전부 해치웠다. 그것이 전국 시대였다. 저 유명한 다케다 신겐(武田信玄)도 시가(志賀) 성 공략 때 성 안에 있던 사람들을 남김없이 모두 죽였다. 생포한 여성과 아이들은 전부 노예로 삼았다. 이런 사례가 비일비재했다.

그렇기 때문에 당시 오다 노부나가의 잔학 행위가 그 시대에 특별히 더 심했다고 말하기는 어렵다. 다만 굳이 꼬집는다면 다른 다이묘들과 달리 노부나가는 종교 세력에 대해서도 전혀 거리낌이 없었다. 대상이 온 나라의 존경을 받는 성지이건 난세를 틈타 혹세무민으로 세력을 얻은 신흥 종파건 간에 걸림돌이 된다고 판단하면 철저히 응징했다. 무서운 집념이다. 히에이 산 이야기를 좀 더 해보자.

1568년 노부나가는 쇼군 아시카가 요시아키를 모시고 교토로 상경해 그를 무로마치 막부의 제15대 쇼군으로 옹립한다. 그렇게 천하 통일을 향해 중요한 한 걸음을 내디딘 노부나가는 쇼군의 상경 명령을 계속 거부한 아사쿠라 요시카게(朝倉義景)를 정벌코자 출정한다. 그런데 아사쿠라 가문과 동맹 관계에 있었던 노부나가 여동생의 남편, 즉 매제인 아사이 나가마사가 이에 반기를 들고 노부나가 부대의 배후를 공격해 하는 수 없이 교토로 후퇴하는 일이 벌어진다. 그것이 이 책의 서두에서 언급한 '가네가사키 퇴각전'인데, 이때의 사건으로 오다 노부나가를 둘러싼 주변 공기를 바뀌게 된다. 그동안 중립을 취하던 사찰 세력이 노부나가에 저항하며 궐기하는 계기가 됐기 때문이다. 그 세력이 히에이 산의 연력사와 이시야마(石山)의 본원사였다.

교토에서 일단 기후(岐阜) 성으로 돌아온 노부나가는 이후 다시 아자이 나가사마의 영지를 침공해 아자이-아사쿠라 연합군을 무찔렀다. 그러나 아자이의 거성인 오다니(小谷) 성은 점령하지 못했다. 이 무렵 겐뇨가 이끄는 본원사가 노부나가를 치기 위해 군대를 일으켰다. 노부나가가 군대를 움직이자 아자이−아사쿠라 연합군은 병력을 히에이 산 연력사로 이동해 체제를 정비한다. 이로써 히에이 산의 연력사도 반(反) 노부나가 진영에 가담했다는 것이 분명해졌다. 노부나가는 또 다시 포위됐다. 이 절체절명(絶體絶命)의 상황에서 노부나가는 대립하고 있던 쇼군 요시아키를 설득해 화의에 성공한다. 겨우 위기에서 벗어난 노부나가는 이후 자신을 공격했던 저항 세력을 각개 격파할 뜻을 굳히게 된다. 최초의 타깃은 연력사였다.

1571년 9월 12일, 노부나가 군에 돌연 명령이 떨어졌다.

"히에이 산을 불태워라."

노부나가의 3만 병력이 히에이 산을 공격해 올라갔다. 500여 개의 당탑(堂塔)이 모두 불탔고 승려 및 신도 4,000명을 살육했다. 이에 따라 군사력을 배경으로 전국 시대에 막강한 영향력을 가졌던 사찰 세력 히에이 산 연력사는 소멸됐다.

노부나가가 히에이 산을 불태운 데는 아자이−아사쿠라 연합에 편을 든 것에 대한 단순한 복수가 아니라 전략적인 의미가 있었다. 실제로 한 해 전에 노부나가는 히에이 산에 사신을 보내 경고했다.

"아자이−아사쿠라와 손을 끊고 중립을 지키면 접수한 토지는 반환하겠다. 그렇지 않으면 전부 불태워버리겠다."

노부나가는 히에이 산의 전략적 가치를 이해하고 있었다. 동쪽으로 비와(琵琶) 호수를 바라보며 홋코쿠(北國)가 이어지고, 서쪽으로는 와카사(若狹)를 따라 교토가 서남쪽에 위치하고 있다. 또한 500여 개의 당탑이 있어서 그곳에 수만 명의 병력을 배치할 수 있었다. 교토를 공격하는 거점으로도, 동쪽에서 공격해오는 적을 맞아 교토를 수비하는 방위 기지로서도 중요한 장소였다. 노부나가는 히에이 산이 자신에게 대항하는 태도를 바꾸지 않는 상황에서 이곳을 불살라 그 전략적 가치를 아예 없애려고 한 것이었다. 내 것이 아니라면 그 누구의 것도 아니어야 했다.

노부나가가 히에이 산을 철저히 불태운 또 다른 이유는 타락한 중세적 권위에 대한 철퇴를 휘두르기 위해서였다. 수행을 소홀히 하며 부처를 저버리고 무력을 통해 자신들의 세속적 욕구를 관철시키려는 모습에 노부나가는 환멸을 느꼈다. 그는 종교 세력이 가진 위선의 베일을 벗겨내고 타락한 중세적 권위의 상징인 사찰을 불태워 그들이 본연의 자리로 돌아가기를 요구했다. 본래의 모습이란 난세를 헤매는 신자들에게 구원의 손길을 내미는 것이었다. 노부나가는 히에이 산을 불사른 뒤 불교 금지령을 내리지도 않았고 전국에 있는 신자들을 탄압하지도 않았다. 노부나가는 불교 종파의 존속과 포교 활동을 인정했다. 오히려 거기에 충실하길 바랐다.

노부나가의 사찰 세력 응징은 이 밖에도 나가시마 지역 불교 반란군 참살, 아즈치 성에서의 정토종과 법화종과의 종론에서 진 법화종에 사죄문을 쓰게 함으로써 패배를 인정하게 한 것 등이 있다. 노부나가는 중세적 권위를 등에 업고 제멋대로 행세하던 사찰 세력을 응징함으로써 종교에 의한 정치 개입을 중단시키고 정교 분리를 가속화시켰다. 에도 시대 초기의 정치가이자 주자학자 아라이 하쿠세키(新井白石)는 "승려 무리의 오랜 흉악을 제거한 공로로는 노부나가가 천하제일"이라고 그를 치켜세웠다. 또한《로마인 이야기》로 유명한 소설가 시오노 나나미(塩野七生)는 다른 책《남자의 초상(男の肖像)》에서 이렇게 말하고 있다.

오다 노부나가가 일본인들에게 준 최고의 선물은 히에이 산 화공, 나가시마 및 에치젠(越前)의 일향종(一向宗) 무리와의 대결, 이시야마의 본원사 공세와 같은 광신도 무리의 말살이다. 이때를 계기로 일본인들은 종교에 면역이 생겼다. 아니, 모든 종교라기보다는 걸핏하면 자신의 범위 밖의 일까지 간섭하고 싶어 하는 종교나 종파에 대해서는 면역이 됐다고 해야 할지도 모르겠다.

유일신을 섬기는 그리스도교 및 이슬람교와 "모든 것에 신이 깃들어 있다"는 사상에 기반을 둔 일본인들의 범신론적 종교관은 서로 다르지만 일본에서도 중세에 종교가 정치에 간여하고 있던 것은 사실이다. 오다 노부나가의 철저한 탄압으로 형성된 정교 분리가 계속됐다면, 그래서 일본인들에게 주제넘은 종교나 종파에 대한 면역이 있었다면, 메이지 유신 이후 천황의 신격화에 내몰려 팔굉일우 달성을 위한 세계 정복의 미몽에 빠지는 일도 없었을 것이다.

중세적 권위의 철폐를 통해 노부나가가 천하통일 뒤 어떤 사회를

팔굉일우딥(일본 미야자키 소재)

만들려고 했는지를 알 수 있다. 노부나가가 실행한 경제 정책에 '라쿠이치라쿠자(樂市樂座)'가 있다. 한자를 우리말로 음독하면 '낙시낙좌'인데, 노부나가 시대에는 상공업자에 의한 동업자 조합인 '좌(座)'가 유럽의 길드처럼 존재하고 있었다. 이 동업자 조합은 사찰이나 신사(神社) 등에 '좌역(座役)'이라는 세금을 내는 조건으로 관할 구역의 영업 및 판매 독점권을 획득했다. 또한 상품의 유통로나 운송 수단을 독점하면서 관할 구역의 영향 아래에서 통행세나 영업세를 면제받기도 했다.

178

반면 좌에 속하지 않는 상인들은 영업 활동을 할 수 없었다. 노부나가는 이 같은 특권을 가진 상공업자를 배제하고 자유로운 시장 거래를 장려했다. 좌를 해체한 뒤 기득권을 빼앗아 모두가 재주와 노력을 통해 성공할 수 있는 시장 환경을 조성코자 했다. 나아가 노부나가는 관문 통행료를 철폐해 이동도 자유롭게 했다. 그렇게 함으로써 물류 비용이 큰 폭으로 내려갔다. 이런 정책으로 경제가 활성화되고 도시가 번성했다. 지금까지 가만히 있어도 좌역이나 통행료를 벌어들일 수 있던 사찰과 신사 입장에서는 기득권을 박탈당한 셈이므로 그토록 맹렬히 노부나가에게 반발했던 것이다.

노부나가가 사찰 세력에 대해 몇 차례의 무자비한 학살을 했음에도 불교 금지령을 내리거나 신도들을 탄압하지 않았다고 했는데, 그는 신을 믿고 구원을 바라는 것은 자유이나 모름지기 종교란 경제적 이득이나 속세의 쾌락에 빠지지 않아야 한다고 생각했다. 하물며 자신들의 이익을 위해 정치에 개입하고 무력으로 그 요구를 관철하려는 것은 결코 용납할 수 없었다. 노부나가는 신앙의 자유를 최대한 존중했다. 포르투갈 선교사가 교토에서 가톨릭 선교 활동을 원했을 때에도 흔쾌히 허락했다. 심지어 가톨릭 교육 기관 설립을 승인해주기까지 했다. 하지만 종교인이 수행을 게을리 하고, 사람들을 구원의 길로 인도한다는 본분을 망각하며, 속세의 물이 들어 권력을 휘두르고 무력을 행사하면 이를 철저히 섬멸한다는 것이 노부나가의 종교에 관한 철칙이었다.

노부나가가 자신의 통치 영역에서 보여준 사회는 일부 특권 계급만이 단물을 빼먹는 게 아닌, 누구에게나 평등하게 기회가 제공되고 땀 흘려 노력한 자가 보답 받는 세상이었다. 그리고 사회 질서를 어지럽히거나 불공정 거래로 자신만 이득을 취하는 행위가 아니라면 기본적으로는 자유로운 사회였다. 신앙 및 직업의 자유를 보장받고, 다른 사람이 생각지도 못한 아이디어가 있다면 인정받는 사회이기도 했다.

　유럽에서는 종교 개혁의 바람이 불어 '말'을 통해 이루고자 한 세상을 일본에서는 노부나가가 '칼' 한 자루로 이루려고 했다. 그런데 역설적이게도 유럽에서는 개혁의 대상이 된 바로 그 종교가 일본에서는 새로운 시대의 담론을 이끌어내고 있었다.

무너진 꿈, 살아난 희망

> 인간은 자신의 자유의지로 자초한 상처나
> 그 밖의 병에 대해 타인의 손으로 가해진 것만큼
> 고통을 느끼지 않는다.
>
> _ 니콜로 마키아벨리

체사레 보르자가 무대에서 사라지던 그 즈음에도 이탈리아에서는 전쟁이 계속되고 있었다. 율리오 2세가 교황의 자리에 오르기 위해 주변의 이해 당사자들에게 너무 많은 것들을 약속한 것이 빌미가 돼 사방에서 불꽃이 튀고 있었다. 피렌체의 동맹국 프랑스 군대는 나폴리 왕국에서 에스파냐와 지리멸렬한 전쟁을 벌이다가 모든 지지기반을 잃고 패했다. 루이 12세는 자신의 몸을 지키는 것도 벅차 동맹국을 돌보는 것은 엄두도 내지 못하는 처지였다.

이에 피렌체 공화국은 다시 한번 마키아벨리를 파견하기로 결정한다. 상황 자체가 아니라 상황에 대한 해석과 판단이 필요했다. 훈령에도 그 절실함이 여실히 드러나 있었다.

"귀관의 이번 임무는 현재 진행 중인 사항을 관찰하고 그에 대한 의견을 첨부해 즉시 보고하는 것이다."

결과는 3년간의 휴전이었다. 이탈리아에서 서로 싸우던 두 나라 왕이 휴전 협정을 체결하자 그곳은 갑작스러운 고요에 젖어들었다. 마키아벨리는 그 정적을 파고들어 오랫동안 고민해온 정책을 추진하기로 결심했다. 그는 체사레 보르자 옆에서 한 가구당 한 사람씩 징집된 농민들이 군사 훈련을 통해 어엿한 군인으로 다시 태어나는 모습을 지켜봤었다. 그리고 피사 시민들이 프랑스의 스위스 용병들을 상대로 용감하게 맞서 스스로를 방어하는 모습도 봤다. 그와는 반대로 용병들의 비겁한 행태도 목격했다.

비록 적진에서 본 모습이었지만 그는 배운 것을 실천해보기로 한다. 마키아벨리는 국민방위군에 관한 정치 이론을 최초로 정립한 사람이었을 뿐 아니라, 그 이론을 실제로 적용함으로써 정규 소집과 법령에 의해 정부 통제 아래에서 운용되는 상비군 체제를 처음으로 적용한 인물이기도 했던 것이다.

하지만 아직 시간은 그의 편이 아니었다. 피렌체로 돌아와 국민방위군 신설에 대해 의논한 결과 회의적인 피렌체인들의 반대를 극복하기가 어렵겠다는 느낌을 받는다. 그런 분위기 속에서 피사 공략이 결정됐다. 마키아벨리 역시 전장으로 보내졌다. 성벽 밑에 강고한

진용을 갖춘 피렌체의 용병들은 대포로 피사 성벽에 큰 구멍을 냈으나, 이번에도 보병들은 그 구멍을 향해 돌격하지 못했다.

그렇지만 한편으로 용병대의 무능함은 국민방위군 계획을 재추진해야겠다는 새로운 용기와 주장의 근거가 됐다. 피렌체 정부의 지도자들도 이번에는 관심을 보였다. 보여주기 전에는 아무것도 믿지 않는 피렌체인들에게 일단 본보기를 제시해야겠다고 판단한 마키아벨리는 그나마 군대 기질이 두드러진 지역에서 병사들을 징집하기 시작했다. 그리고 무엇보다 이들에게 군사 훈련을 시킬 적임자가 필요했는데, 마침 체사레 보르자의 친구이자 부관이었던 미켈레토 코렐라(Micheletto Corella)가 있었다. 마키아벨리는 그가 로마냐의 농민들을 한 사람의 당당한 군인으로 변화시키는 과정을 지켜봤다.

첫 번째 사열식은 1506년 2월 15일 사육제에 맞춰 거행됐다. 병사들은 흰색 방한 조끼에 흰색과 붉은색이 섞인 바지를 입었고 흰 모자를 쓰고 있었다. 철제 가슴 보호구를 착용했으며, 일부는 창을 들었고 일부는 총을 들었다. 장관이었다.

펜을 들고 글을 쓰는 입장에서 칼을 들고 군사를 다루는 위치에 서게 된 마키아벨리는 열정이 넘치는 모습이었다. 이후 차가운 날씨에도 불구하고 마키아벨리의 모병 작업은 계속됐다. 그런데 모처럼 주어진 이 3년이라는 시간 동안 피렌체 공화국이 스스로를 지킬 수 있는 힘을 갖추지 못하면 낭패라는 불안감이 엄습해왔다. 아니나 다를까, 잠시 동안의 평화와 정적을 견디지 못하고 교황이 먼저 움

율리오 2세(라파엘로 산치오 作)

직였다.

과거에 보르자 가문은 교황인 아버지는 뒤로 물러나 있고 그 아들
이 나서서 이탈리아 중부 로마냐 지역의 교황 직할령을 욕심냈다.
그러나 율리오 2세는 이탈리아 반도 전체를 다스리겠다고 선언한
다. 교황의 아들이 전쟁을 벌인 것도 모자라 이제는 교황 스스로가
직접 전쟁을 선포하고 임페라토르의 칭호를 자신의 이름에 더하려
고 하고 있었다. 폰티펙스 막시무스의 사제복은 이제 임페라토르의
군복으로 대체됐다. 마키아벨리의 군복은 다시 대사의 제복으로 바

낄 수밖에 없었다.

그는 달려가 군복을 입은 교황 앞에 섰다. 교황은 피렌체 정부도 마땅히 자신의 성전(聖戰)에 참여해야 하며 전쟁 비용도 분담하라고 요구했다. 마키아벨리는 동맹국 프랑스의 입장을 고려하지 않을 수 없었다. 그래서 시간을 끌며 교황의 군대를 따라다녔다. 교황의 군대가 오래가지 못할 것이라는 판단도 있었다.

때때로 놀라움은 무능의 증거가 된다. 마키아벨리의 예측과는 달리 교황의 군대는 페루자(Perugia)와 볼로냐(Bologna)를 공략해 승리를 거머쥔다. 볼로냐를 공격하기에 앞서 교황이 군대를 사열했을 때 그 모습을 지켜본 마키아벨리는 정부에 보낸 보고서에서 이렇게 말하고 있다.

"만일 위원님들께서 이 병사들을 보신다면 결코 국민방위군을 부끄러워하거나 그것이 소용없는 일이라고 생각하시지 않을 것입니다."

그런데 그 오합지졸의 군대가 승리했고, 그럼으로써 마키아벨리의 예지력은 패배했다. 승리에 들뜬 교황의 거듭되는 참전 요청과 전쟁 비용 부담 요구에 결국 피렌체는 교황의 편에 선다는 결정을 내렸고 마키아벨리는 돌아와 책상 앞에 앉았다. 그리고 자신의 애정 어린 국민방위군을 꾸리는 일에 다시 전념한다.

프랑스와의 동맹도 저버린 지금, 자력으로 나라를 지킬 국민방위군은 없어서는 안 될 존재였다. 공화국은 국민방위군을 제도화하기 위해 '10인 전쟁위원회'를 창설했다. 이는 국가의 군사 업무를 안정적으로 관장하기 위해 창설된 공화국 최초의 직제였다. 10인 전쟁위원회는 새로운 서기관 한 사람을 필요로 했고, 그 일을 맡을 사람은 애초에 마키아벨리 말고는 없었다. 그렇게 그는 제2행정위원회 서기장과 10인 전쟁위원회 서기관을 겸직하게 된다.

소데리니 체제의 피렌체 공화국은 휴전 기간 동안 잠시나마 다시 번영했으며, 마키아벨리는 공화국에서 최고의 공직 생활을 이어가고 있었다. 백성들이 지도자가 누구인지조차 알지 못한다는 태평성대는 아닐지라도, 소데리니의 현명한 정치 덕분에 피렌체는 고된 전쟁 중 잠깐의 행복을 맛보고 있었다.

전쟁이 소강 상태에 들어가면서 재정 상태가 개선돼 국가 신용도 되살아났고 세금도 경감됐다. 소데리니는 피렌체의 저력을 믿었고 피렌체 역시 그의 역량을 믿었다. 그러나 그런 만큼 귀족 출신 반대파의 소데리니에 대한 적대감과 증오는 더욱 커져갔다. 이 같은 증오는 이른바 소데리니의 사람으로 분류되는 마키아벨리에게도 쏠리게 마련이었다. 그는 소데리니의 심복이라는 의미에서 '딸랑이'로 불렸다.

율리오 2세가 잠시 조용히 있던 1507년 초에 제노바가 반란을 일으킨다. 반란은 프랑스의 개입으로 신속히 진압됐다. 프랑스가 개입하면 거의 자동적이라고 할 만큼 에스파냐 아라곤 왕국이 나섰다. 프랑스와 에스파냐의 정치적 갈등이 아무런 결실이 없는 회담으로 끝나자, 이번에는 알프스 너머 신성 로마 제국의 막시밀리안 1세 (Maximilian I)가 이탈리아를 기웃거렸다.

그는 제국 의회를 부추겨 승인을 얻어내고자 신성 로마 제국과 독일의 명예를 내세웠다. 그리하여 마침내 이탈리아로 진군해 프랑스 왕을 쫓아내고 로마에서 황제의 관을 받는 데 충분한 군대와 자금을 제국 의회로부터 약속받았다. 신성 로마 제국의 이름은 위대한 로마 제국이 이탈리아를 소유하지 못하고 있다는 현실을 늘 일깨우고 있었고, 그때마다 독일의 왕은 부끄러움과 끓어오르는 야망 때문에 얼굴이 붉어졌다.

황제의 흥분이 전해짐에 따라 피렌체 시민들의 정신 상태와 의견 차이도 달아올랐다. 소데리니는 유력 시민들의 반대에도 불구하고 자신의 '딸랑이'를 독일로 보내기로 결정한다. 마키아벨리와 피렌체 정부는 전쟁 비용을 요구하는 황제에 대해 늘 그랬듯이 시간을 끌면서 자신들에게 가장 유리한 시공간이 만들어지기를 기다렸다. 그리고 시간 끌기는 먹힌다는 사실이 다시 한번 증명됐다. 신성 로마 제국 황제가 베네치아에 패한 것이다. 그 결과 영토는 베네치아에 돌아갔고, 황제는 치욕과 손실로 또 다시 얼굴이 붉어졌다. 이탈리아 원정도, 로마에서의 대관식도, 프랑스에 대한 응징도, 제국 권위의 회복도. 무능한 군주가 보여주는 현실 앞에서 그대로 물거품이 됐다.

피렌체로 돌아온 마키아벨리는 공화국의 결정으로 피사 공격에 파견된다. 용병이 아닌 피렌체의 국민방위군을 통한 첫 번째 피사 공격이 될 터였다. 그의 새로운 군대를 시험할 수 있는 좋은 기회이기도 했다. 그는 국민방위군의 훈련, 경계, 노역 등 모든 것을 감독하고 있었다. 10인 전쟁위원회는 훈령에 "우리는 당신의 어깨 위에 이 모든 일을 맡긴다"고 썼다. 대개의 위원회가 그렇듯이.

피사는 피렌체가 군대를 이끌고 쳐들어온다는 소식을 듣자 협상을 요청해왔다. 첫 번째 협상은 결렬됐다. 마키아벨리는 국민방위군을 배치해놓은 세 곳의 주둔지를 돌면서 자신의 부대가 가는 곳이면 어디든지 함께했다. 병사들은 총사령관보다 그의 권위를 더 인정했다. 사기도 높았다.

그렇지만 전쟁은 시작도 하기 전에 바람 빠진 풍선처럼 흐지부지 끝나가고 있었다. 피사의 항복사절이 찾아온 것이다. 마침내 15년 만에 피렌체 군대의 지휘관들이 피사에 입성했다. 마키아벨리와 국민방위군도 그곳에 있었다.

마키아벨리가 다시 피렌체로 귀환했을 때에도 율리오 2세와 프랑스는 계속 사이가 좋지 않았다. 프랑스 왕은 자신이 로마와 불편한 관계에 있는 틈을 타 피렌체 공화국이 언제든지 자신을 버리고 교황의 편에 붙을 수 있음을 의심했다. 프랑스 왕은 교황이 자신을 괴롭힐 때 피렌체가 지체 없이 할 수 있는 일이 무엇인지 밝히라고 요구했다. 교황의 독주를 견제하던 프랑스는 피렌체의 식민지인 피사에서 교황의 의사와는 상관없이 독자적인 종교 회의를 개최하려고 했다. 피렌체는 들어줄 수밖에 없었다. 프랑스 왕은 그렇게, 교황과의 전쟁이 내키지는 않았지만 그쪽으로 갔다.

교황은 교황대로 발끈했다. 피렌체가 또 다시 프랑스의 눈치를 보며 피사에서 교황이 소집하지도 않은 종교 회의를 프랑스 왕의 이름으로 개최하려는 것을 그냥 넘길 수도 없는 상황이었다. 율리오 2세는 이탈리아를 프랑스의 굴레로부터 해방시키겠다며 노발대발했다. 그리고 그의 분노는 공화국의 숨통을 끊는 메스가 됐다. 비록 적장이었지만, 교황을 등에 업고 전쟁을 일으킨 체사레 보르자에 대해서는 그토록 칭찬을 아끼지 않았던 마키아벨리도 율리오 2세에 대해서는 불만이 많았을 것이다. 왜냐하면 결과적으로 교황은 피렌체의 자유 공화국을 파괴했을 뿐 아니라, 마키아벨리 개인의 오랜 불행을 초래한 당사자였기 때문이다.

프랑스의 루이 12세는 처음에는 로마냐에서 교황에 승리하고 있었다. 1511년 초 율리오 2세는 미란돌라(Mirandola) 공국을 점령하는 성과에도 불구하고 페라라에서 패배했으며, 급기야 5월 21일에는 로마 다음으로 중요한 볼로냐까지 잃었다. 만일 프랑스 왕이 이 승기를 그대로 밀어붙였더라면 전쟁은 교황의 완전한 패배로 끝났을 것이다.

그런데 그 마지막 순간에 프랑스 군대는 뒤로 물러나고 만다. 교황에 대한 예의를 보여줌으로써 막다른 골목에서 쥐에 물리는 고양이가 되지 않으려고 한 것이다. 잠시 숨을 돌린 교황은 고양이를 무는 대신 이탈리아 영토 안에 있는 피렌체가 프랑스와 동조하는 것이 문제라고 보고 피렌체를 물기로 결정한다. 피렌체의 정권 교체가 해결책이라고 판단한 것이다.

율리오 2세는 이제 에스파냐 왕을 끌어들여 동맹 조약을 마무리 짓고자 했다. 에스파냐의 그 무시무시한 보병을 앞세워 볼로냐를 탈환하고 피렌체를 굴복시킨다는 생각에 교황은 마음이 달았다. 교황의 이런 움직임은 소데리니의 정적들과 메디치 가문의 지지자들에게 용기와 힘을 더해줬다. 더욱이 훗날 교황 레오 10세가 되는 조반니 데 메디치 추기경과, 마찬가지로 교황 클레멘스 7세(Clemens VII)가 되는 줄리오 디 줄리아노 데 메디치(Giulio di Giuliano de Medici, 이하 줄리오 데 메디치)를 포함한 메디치 가문의 잔존 세력이 지지를 확보한 상태였기도 했다. 그들은 공화국 체제 아래에서 극도로 행동을 조심하면서 살아왔다.

마키아벨리가 프랑스에 사절로 가 있는 동안 피렌체를 둘러싼 불온한 분위기는 점점 더 무르익고 있었다. 그는 피렌체로 돌아왔을 때 자신이 피사로 떠난 다음 날 밤 벼락이 쳐서 제2행정위원회 사무실 문 위에 새겨진 세 송이의 황금 백합이 훼손됐음을 알게 된다. 하늘의 전조까지는 아니더라도 불길한 예감을 불러일으키기에는 충분했다.

아니나 다를까, 우려는 현실이 된다. 1512년 프랑스가 점령지에서 밀려났고 그 자리를 율리오 2세가 차지했다. 피렌체는 이 괄괄한 노인 앞에 홀로 남겨졌다. 만토바(Mantova)에서 회동한 교황 동맹은 나폴리 총독 라몬 데 카르도나(Ramon de Cardona)가 지휘하는 에스파냐 군대를 동원해 피렌체 정부를 교체하기로 결정한다. 오랫동안 숨을 죽이고 있던 조반니 데 메디치 추기경이 교황 사절의 자격으로 그들의 군대와 동행했다.

피렌체 공화국은 전쟁을 준비했다. 총독은 피렌체의 외곽 도시 프라토(Prato)로 진군해 들어왔다. 그곳에는 3,000명의 국민방위군이 진을 치고 있었다. 첫 번째 에스파냐의 공격은 실패했다. 무더위와 허기 그리고 오랜 행군이 가져온 피로는 천하의 에스파냐 군대도 무력하게 만들었다. 에스파냐는 직접적인 군사 공격을 미룬 뒤 협상단을 피렌체로 보내왔다. 메디치 가문으로 정권 교체, 친(親) 프랑스 정책 포기, 에스파냐에 조공을 바칠 것을 요구했다. 에스파냐 군대가 먹을 충분한 양의 음식도 요구 조건에 포함돼 있었다.

소데리니는 그동안 늘 마키아벨리의 생각과 의견을 중시해 받아들이곤 했다. 하지만 화친을 받아들이자는 마키아벨리의 조언을 이번에는 묵살해버린다. 소데리니의 결정은 에스파냐 군대의 결속을 촉진했다. 굶어 죽느니 차라리 싸우다가 죽는 편이 낫다는 결사의 의지 앞에서는 높은 성벽도 국민방위군의 기세도 소용없었다. 사실 국민방위군은 피사 공격에서 제대로 싸우기도 전에 피사가 항복을 하는 바람에 여태껏 실전 경험이 없었다. 더욱이 상대는 독이 잔뜩 오를 대로 오른 에스파냐 군대였다.

피렌체는 그렇게 에스파냐가 몰고 다녔던 소문 속의 공포를 직접 맛보게 됐다. 무자비한 약탈과 살육이 벌어졌다. 교황의 사절이자 피렌체 출신의 조반디 데 메디치 추기경이 지켜보는 앞에서 학살과 파괴가 자행됐다. 얼마 전 피렌체의 코앞에 있던 프라토가 성문이 찢기고 속살이 벗겨지는 치욕을 당하면서 피렌체 공화국의 미래를 미리 보여줬었다.

1512년 8월 31일, 피렌체 공화국의 수반 소데리니는 한밤의 어둠을 틈타 시에나로 떠난다. 실각이라기보다는 도주에 가까웠다. 싸우다 죽기보다는 도망치다 죽는 것이 낫다고 판단했을 것이다. 그렇게 그는 살아남았고 공화국은 죽었다.

같은 해 9월 16일, 메디치 가문이 피렌체를 접수하면서 공화정의 역사는 막을 내린다. 의회가 장악되고, 폭력과 공포 속에서 전체시민회의와 비상개혁위원회를 구성한다는 포고령과 더불어 자유는 끝이 났다. 화형장으로 끌려간 사보나롤라가 남긴 경고가 또 한번 현실이 됐다.

"나는 안다. 전체시민회의를 열자는 것은 정권을 빼앗겠다는 것임을."

이튿날인 9월 18일, 국민방위군을 총괄하던 10인 전쟁위원회가 해산됐고, 마키아벨리가 결성한 국민방위군 또한 와해됐다. 달아난 소데리니에 대해서는 공식적으로 추방이 선포됐으며, 공화국을 상징했던 대평의회도 폐지됐다. 메디치 가문은 전광석화와 같이 짧은 시간에 정권을 탈환하는 데 성공한다.

마키아벨리는 일찌감치 메디치 가문에 스스로를 팔아넘긴 이들과는 분명히 달랐지만, 그럼에도 불구하고 그 또한 그들에게 복종할 마음은 있었던 듯 보인다. 그러나 그가 군주론에서 말한 대로, 무기를 든 예언자는 모두 성공한 반면 말 뿐인 예언자였던 마키아벨리는 실패했다. 메디치 가문은 자신들에 대해 중립 노선을 취한 피렌체 공화국의 기존 관리들 대부분에는 직분을 그대로 유지하게 했지만, 소데리니의 '딸랑이'로 소문난 데다 행동에서나 글에서나 반 메디치 입장을 보인 인물을 용서할 수 없었다. 1512년 11월 7일, 최고의결 기구 정무위원회는 니콜로 마키아벨리를 제2행정위원회 서기장과 10인 전쟁위원회 서기관에서 해임한다. 공화국의 몰락과 불행은 마키아벨리 자신의 몰락과 불행과 일치했다.

이런 식으로 보면 훗날 《군주론》이 메디치 가문에 받아들여지지 않은 까닭은 무관심해서가 아니라 이미 그들이 그 내용을 충실히 시행하고 있었기 때문인지도 모르겠다. 마키아벨리의 관직을 회수한 것은 새로운 정부가 자신들에게 좀 더 충실하고 고분고분한 사람을 원한다는 뜻에 불과할 수도 있었다. 전통적으로 행정위원회(서기국)를 통한 통치는 메디치 가문의 오랜 방식이기도 했다. 그러나 마키아벨리의 해임은 그를 향한 메디치 가문의 사적인 비난이자, 처벌이자, 복수였다. 그것은 금방 드러났다. 해임된 지 사흘 만인 11월 10일, 정무위원회는 마키아벨리에게 1년 동안 피렌체 영토 이탈 금지 및 1,000피오리노(fiorino) 금화를 보석금으로 지불하라고 명한다. 가두고 싶지만 가두지 않을 테니 보석금을 내고 도망칠 생각은 하지 말라는 것이었다.

정국은 아직 안정되지 못하고 있었다. 교황은 소데리니를 쫓아내되 폭군이라는 말을 듣지 싶지는 않아서 꼭두각시로 자기 대신 조반니 데 메디치 추기경을 내세웠다. 그런데 메디치 추기경이 자신의 잇속만을 챙기자 교황의 배신감과 거기에서 나오는 불같은 분노가 피렌체까지 전해졌다. 다시금 빈틈을 노리고 있던 공화주의자들에게 그것은 아직 마지막 기회가 있다고 믿을 만한 혼란과 불안을 야기했다.

다시 한번 피렌체를 바꿔놓겠다는 교황의 엄포가 새 정부를 향한 의구심을 일으켰다. 그 의구심이 불만 가득한 일부 시민들과 섞여서 피렌체의 공기를 격하게 만들고 있었다. 정권에 불만을 가진 인물들 가운데는 아고스티노 카포니(Agostino Capponi)와 파올로 보스콜리(Pietro Paolo Boscoli)라는 피렌체 귀족 출신의 청년들이 있었다. 1513년 2월, 그들은 20명의 명단이 적힌 종이를 잃어버렸고, 이로 인해 마키아벨리는 메디치 가문과 화해할 기회를 잃게 된다.

카포니와 보스콜리는 감찰위원회에 의해 즉각 체포됐고 모진 고문이 시작됐다. 그들은 곧 실토했다. 반 메디치 음모 계획은 사실이며, 줄리오 데 메디치를 비롯한 메디치 가문 사람들을 죽여 피렌체를 폭정에서 구할 생각이었다고 자백한 것이다. 그들은 20명의 명단에 자신들의 대의에 동참할 만한 사람이나 반 메디치 성향이라고 생각한 인물들을 적었다. 그 20명 중 마키아벨리가 일곱 번째로 이름이 올라가 있었다. 이후 2월 23일, 주동자인 카포니와 보스콜리는 사형에 처해졌다.

카포니와 보스콜리가 체포되던 1513년 2월 18일 밤, 감찰위원회는 주저 없이 명단에 적힌 사람 전원을 체포했다. 마키아벨리는 다음날인 2월 19일 연행됐는데, 양팔을 등 뒤로 가게 해서 밧줄로 손목을 묶은 뒤 공중에 매달았다가 떨어뜨리는 이른바 '스트라파도(strappado)'라는 모진 고문을 연거푸 버텨내며 자신의 혐의를 부인했다. 한편 마키아벨리가 가혹한 고문을 견디면서 생명의 끈을 놓지 않으려고 발버둥치는 동안, 피렌체와 마키아벨리에게 이토록 처참한 고통을 맛보게 한 교황 율리오 2세는 생명의 끈을 놓으려고 하고 있었다. 결국 그는 2월 21일 세상을 떠난다.

조반니 데 메디치 추기경은 로마를 향해 떠났고, 3월 6일 콘클라베에 들어가 레오 10세라는 이름의 교황이 되어 나왔다. 이 소식을 들은 모든 피렌체 사람들은 메디치파로 돌변했다. 3월 11일, 대사면령이 내려져 감옥 문이 열렸고, 마키아벨리도 그 은혜를 받았다. 시에나로 도망친 소데리니마저도 사면을 받았으니, 교황을 배출한 메디치 가문의 하해(河海)와 같은 은덕에 수많은 피렌체 시민들이 감격했다.

광장에서, 거리에서, 가가호호 집 앞에서 마주치는 모든 사람들이 메디치파가 됐지만, 비록 사면을 받은 몸일지언정 마키아벨리에게는 반 메디치파라는 낙인이 찍혀 있었다. 그래서 그는 피렌체를 떠나 인근 산탄드레아의 농장으로 내려갔다. 공화국의 서기장으로 일한 15년이라는 기간 동안 그가 보여준 날카로운 식견과 전망에도 불구하고 그는 스스로에 대해서만큼은 제대로 예상하지 못했다. 이렇게 모든 것을 잃은 뒤 마키아벨리는 이제 더 이상 정치에 대해 생각하거나 논하지 않기로 작정하고서 농장으로 내려왔다.

그러나 애초에 이를 망각하지 않았더라면 그의 인생 후반부가 부질없는 노력과 하릴없는 기대 그리고 자신에 대한 조소로 마무리되지는 않았을 것이다. 메디치 정권 아래에서 살아남은 친구 프란체스코 베토리라는 존재 그리고 그와 주고받은 편지로 인해 그는 다시금 정가를 기웃거리며 헤매는 영혼이 된다. 그나마 지금은 자신이 하고 싶은 말을 글로 옮기는 일에 몰두할 수 있었다. 그리고 이곳 산탄드레아에서 그의 육체와 그의 정신은 서로 이별을 고한다.

그의 몸이 살아낸 시대와 국가, 혈통과 신분 때문에 그의 정신은 언제나 평시민 국가에 기울어져 있었다. 그래서 로마 공화정의 행적을 좇아 오래도록 키워온 그 생각을 구현하고자 공화국 서기장으로서 15년 동안 혼신을 다해 공화정의 성공을 위해 헌신했던 것이었다. 하지만 앞을 내다보는 그의 예지력은 자신의 이런 생각과 실천에도 불구하고 피렌체가 다시 군주제의 시대로 옮아가고 있음을 봤다.

이후 그는 《군주론》을 비롯한 여러 저작에서 "부패한 민족은 설사 자유를 얻는다 해도 그것을 보존하기란 극히 어렵다"면서 공화정 피렌체를 버렸다. 나아가 이제 필요한 것은 "무력이나 군대와 같은 비상 수단"에 호소해 스스로를 군주국으로 변신케 하는 일이었다. 그것을 실행할 수 있는 '새로운 군주'만이 썩은 땅을 되살려낼 수 있을 터였다.

10년 전 체사레 보르자는 교황 아버지의 도움으로 그 위업을 거의 달성할 뻔했다. 율리오 2세는 교황과 교회가 어디까지 할 수 있는지를 보여줬다. 그런데 지금의 교회는 교황의 힘과 피렌체의 힘을 모두 쥐고 있는 한 사람의 손 안에 있다. 이런 분석에 이르자 그는 지금까지 자신의 몸이 한 것과는 다른 정신의 《군주론》을 쓸 생각을 품게 된다.

마키아벨리가 내세우는 제1원리는 인간의 본성에 담긴 욕망과 악덕, 약점과 미덕은 시간의 흐름 속에서도 결코 변하지 않는다는 것이다. 마키아벨리는 그 스스로가 한 사람의 인간임을 증명이라도 하듯이 재기하려는 욕망에 바치는 제물로 기꺼이 자신의 악을 깨워 배덕의 길로 나아갔다. '딸랑이' 마키아벨리가 이탈리아 통일을 위한 마지막 권고에서 보여주는 군주론 제26장의 결론은 그의 '말'이 드러내는 그의 '마음'을 보여준다.

우리는 이탈리아가 그토록 오랫동안 만나지 못했던 구원자를 보게 될지도 모를 이 기회를 그냥 흘려보내서는 안 됩니다. 외세의 침입으로 고통 받던 모든 나라에서 구원자가 얼마나 많은 사랑으로 환대받게 될지, 그리고 또 얼마나 복수에 갈망하면서 굳건한 믿음과 경건함과 눈물로써 그를 대할지 나는 감히 표현할 수 없습니다.

어떤 문이 그의 앞을 가로막을 수 있겠습니까? 어떤 사람들이 그에게 경배하기를 거부하겠습니까? 어떤 질투의 감정이 그를 방해할 수 있겠습니까? 어떤 이탈리아인이 그의 신하가 되기를 마다하겠습니까? 야만족의 지배가 방방곡곡에 뿌려대는 그 고약한 냄새란!

그러므로 부디 폐하의 고명한 가문이 정의로운 대의를 행하는 데 필요한 기백과 희망을 갖고 이 과업을 앞장서 맡아주시기를 간절히 바랍니다. 그리하여 그 깃발 아래에서 조국은 고귀해질 것이며, 폐하의 후광 아래에서 일찍이 페트라르카가 읊은 다음과 같은 희망이 실현될 것입니다.

광포함에 맞선 비르투가
이제 무기를 잡으리니 전투는 곧 끝날 것이다.
고대의 용맹함이
이탈리아 사람들의 가슴속에 아직 살아있기 때문이라.

마키아벨리는 친구 베토리에게 보낸 1513년 12월 10일자 편지에서 만족감과 애정 그리고 기대가 묻어나는 말투로 《군주론》 집필을 알렸다. 그런데 그가 《군주론》을 집필한 이유는 《군주론》의 결론과는 아무 상관이 없었다.

나는 메디치 군주들이 나를 써줬으면 하는 바람을 가지고 있다네. 설사 돌 나르는 일부터 시킨다고 해도 상관없네. 어쨌든 내가 그들의 마음에 들지 않는 것은 다름 아닌 내 탓이기 때문일세. 그들이 이 책을 읽게 된다면 내가 국정술 연구에 바친 15년을 결코 잠과 놀이만으로 헛되이 보내지만은 않았다는 사실을 알게 되겠지. 그들이 나의 진실함을 의심할 필요는 없을 걸세. 나는 지금까지 줄곧 진실된 길을 걸어왔고, 그것을 이제 와서 새삼 깨뜨릴 생각은 없네. 나처럼 43년 동안이나 진실되고 바른 삶을 살아온 사람은 결코 그 본성을 바꿀 수가 없는 법이지. 내가 가난하다는 사실이 바로 내가 진실되고 바르다는 증거가 아니고 뭐겠는가.

진실됨을 진실되게 진실로 주장하는 마키아벨리의 '진실함'은 그것이 다른 무엇이 아닌 '절심함'이라는 것만을 잔뜩 드러내며 그의 초조함을 보여주는 신호처럼 자주 깜빡였다. 《군주론》은 로렌초 2세 데 메디치에게 바치기 위해 마키아벨리가 1513년에 쓴 글이다. 참고로 로렌초 2세 데 메디치는 본래 이름이 할아버지인 로렌초 디 피에로 데 메디치(Lorenzo di Piero de Medici)와 같다. 구분을 위해 통상적으로 로렌초 2세 메디치라고 부른다.

로렌초 2세 데 메디치(라파엘로 산치오 作)

　그러나 《군주론》은 탈고 후 1515년에 이르기까지 로렌초 2세 메
디치에게 전달되지 않는다. 그가 친구인 베토리에게 로렌초에게 헌
정할 적당한 때를 계속해서 확인한 것도 로렌초가 아예 읽어보지 않
을 지도 모른다는 불안감이 있었기 때문이고, 영민한 그의 예측은
그대로 현실이 된다. 그가 로렌초에게 책을 헌정한 바로 그때 로렌
초는 사냥개 한 쌍을 바친 이에게 더 친절히 대했으며, 마키아벨리
는 치욕으로 물든 자리를 박차고 나올 수밖에 없었다. 그는 1516년

2월 15일 조카에게 보낸 편지에서 이렇게 말하고 있다.

나는 이제 내 자신에게나 가족에게나 친구에게나 쓸모없는 존재가 되고 말았구나. 나의 쓰라린 운명이 그렇게 정해버렸기 때문이지. 나는 행운이 나를 찾아줄 때를 기다리고 있다. 오지 않는다면 참을 수밖에.

어릴 적에 그는 즐기는 것보다 참는 것을 배웠다. 그리고 어른이 돼서도 그랬다. 1513년 3월에 사면된 마키아벨리는 그 해 12월 《군주론》의 전달에 관해 친구와 협의한다. 1년도 채 안 돼 15년 동안의 공화정 피렌체에서의 공직 생활과는 완전히 반대되는 결론을 담은 책을 완성하고도 그것을 헌정하기까지 2년의 시간이 더 필요했다.

자신의 재주가 쓰일 수만 있다면 자신의 역량을 그 누구를 위해서라도 쏟아낼 수 있었던 사내에게 이 시기는 확실히 자아가 분열하는 때였다. 산탄드레아의 농장 한 구석에서 그는 메디치 가문이 그에게 가한 상처와 고통을 하나하나 복기했다. 마키아벨리가 태어난 1469년은 메디치 가문의 전성기를 가져온 '할아버지' 로렌초 데 메디치가 권력을 잡은 해였고, 마키아벨리가 사망한 1527년은 1512년 정권 수복에 성공한 메디치 가문이 또 다시 피렌체로부터 축출된 해였다.

즉, 마키아벨리가 정치일선에 나서게 된 계기도 메디치 가문과 가까운 마르첼로 아드리아니의 추천 덕분이었고, 그의 실직과 정치로부터의 추방도 메디치 가문 때문이었다. 다시 말해 마키아벨리의 삶과 메디치 가문은 운명적으로 얽혀 있었다. 누군가에게 간절히 쓰이기를 바라는 마키아벨리가 메디치 가문을 가해자로 남겨두는 것은 불가능했다.

마키아벨리는 "인간은 자신의 자유의지로 자초한 상처나 그 밖의 병에 대해 타인의 손으로 가해진 것만큼 고통을 느끼지 않는다"고 말한 바 있다. 바로 그 방식대로 마키아벨리는 모든 것을 자신의 탓으로 돌리는 작업에 착수한다. 어쨌든 그가 메디치 가문의 마음에 들지 않는 것은 다름 아닌 자신의 탓이기 때문이라는 인식은 '포르투나(fortuna, 운명)'와 '비르투(virtu, 역량)'의 관계를 역전시킨다.

《군주론》의 마지막 제26장에서 로렌초 2세 데 메디치를 구원자로 선언하는 과감하면서도 절절한 결론은 바로 전 장인 제25장에서 운명과 역량의 관계에 대해 언급한 그의 정치철학으로부터 도출된 것이다. 생사여탈권을 가진 메디치 가문의 결정에 맡기는(운명) 것이 아니라, 시대와 상황에 맞게 자신의 성격을 변화시키는(역량) 것이 가능하다면, 그런 사람은 항상 성공할 것이라고 믿었던 그대로 그는 행동한다. 우리는 마키아벨리 삶에서 가장 어두운 시기에 극단적 낙관론자인 마키아벨리와 비로소 만나게 된다. 그는 이렇게 썼다.

따라서 나는 다음과 같은 결론을 내리고자 합니다. 운명은 가변적이나 인간은 자신의 방식을 고수하므로, 인간의 처신 방식이 운명과 조화를 이루면 성공하고 그렇지 못하면 실패합니다.

202

힘으로 품은 천하

제
10
장

일은 찾아서 하는 것.

자신이 찾아 만들어내는 것.

주어진 일만 하는 것들은 잡병일 뿐.

_ 오다 노부나가

마키아벨리는 《군주론》 제11장에서 '교회형 군주국'에 관해 이렇게 설명한다.

이런 군주국은 오래도록 이어져온 종교적 제도에 의해 유지됩니다. 그 제도들은 군주가 어떻게 처신하든 그 지위를 유지할 만큼 대단히 강력합니다. 이 군주국의 군주는 국가가 있으면서도 방어할 필요가 없습니다. 국가를 방어하지 않고 방치한다고 할지라도 아무도 빼앗지 않습니다. 더욱이 신민들은 적절한 다스림을 받지 않더라도 별로 신경 쓰지 않습니다. 그들은 군주를 몰아낼 수 없으며 그것이 가능하지도 않습니다. 그러므로 오직 이와 같은 군주국이야말로 안전하고 성공적이라고 할 수 있습니다.

로마 제국 멸망 이후에 베드로의 후계자인 교황들이 1,000년을 지배할 수 있었던 중세 유럽의 상황에 대한 인상적인 묘사를 보는 듯하다. 이 교회형 군주국에 대한 설명을 보면 자연스럽게 일본이 떠오른다.

신의 자손이라는 천황 가문이 지니고 있던 상징성 덕분에 일본은 그토록 오랜 세월을 황통(皇統)은 영원히 같은 혈통이 계승한다는 '만세일계(萬世一系)'의 상징 조작 속에서 아마테라스의 후예들이 내를 잇고 있다. 1517년 촉발된 종교 개혁이 교황의 민낯을 속속들이 드러내고, 바야흐로 그 권위를 인정하지 않는 국가들의 탄생을 이끌고 있던 그 무렵, 일본에서는 역사상 처음으로 천황가의 숨통을 끊으려는 사내가 이제 막 한 나라의 군주로 일어서고 있었다. 그렇지만 언제나 시작은 그렇듯, 미약했다.

오다 노부나가에게 가장 중요한 가신 마사히데가 자결했다는 소식은 봄꽃의 개화와 더불어 사이토 도산의 귀에도 들어갔다. 노부나가가 한쪽 다리를 잃었다. 지금이 기회가 아니면 언제겠는가. 게다가 도산은 딸을 시집보내고도 아직 노부나가를 직접 본 일이 없다. 이에 도산은 노부나가에게 사람을 보내 접경 지역에서 회동하자고

제의한다. 봄이 왔으니 정덕사(正德寺)에서 얼굴이나 한번 보자는 것이었다. 오다 노부나가는 그 제안을 받아들인다.

도산은 수행 병력 1,000명을 뽑아 소홀함 없게 준비하도록 지시했다. 정덕사에서 노부나가를 없애는 동시에 곧바로 별동대를 그 영지로 침투시키면 그 땅이 자신의 것이 되리라는 생각이 봄바람을 타고 그의 가슴을 쓰다듬었다. 스스로 대견함에 자꾸만 삐져나오는 웃음을 참기가 힘들었다. 애송이야, 나를 탓하지 마라. 만약 지레 겁을 먹고 알아서 먼저 영지를 바치겠다고 한다면, 관용을 베풀어 목숨도 살려주고 작은 성 하나 정도는 주겠노라. 이런 상상만으로도 이미 즐거웠다.

싸워서 이기려는 자는 늘 고생하게 마련이다. 무릇 전쟁이란 싸우기 전에 이겨놓고, 그것을 확인하기 위해 싸워야 하는 법. 도산은 흩날리는 벚꽃 잎의 어지러운 춤을 보면서, 그것이 누군가의 죽음과 누군가의 도약이 빚어내는 새로운 세상을 위한 풍악으로 느꼈다.

정덕사 입구 언저리가 봄기운에 흥성거렸다. 예복 차림의 무사 1,000명의 행렬이 끝도 없이 들어섰다. 사이토 도산이 먼저 도착한 것이다. 주력인 장창 부대가 5미터에 달하는 창을 세우고 하늘을 찌를 듯한 기세로 행진했다. 도산은 사위의 행색을 지켜보기 위해 직접 나서서 마을 어귀에 몸을 숨기고는 노부나가 일행을 기다렸다. 초라한 행색에 동네 꼬마 녀석들 몇몇을 끌고 나타날 한심한 사위 녀석의 모습을 마음껏 비웃어주고 싶었다.

마침내 오다 노부나가의 행렬이 들어섰다. 처음은 보병이었다. 노부나가가 자랑스럽게 여긴다는 소년대로, 그 수는 200이었다. 역시나 얼치기 녀석들을 모아서 왔군. 도산의 입가에 쓴웃음이 번졌다. 그런데 그게 전부가 아니었다. 다음은 궁병, 300의 군세였다. 허허, 이 녀석 모처럼의 출타에 전병력을 다 긁어모았구나. 허, 생각보다 쉽지는 않겠군.

이런 생각을 하고 있는데 그 다음이 또 있다. 사이토 도산은 자신의 눈을 의심하지 않을 수 없었다. 철포(조총) 부대였다. 더구나 그 수가 무려 300. 당시에는 조총이 매우 귀한 시절이었다. 조총의 유용성을 인정한 도산 자신도 모든 수단을 동원해 입수한 것이 100자루였다. 그런데 무려 300이라니.

철포 부대의 행렬에 잠시 정신을 놓고 있는 사이 이번에는 장창 부대가 들어섰다. 장창 부대라면 자신의 주력이다. 하지만 노부나가의 장창 부대는 창의 길이가 무려 6미터인 데다 그 수도 600에 달했다. 이런 낭패가 있나.

흔히 '창'이라고 하면 단순히 찌르는 무기라고 생각하기 쉽다. 그러나 전투가 계속됐던 전국 시대는 무사 개인의 역량에 의지하기보다는 조직력으로 개인의 열세를 극복하려는 노력의 결과가 축적되는 시기이기도 했다. 일본 전국 시대의 전투 방식을 구어체로 서술한 《잡병 이야기(雜兵物語)》라는 책에서 소개하는 장창 사용법을 보면, 우선 창을 세워 자세를 잡은 뒤 위에서 힘껏 내리쳐 적을 쓰러뜨

말과 칼

리거나, 쳐들어오는 기마병을 쳐서 떨어뜨리고 그 뒤에 찌르는 게 통상적이라고 나와 있다.

또한 자세를 낮춘 뒤 기마병의 말을 공격해 낙마한 적을 공격하는 방법도 있다. 그리고 '창막이'라는 전법이 있는데, 이는 적이 접근해 오면 창의 밑동 부분을 양손으로 쥐고 적을 향해 창날을 겹치게 모아 대열을 갖춰 전진하는 방법이다. 상대 진영에서 보면 20~30명 단위로 늘어선 창날이 장지문 칸막이처럼 가로막고 있는 것 같다고 해서 붙여진 이름이다. 실전에서 장창 부대는 적의 전투 태세를 무너뜨림으로써 전세를 유리하게 이끄는 데 중요한 역할을 수행한다. 요컨대 아군 장창 부대의 열세는 곧 싸움에서의 열세를 의미하는 것이었다.

그런 장창 부대가, 그것도 자신들보다 훨씬 긴 창을 사용하는 부대가 철포 부대에 이어 행군하는 모습을 보며 도산은 비로소 등골이 서늘해졌다. 자신의 예상을 완전히 빗나간 오다 노부나가의 병력에 잠시 혼란에 빠져 있던 그때, 도산의 눈에 드디어 사위의 모습이 들어왔다.

그것은 사이토 도산에게 또 하나의 놀라움이었으며, 지금까지의 빗나간 의도를 바로잡을 마지막 신의 가호이기도 했다. 그토록 질서정연한 무장 대열의 마지막에 이제 갓 스물에 접어든 청년이 한쪽 어깨를 드러낸 모습으로 나타났다. 굵은 새끼줄 허리띠에 부싯돌 주머니며 표주박 따위가 주렁주렁 매달린 채 그 소유자의 정신세계가 얼마나 산만한지 알리려는 듯 어지럽게 흔들리고 있었다.

가뭇없이 사라져가던 희망의 불씨가 다시금 피어올랐다. 도산의 머릿속이 복잡한 계산으로 분주해졌다. 병력과 병력의 부딪힘으로는 노부나가를 제거하기가 쉽지 않을 것 같았다. 다행스러운 점은 노부나가의 오만방자한 차림새가 빈틈으로 작용해 절박한 도산에게 새로운 가능성을 열어주는 커다란 공간으로 다가왔다는 것이었다. 대면한 자리에서 그 무례한 차림새를 꾸짖어 한 칼에 베어버린 뒤, 주인을 잃은 오합지졸들로부터 철포와 장창을 빼앗으면 그만이라는 상상이 지금 눈앞에 펼쳐진 광경이 만들어내고 있는 무게감을 덜어냈다.

객전으로 돌아오니 양측의 가신들이 분주히 향연을 준비하고 있었다. 도산이 먼저 회랑으로 들어서며 망나니 꼴을 한 채로 나타날 사위를 기다렸다. 그 넝마에 어울리는 개죽음을 안기겠노라 생각하며 허리에 찬 칼을 쓰다듬었다.

그러나 사이토 도산은 이내 또 한 번 놀라게 된다. 반대편으로 들어오는 오다 노부나가의 행색이 달랐다. 제대로 차려입은 예복이다. 똑바로 고개를 들고 당당히 어깨를 편 채 가벼운 발걸음으로 걸어오는 모습이 세상에 없는 젊음만이 내뿜을 수 있는 자신감으로 넘쳐나고 있지 않은가. 여유로움 속에서 한 치의 빈틈도 허용하지 않는 모습으로 건너편에 자리를 잡고 앉는 노부나가를 보면서 도산은 적지 않은 열패감을 느꼈다.

말과 칼

어찌 이리도 늠름하단 말이냐. 세상 그 모든 풍문은 무엇이었더란 말이냐. 도산의 복잡한 머릿속에서 서늘한 한 줄기 생각이 날카롭게 헤집고 나왔다. 어쩌면 이 놈은 일본에서 제일가는 사내가 될지도 모른다. 이 놈은 절대로 바보 멍청이가 아니다. 내 머릿속을 다 들여다보고 있다는 듯 행동하고 있지 않은가. 이런 생각에 이르자 그는 출생의 비밀을 알아버려 칼을 갈고 있는 자식보다 이 사내에게 의탁하는 편이 더 나을 수도 있겠다는 배덕의 희망을 품게 됐다. 시대가 낳은 살모사답게 전혀 다른 접근 방식이 만들어내는 모사(模寫)가 그의 뇌리를 잠식했다. 죽여야 할 대상이 한 순간에 바뀌었다. 사위에서 아들로.

난세를 살아가려면 오롯이 자신의 힘만을 믿어야 한다. 상대방의 힘이라도 내 것으로 끌어들여야 한다. 사이토 도산이 한평생 몸으로 익힌 사실이었다. 그에게 힘이 약하다는 것은 죄악이었다. 깊은 상념 속에서 도산이 호불호를 알 수 없는 탄식을 했다. 악인의 전형으로 당대 사람들에게조차 좋지 않은 평판을 얻었을지언정 거침없이 자신의 길을 열어온 것을 자부심으로 여기던 그도 이제 늙었음을 실감했다. 이 새파란 젊음 앞에 길을 내줘야 한다는 열패감과, 그것과는 전혀 다른 의미에서의 안도감이었다.

그것은 행여 피가 섞이지 않은 아들에게 자신이 죽임을 당하더라도 피붙이인 딸, 그토록 애지중지 키웠던 딸을 통해 자신의 유전자가 이어지리라는 희망이 주는 안도감인지도 몰랐다. 그렇게 두 사람은 아무런 일도 없었다는 듯 반가운 얼굴만으로 이별을 고하고 각자의 영지로 군대를 물렸다.

영지로 돌아간 후 예상한 대로 아들 사이토 요시타츠(斎藤義龍)와 반목하게 된 도산은 영지를 사위에게 물려준다는 유서를 남기게 된다. 살모사가 새로운 새끼를 자신의 뱃속에 품은 채 죽은 것이다. 오다 노부나가는 그 유서를 명분으로 싸움을 걸었고, 젊은 나이에 요절하게 될 요시타츠의 아들 타츠오키(龍興)를 상대로 마침내 장인의 영지를 얻었다.

여기까지 보면 도산의 안목은 실로 남다른 것이었다고 할 수 있다. 그의 예상이 적중했기 때문이다. 하지만 불행히도 사이토 도산이 유전지는 딸과 사위 사이에 자식이 없었던 관계로 후대에 이어지지 못했다. 요시타츠가 거병하면서 도산의 친아들 형제마저 제거했기에 살모사의 피는 그렇게 끊겨버리고 말았다.

노부나가는 도산의 회동 제의를 받아들이면서 세상을 향한 첫 번째 연극을 연출했다. 병력을 편제대로 보기 좋게 이끌고 오는 모습도 그랬고, 잘 차려입은 모습을 장인에게 보여줌으로써 사이토 도산을 관객이 아닌 조연으로 끌어들여 자신의 메시지를 드러냈다. 그러나 정작 관객들인 가신들과 주변 무장들은 노부나가가 연출한 연극의 의미를 도산만큼 이해하지는 못했다. 아니, 그것이 연극이 아니라 오다 노부나가라는 사내의 진면목이고, '오와리의 멍청이' 시절이 연극이었음을 이해하는 자들 또한 없었다.

말과 칼

반면 노부나가는 사이토 도산이 자신의 뜻을 헤아릴 수 있다고 본 것 같다. 결과적으로 그 판단은 옳았다. 도산이 유언을 통해 자신과 노부나가가 공유했던 꿈이 '천하'에 있으며, 그 꿈을 이어갈 후계자는 아들이 아니라 사위임을 공언하도록 만들었다. 나아가 도산 자신의 삶조차 주군을 죽이고 또 그 주군의 자식에게 죽임을 당한 쓰레기 같은 삶이 아니라, "기후를 얻는 자 천하를 얻는다"라는 큰 그림의 일환으로 누군가를 죽일 수밖에 없었으며, 마침내 자신을 죽여서라도 그 그림을 그려나갈 이에게 자신의 모든 것을 내어주는 '도량을 가진 살모사'로서의 명예를 지킬 수 있는 길을 열어줬다.

스무 살 젊은 다이묘로서 장인과의 첫 대면을 마친 이후로도 노부나가의 하루하루는 편할 날이 없었다. 그러던 와중인 1556년에 장인 사이토 도산은 결국 장남과의 전투에서 죽는다. 자신의 영지를 사위에게 양도한다는 유언은 스물셋이 된 노부나가에게 그가 한 계단 더 올라설 수 있는 디딤돌이 돼줄 터였다. 하지만 당장의 현실은 낭만적이지 않았다. 노부나가의 동생이 그를 추대하려는 일족과 가신들의 꾐에 빠져 모반을 일으킨 것이었다. 그들은 오다 노부나가의 생각을 전혀 읽지 못했다. 자신들에게 미래는 없으리라는 불안감이 결국 모반의 싹을 틔웠다.

"도박을 즐기는 인간들은 불확실한 것을 얻기 위해 확실한 것을 건다"는 말이 있다. 그들에게는 옛 주군이 남긴 또 한 사람의 아들이 있었다. 더욱이 그들의 눈에 그는 형과는 비교할 수 없을 정도로 믿음직스러웠다. 노부나가도 그 마음을 이해하고 첫 번째 모반에서는 동생을 용서했다. 그럴지만 이듬해인 1557년에 동생이 또 다시 모반을 시도한다는 정보를 입수했을 때는 생각을 바꿨다.

오다 노부나가에게는 지금의 영지 따위는 욕심이 없었다. 그는 이 좁은 영지를 손에 넣고자 애쓰는 동생과 가신들의 작은 그릇이 안타까웠다. 그러나 그 안타까움도 잠시, 쓸모없는 그릇은 깨뜨려버려야 했다.

노부나가는 자신이 병에 걸렸다는 소문을 내고 어머니를 통해 동생이 문안을 오도록 만든 다음 그를 제거했다. 동생의 주검 너머로 공간을 찢는 어머니의 오열이 넘쳤지만, 그 시대의 여성들이 이해하기에 세상은 이미 너무 오랫동안 분열돼 있었다. 다만 아직 자신의 손으로 일본을 통일하겠다는 생각을 누구에게도 드러내지 않은 노부나가는 그 원망과 오해를 한 몸에 안은 채 영지 통일이라는 1차 과업을 존속살인을 통해 이루게 된다.

동생을 용서치 못해 죽인 노부나가였지만 그는 역모에 가담한 다른 모든 가신들은 용서한다. 시대가 그대들을 미혹했을 뿐이니 이해하노라. 향후에는 흔들림 없이 앞을 보고 나아가라고 말하는 스물여섯 젊은 다이묘에게 머리를 조아리면서도 가신들의 불안은 가시지 않았다. 저 멍청이가 영지를 평정했으니 이제 곧 우리는 주변의 먹잇감이 될 것이다. 전쟁의 억지력이란 무릇 상대가 나를 우습게보지 않도록 하는 것에서 시작하는 법이거늘, 세상 모두가 오다 가문을 우습게 보는 마당에 어찌 하루라도 조용한 날이 있을 수 있겠는가. 저런 바보에게 제압당했으니 우리는 또한 얼마나 한심한가. 머지않아 피바람이 몰아칠 것이라는 그들의 불안감이 현실을 실제로 그렇게 이끌었는지도 모를 일이다.

1560년, 마침내 이마가와 요시모토(今川義元)가 군사를 일으켰다. 그동안 오다 가문과 이마가와 가문은 접경 지역을 중심으로 밀고 당기는 전투를 대를 이어 벌여왔다. 그런데 이번에 출병한 이마가와의 군세는 2만 5,000명이었다. 국지전이 아니라 전면전이라는 의미였다. 노부나가 쪽의 징집 역량은 4,000이었다. 100만 석 국력의 이마가와 가문이 17만 석의 오다 가문을 향해 결전의 깃발을 들어올렸다. 일본 전사에 큰 획을 그은 '오케하자마(桶狹間) 전투'의 막이 오른 것이다.

5월 17일, 이미 접경 지역의 크고 작은 성들이 점령당했다는 소식이 계속해서 전해오고 있었다. 결전을 앞두고 가신들이 모여 노부나가에게 작전 회의를 요청했다. 그때마다 노부나가는 아직 회의를 하기에 이르다는 이유로 물리쳤다. 가신들의 한숨이 성 안을 감쌌다. 하지만 노부나가의 머릿속에서는 이미 작전이 수립돼 있었다. 그는 "천하를 얻을 것인가, 오와리의 멍청이로 끝날 것인가"라는 첫 질문 앞에서 자신의 답을 내보였다. 바보들이나 싸워서 이기려고 하는 법이다. 노부나가는 이겨놓고 싸운다.

오다 쪽이 농성을 할 것이라는 소문이 이마가와의 귓속으로 들어갔다. 노부나가는 이마가와가 나고야 본성까지 들이치기 위해 접경 지역의 크고 작은 성들을 공략하는 데 필요한 시간을 계산했다. 원군을 보내달라는 요청이 쇄도했다.

그러나 노부나가는 변경 지역에 대한 구원을 포기함으로써 이마가와가 진군하는 데 필요한 시간과 공간에 대한 제약을 스스로 없애버렸다. 오늘은 이곳, 내일은 저곳. 노부나가의 머릿속에서 이마가와의 동선이 그려졌다. 정확한 타격 시간과 지점을 만들어내기 위해 그는 작은 성들을 기꺼이 버리는 강수를 뒀다. 그런 가운데 상대가 승승장구해 자만에 빠져주면 금상첨화였다. 하지만 아직은 더 기다려야 했다.

오다 노부나가는 이런 자신의 생각을 가신들에게조차 알리지 않았다. 일촉즉발의 상황에서 만에 하나 내부로부터 정보가 새어 나간다면 대역전극을 위한 단 한 번의 기회를 잃는다. 그렇다면 끝끝내 나고야의 멍청이로 남게 된다. 가신들을 믿지 못하는 게 아니라, 그들이 처한 절박한 상황을 못믿는 것이다. 그런 주군의 속도 모른 채 가신들은 이제 정말로 오다 가문의 마지막이 왔노라며 탄식에 탄식을 거듭하고 있었다.

이윽고 결전의 시간이 다가왔다. 1560년 5월 19일, 이른 잠을 청하던 노부나가가 갑자기 새벽에 일어나 춤을 추며 노래를 불렀다. 그 유명한 '아츠모리'다. 무사가 인생의 무상함을 깨닫고 불문에 들어간다는 내용이다.

말과 칼

아츠다 신궁(일본 나고야 소재)

인생 오십년

하천에 비하면 한낱 꿈과 같은 것.

한 번 생을 얻어

멸하지 않는 자, 누구랴.

아츠모리를 다 부르자 노부나가는 그 자리에 선 채 오차즈케(お茶漬, 녹차를 우린 물에 밥을 만 음식)를 먹고는 성 밖으로 내달렸다. 이때가 새벽 4시경. 놀란 가신들이 황급히 군대를 모아 아츠다(熱田) 신궁(神宮)에 집결한 때는 아침 8시경이었다.

아츠다 신궁은 메이지(明治) 신궁, 이세(伊勢) 신궁과 더불어 일본

3대 신궁이다. 황위 계승의 증표로서 역대 황제가 계승했다는 '거울', '칼', '곡옥'의 세 가지 '신기(神器)' 중 '신검(칼)'이 모셔져 있어 오래전부터 성지로 여겨진 곳이다. 이곳에서 오다 노부나가는 승전을 기원한 다음 그대로 군대를 몰아 휴식을 취하고 있던 이마가와 본진을 공격해 순식간에 이마가와 요시모토의 목을 치게 된다.

그런데 전쟁이 끝나고 논공행상을 할 때 노부나가가 일등공신으로 상을 내린 인물은 이마가와 목을 벤 장수가 아닌 이마가와 군대의 이동 정보를 정확히 파악해 보고한 가신이었다. 노부나가는 처음부터 이마가와 무력 대 무력으로는 승산이 없다는 판단을 하고 있었던 것이다. 힘으로는 상대가 안 되지만 자신이 원하는 때와 장소에서 맞붙으면 승산이 있다. 노부나가는 농성을 할 것이라는 거짓 정보를 흘리고 변경 지역의 방어를 포기함으로써 적의 이동 경로와 시간을 가시화시켰다. 또한 초기 전투에서 일부러 연패함으로써 적군의 자만심을 키웠다. 그리고는 마침내 적군이 좁은 오케하자마 골짜기에 도착할 무렵을 놓치지 않고 선제 공격을 함으로써 승리했다. 때마침 비가 내려 노부나가 군대의 접근이 쉽게 노출되지 않았다는 일화는 이때의 승리를 훗날 더욱 풍부한 이야깃거리로 만들었다.

이 전투로 오와리의 멍청이는 일약 전국의 주목을 받는 무장으로 거듭났다. 하지만 놀란 사람들은 다른 무장과 자신의 가신들이었을 뿐 노부나가가 스스로는 전혀 놀라지 않았다. 골리앗은 다윗에게 쓰러지기 위해 존재하며, 무엇인가를 이루는 사람들은 모름지기 꿈을 꾸되 그저 꿈만 꾸지 않는다. 꿈을 이루기 위해서는 명확한 비전과 전술이 있어야 하는 법이다. 그렇다면 오다 노부나가의 전술이 어땠기에 이마가와의 대군을 그리도 쉽게 격파할 수 있었을까? 그 내막을 좀 더 들여다보자.

1560년 5월 10일, 오늘날의 시즈오카(靜岡) 지역 슨푸(駿府) 성에 이마가와 군대 2만 5,000명이 집결했다. 여기에는 이마가와 가문에서 볼모 생활을 하고 있던 훗날의 도쿠가와 이에야스인 마츠다이라 타케치요(松平竹千代)를 비롯한 선봉대도 포함돼 있었다. 이어서 5월 12일, 이마가와 본진이 출전했다. 구원을 요청하는 파발이 잇따랐지만 노부나가는 병력을 보내지 않았다. 노부나가 본진 3,000의 병력을 쪼개는 것은 모두가 죽는 행위라고 판단한 것이었다. 기습에 모든 것을 건 노부나가의 뜻을 모른 채 숱한 부하들이 원망을 품고 죽어갔다. 그들은 자신들이 예측한 대로 불행한 주인을 만나 불행하게 죽은 가신이 됐다고 믿으며 죽었다.

5월 19일 새벽 4시, 마침내 노부나가가 몸을 일으켜 아츠모리를 부른 뒤 성을 박차고 내달렸다. 아침 8시, 노부나가는 아츠다 신궁에서 필승을 기원했다. 이때 그를 따른 병력은 기병 6기와 잡병 200명이었다. 노부나가와 가신들이 아츠다 신궁에 모여 있던 바로 그 시간 오전 8시, 드디어 이마가와도 군대를 이끌고 구츠카케(沓掛) 성을 나섰다. 오전 10시에는 도쿠가와 이에야스가 이마가와 본진에 군량을 공급하고 후방을 방어하기 위해 다시 오타카(大高) 성으로 입성했다.

오전 11시, 노부나가는 선창사(禪昌寺)에 들어가 전황을 분석했다. 노부나가의 출전 소식을 듣고 달려온 병사들이 도합 3,000명. 본진이 형성됐다. 같은 시각 이마가와는 노부나가가 있는 선창사가 보이는 오케하자마 계곡으로 들어서고 있었다. 공간은 이것으로 갖춰졌다. '지리(地利)'가 노부나가의 것이 됐다.

12시, 노부나가가 출격 명령을 내렸다. 3,000명의 병사들 앞에서 노부나가의 일성이 울려 퍼졌다. 비록 우리가 수는 적으나 적군의 수를 두려워하지 말 것이며, 전쟁의 운은 하늘에 있는 것이라고 사기를 돋웠다. 모두가 군세 차이로 겁을 먹고 있을 때 그는 승리를 눈앞에 둔 장수처럼 부하들에게 공을 다투지 말라고 당부했다. 이 당부가 현실이 되는 데는 그리 많은 시간이 필요치 않았다. 어쨌든 이 시각 노부나가의 부대는 팽팽한 긴장감으로 숨소리조차 새어 나오지 않았다. 빛나는 안광이 대낮의 햇살과 실력을 겨뤘다. "여기서 우리는 반드시 죽을 것"이라는 결연함에 불이 붙었다. '인화(人和)'가 노부나가의 것이 됐다.

같은 시각, 노부나가 쪽 성채 두 곳이 추가로 함락됐다는 소식이 이마가와 본진에 전해졌다. 기쁨에 넘친 이마가와는 병사들에게 식사와 휴식을 명했다. 전투 중의 긴장이 일시에 해소되는 장면이 연출됐다.

오후 1시, 갑자기 돌풍이 불고 비가 내리기 시작했다. 빗소리에 묻

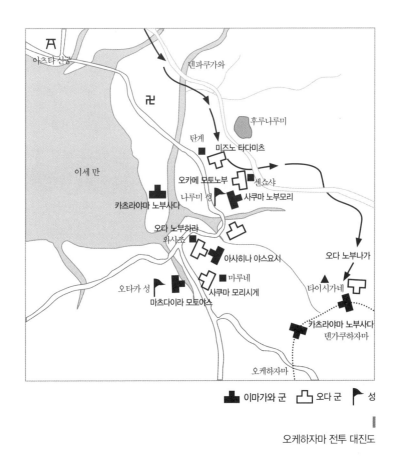

아츠타 신궁

덴파쿠가와

후루나루미

탄게

미즈노 타다미츠

이세 만

오카메 모토노부

센쇼샤

나루미 성

사쿠마 노부모리

카츠라야마 노부사다

오다 노부하라

와사쿠

아사히나 야스요시

오다 노부나가

마루네

타이시가네

오타카 성

사쿠마 모리시게

마츠다이라 모토야스

카츠라야마 노부사다

덴가쿠하자마

오케하자마

■ 이마가와 군　└┐ 오다 군　🚩 성

오케하자마 전투 대진도

혀 이마가와 본진은 노부나가 부대가 접근하는 것을 전혀 알아차리
지 못했다. 이로써 '천시(天時)'도 노부나가의 것이 됐다.

　오후 2시, 비가 개자마자 홀연히 나타난 노부나가의 돌격대에 놀
란 이마가와 군대가 허둥대면서 밀리기 시작했다. 혼전 중에 이마가
와의 깃발을 발견한 노부나가 부대에서 함성 소리가 일었고, 포위

끝에 모리 요시카츠(毛利良勝)가 이마가와의 목을 베었다. 그것으로 끝이었다.

당시 이마가와 부대의 선봉대로 노부나가 영지의 성들을 공략했던 도쿠가와 이에야스는 이마가와의 죽음으로 오랜 볼모 생활을 끝내고 독립을 꿈꿀 수 있게 됐다. 그는 패주한 이마가와 본대를 따라 슨푸 성으로 돌아가지 않고 본래 자기 가문의 영지였던 오카자키(岡崎) 성으로 들어가 독립 의지를 분명히 했다.

그런데 그로부터 2년이 지난 1562년, 오다 노부나가는 신생 다이묘 도쿠가와 이에야스에게 동맹 회담을 제안한다. 이마가와를 물리쳤다고는 하나 노부나가의 관심사는 동쪽이 아니었다. 그의 눈은 처음부터 서쪽인 교토를 향해 있었고, 천하를 아우르겠다는 야망을 달성하는 데 동쪽에 있는 강력한 무장들은 자신의 뒤통수를 노리는 번거로운 존재였다. 뒤를 막아줄 방패가 필요했다.

그렇다고는 하나 그 존재 또한 필요 이상의 거물이어서는 곤란했다. 노부나가가 서쪽으로 안심하고 나아갈 수 있도록 배후를 지켜줄 정도면 족했다. 노부나가는 이제 막 이마가와로부터 독립한 젊은 다이묘 도쿠가와 이에야스가 그런 의미에서 가장 적합한 동맹 상대라고 판단했다. 하지만 상대도 머리를 굴릴 수밖에 없는 혼란의 세상에서 이에야스도 마찬가지로 노부나가가 과연 동맹 상대로서 적절한지 커다란 도박을 시작해야 했다.

도쿠가와 이에야스는 자신의 영지를 수복하기도 전에 다른 무장들이 이마가와의 죽음을 틈타 자신을 공격해올 것을 염려했다. 그 염려 요소 중에는 승기를 잡은 오다 노부나가의 거병도 포함돼 있었다. 그런 노부나가가 불가침 동맹을 제안해온 것이었다. 사방이 적으로 둘러싸인 지금, 당분간 힘을 축적하려면 누군가와 손을 잡기는 잡아야 했다. 가신들의 갑론을박이 이어졌다.

노부나가와의 동맹 회담은 표면적으로는 대등한 것이지만, 노부나가가 자신이 머무는 기후 성에서 회담을 하자는 것 자체가 이에야스로서는 자존심 상하는 일이었다. 동맹이 아니라 협박에 가까운 제안이었다. 가신들의 반대는 이 지점에서 명분이 있었다. 그렇지만 현재의 이에야스에게는 스스로 바로 설 때까지의 시간이 절실히 필요했다. 그나마 누가 믿을 만한가. 마침내 이에야스는 몸을 일으켜 노부나가에게 가기로 결정한다. 어린 시절, 혹독한 가르침을 받았던 그 기억 속의 사내를 다시 한번 만나보겠다.

반면 노부나가의 처지에서는 오겠다는 답변만으로 안심할 일도 아니었다. 배신이 난무하는 시절인 만큼 동맹을 거절한다면 상대를 살려서 보낼 수 없다. 노부나가는 동맹 회담이 벌어질 회견실을 둘러싼 방에 50명, 이에야스가 대동할 가신들이 머무르게 될 방 주변에도 200명의 무사를 배치하라고 명했다. 도쿠가와 이에야스는 어떤 답을 할 것인가. 그가 동맹을 거부할 경우 자신이 들고 있던 부채를 펴는 것을 신호로 모두 죽이라고 명령해둔 상태였다. 부채를 쥔 손에 힘이 들어갔다.

이윽고 노부나가와 이에야스 두 사람이 마주앉았다. 주변 가신들의 눈에도 긴장이 역력했다. 덕담을 몇 마디 나눈 뒤 오다 노부나가 쪽에서 먼저 입을 열었다.

"그런데 도쿠가와 님도 참 용기가 가상하십니다. 내 영지에 속하는 요새들을 차지하고도 제안에 응하시다니 말이지요."

싸움에 유리한 때와 장소를 확보한다. 노부나가에게는 그것이 가장 중요했다. 지금 이에야스는 손안의 새와 같다. 방패가 필요해서이긴 하지만, 무릇 협상이란 상대방의 약점을 나의 강점으로 만드는 것이다. 이에야스도 힘을 쌓기 위해서는 당분간 시간을 확보할 수 있는 보호막이 필요하다. 그 보호막을 쳐준 대가로 잃었던 땅도 되찾는 것이다. 하지만 이에야스는 이렇게 받아쳤다.

"그 땅은 선친 때부터 저희 가문의 영지였으나, 잠시 그 주인을 잃고 여러 사람의 손을 탄 것이지요. 그러니 다시 내드릴 까닭은 없습니다."

어리게만 봤던 이에야스도 이제 스물이 넘어 어른이 된 것인가. 나이만 어른이 된 게 아니라 무리를 이끄는 리더로서 보여야 할 바를 보일 때가 됐다는 것인가. 그렇다면 등 뒤를 받쳐줄 방패가 아니라 목덜미를 향해 날아올 창이 될지도 모를 일이 아닌가. 오다 노부나가의 부채를 든 손이 좌우로 허우적거리며 부챗살을 펼 공간, 빈틈을 노리고 있었다. 그때였다. 도쿠가와 이에야스가 손에 들고 있던 부채를 무릎 앞에 공손히 내려놓고는 이렇게 말하는 것이었다.

말과 칼

"앞으로 평생 노부나가 님 앞에서 이 부채를 펴는 일은 없을 것입니다."

자신의 목을 노리는 창이 되는 일은 절대로 없을 것이라는 선언. 부챗살이 춤출 공간을 정적과 경직이 빠르게 파고들었다. 노부나가가 마침내 파안대소로 그 정적을 깼다.

그렇게 둘 사이에 동맹이 성사됐다. 이날 노부나가는 이에야스에게 또한 이렇게 말했다.

"도쿠가와 님은 스루가(駿河)로부터 동쪽으로 나아가시지요. 나는 서쪽을 공략하겠소이다."

이 말은 암묵적으로 이에야스에게 "천하에 뜻을 두지 마라, 교토가 있는 서쪽은 내가 맡겠다"는 선포였다. 이때부터 노부나가는 안심하고 서쪽으로 나아갈 준비를 할 수 있게 된다. 그의 나이 벌써 서른이 다 돼가고 있었다. 갈 길은 멀고 시간은 많지 않았다. 다른 무장들이 가지 못한 길, 천하를 통일하겠다는 데 한 치의 의혹도 없었던 이 사내는 승리하는 구조를 만들기 위해 늘 고민했다. 전쟁은 싸워서 이기는 게 아니라 이겨놓고 싸우는 것이다. 오다 노부나가는 그 새로운 전쟁의 양상을 위해 남다른 조치를 취했다.

노부나가가 상대할 전국 시대의 이른바 센고쿠 다이묘(戰国大名)는 자신의 힘으로 다이묘(大名)의 자리에 오른 자들로서, 중앙에서 파견된 무로마치 막부 시절의 슈고 다이묘(守護大名)와는 근본적으로 다른 이들이었다. 센고쿠 다이묘들은 전란을 틈타 지방 권력을 무력으로 흡수해 일국의 지도자가 된 인물들이었다. 절대 권력의 분열 속에서 독자적으로 세력을 확보한 그들의 목표는 단지 자기 영토의 번영과 평화였다. 자신이 통치하는 지역을 지킨다는 명분이 주변 지역의 위협을 제거한다는 명분으로 확대됐고, 그 결과 역설적이게도 평화와는 거리가 먼 전란이 계속된 것이다.

오다 노부나가는 이 판도를 바꾸고 싶었다. 적당한 세력의 고만고만한 센고쿠 다이묘들이 존재하는 한 이 세상에 평화는 오지 않을 터였다. 그 생각은 압도적인 무력을 확보한 누군가가 나타나서야 비로소 종식될 것이라는 확신으로 이어졌다. 더불어 그 누군가는 다름 아닌 노부나가 자신이어야 한다는 것에 대해서도 확신했다.

그렇다면 작은 권력에 안수하며 서로 으르렁거리는 저들을 압도하려면 무엇이 필요한가. 그의 고민은 늘 그것에 초점이 맞춰져 있었다. 적당한 억지력으로 기존 체제를 유지하려고만 하는 이들을 한 번에 제압할 수 있으려면 어떻게 해야 하는가.

무엇보다 군대를 운영하기 위한 경제적 토대를 최대한 빨리 구축하는 것이 급선무였다. 그와 더불어 적과 싸워 이기려면 무엇보다 적을 잘 아는 것이 중요하다고 판단했다. 돈과 정보가 흐르는 땅을 만들어야 했다. 당시 다이묘들은 자신들의 영지에서 이뤄지는 모든 상거래를 제한하고 있었다. 상인들이 자유롭게 영지에 드나들 수 없었고, 다이묘들과의 이해관계에 따라 아예 접근 자체가 봉쇄되는 경우도 많았다.

다이묘들이 상인의 출입을 제한했던 가장 큰 이유는 '정보 유출' 가능성 때문이었다. 상인들의 출입을 자유롭게 허용할 경우 자신들이 보유한 군사력과 경제력 규모가 적대적인 다이묘들에게 알려질 수 있고, 그렇게 되면 전쟁에서 크게 불리해질 것이기 때문이었다. 그래서 다이묘들은 자신의 영지에서 거래할 수 있는 상인들의 수를 제한했고, 관문을 설치해 이들의 이동과 출입을 엄격히 통제했다.

그런데 오다 노부나가는 기존 다이묘들이 우려했던 정보의 흐름을 전혀 다른 시각에서 바라봤다. 만약 상거래를 자유롭게 허용한다면 전국 각지에서 상인들이 몰려들 것이고, 그 과정에서 전국의 모든 다이묘들에 대한 정보가 흘러 들어올 것이라고 생각했다. 수비를 원하는 다른 다이묘들은 자신의 정보를 '보호'하는 게 목적이었지만, 천하를 원하는 노부나가에게는 그들의 정보를 '확보'하는 것이 목적이었다. 더욱이 주변국 정보뿐만 아니라 일본 전체의 정보가 있어야 제대로 된 큰 그림을 그릴 수 있을 것이었다.

이런 이유로 노부나가가 시행했던 주요 경제 정책이 앞서 언급한 라쿠이치라쿠자와 같은 자유 시장 운영과 관문 개방이었다. 역시 그가 생각했던 것처럼 시장 개방은 다양하고 풍부한 고급 정보를 얻을 수 있는 매개체 역할을 하게 됐다. 상거래는 삽시간에 폭발적으로 늘었고 이를 통해 노부나가는 부의 축적과 정보 수집이라는 두 마리 토끼를 잡을 수 있었다. 포르투갈인과 그들의 종교에 대한 관용 또한 막대한 부와 세계에 대한 정보를 가져다줬음은 물론이다.

시장 개방과 함께 노부나가는 금·은 광산을 개발하고 이를 적극 이용했다. 단기적으로는 전쟁 수행에 따른 군사력 확보, 장기적으로는 통일 이후의 국가 경영에 필요한 경제력 확보가 그 목적이었다. 경제적 부가가치를 지속적으로 창출할 수 있는 생산성 기반의 구축과 경영을 시도한 것이라고 볼 수 있다.

또한 노부나가는 도로나 교량과 같은 사회 하부 구조의 정비도 추진했다. 그는 이를 통합된 국가 체제 구축을 위한 필수 사업으로 인식하고 있었다. 즉, 도로와 교량 정비를 통해 신속하게 군대를 이동시킬 수 있을 뿐 아니라, 전국적인 상거래망을 구축할 수 있다는 것이 노부나가의 기본적인 생각이었다. 이 밖에 노부나가는 화폐 주조도 함께 추진했다.

당시 일본에서 경제 발전을 저해한 가장 큰 요인은 '장원(莊園)'이라고 부르는 칸막이로 경제권이 분리됐다는 데 있었다. 상인들은 장원 경계선을 넘어설 때마다 각기 다른 법과 제도를 만나야 했고, 초소를 지날 때마다 통행료를 지불해야 했다. 이런 측면에서 보면 대제국을 통해 하나의 법률과 제도 및 사통팔달의 도로망을 갖추고 있던 로마 제국의 멸망 이후 중세에 로마 때의 번영이 다시 구현되지 못한 까닭도 이와 같은 이유에서 찾을 수 있다. 유럽에서 가장 변방에 있던 영국이 최초의 근대적 경제 대국으로 떠오르게 된 것도 중세 중·후기에 걸쳐 공급을 자극할 만한 힘, 다시 말해 내부적으로 통일된 시장을 가질 수 있었기 때문이다. 어쨌든 이런 통찰이 전국 시대의 오다 노부나가에게 있었다.

그는 영토를 확장할 때마다 시장 확장과 정보의 유통 경로 확장을 꾀했다. 일반적으로 알려진 것처럼 노부나가는 전국 시대에 무엇인가를 처음으로 시도한 다이묘는 아니었다. 사실 그가 가장 먼저 시도한 것은 거의 없다고 봐도 무방하다. 다만 그는 누구보다 빠르게 변화의 의미를 제대로 읽고 받아들였다. 그가 새로운 병기와 병법을 도입하게 되는 것도 바로 이와 같은 정보 우위에 근거한 게 많았고 그렇기에 자연스러웠다. 잘한다는 것은 힘들이지 않고 쉽게 한다는 뜻이다. 그것이 열심히 하는 사람과 잘하는 사람의 차이다. 전국 시대 전체를 통틀어 노부나가만큼 그것을 온몸으로 증명한 인물은 없었다.

노부나가는 아버지가 구축한 막대한 재력을 바탕으로 당시 최신 무기인 조총을 대량으로 구입하고자 사카이를 방문했지만, 상인들은 자신들과 마음이 맞는 다이묘들에게만 조총을 대주고 있었다. 돈으로도 안 되는 게 있었다. 그래도 어렵게 사들인 조총을 바탕으로 철포 부대를 운용했다. 그리고 마침내 1569년, 2만 5,000의 병력으로 사카이를 포위해 항복을 받아냄으로써 조총 공급 기지를 확보하는 데 성공한다.

무려 10년 동안 조총으로 새로운 싸움의 틀, 게임의 룰을 만들기 위해 노력한 결과였다. 자신이나 다른 누군가의 패배 속에서 그 원인을 찾고 마침내 게임의 룰을 새롭게 만드는 것, 노부나가가 항상 고심했던 부분이었다. 간혹 있었던 패전은 다음 승전을 위한 교과서 역할을 했다. 실패로부터 배울 수 있다면 그 또한 좋았다. 그가 다른 다이묘들과 달리 그렇게도 조총 확보에 열을 기울인 이유는 그만큼 조총에 대한 기대치가 높았기 때문이다.

그 다음으로 노부나가가 고심한 것은 용병술이었다. 당시 일본은 병농일치(兵農一致)의 사회였다. 말 그대로 병사가 곧 농민이고 농민이 곧 병사였다. 전쟁을 하다가도 손이 모자란 농번기에는 전쟁을 중지하고 고향으로 돌아가 농사를 지었다. 따라서 전쟁이란 농한기에만 가능한 것이었다. 하지만 농한기는 전쟁을 하기에 좋지 않은 시기이기도 했다. 효율적인 전투가 불가능했다. 그래서 노부나가는 병농분리를 통해 상비군을 운용했다.

병농분리를 실시한 것이 그가 처음은 아니었지만, 그는 사회적 조건이 형성됐을 때 어김없이 그것을 받아들여 자신의 힘으로 삼았을 뿐 아니라 그 효과를 극대화했다. 사회적 조건이란 이런 것이었다. 전쟁이 계속되자 힘든 농사를 팽개치고 떠돌이가 되거나 군대에 입대해 생계를 해결하고자 하는 이들이 나타났다. 군대에 있으면 기본적으로 의식주가 해결되는 것은 물론, 전쟁에서 이기기라도 한다면 전리품을 기대할 수도 있다. 그래서 원래 농민이었던 자들 중 아예 농사를 때려치우고 전쟁터만 쫓아다니는 사람들이 생겨났다. 노부나가는 이런 자들을 모아 직업 군인으로 만들었다. 집안의 장자에게는 농사를 맡기고 차남이나 삼남은 징발해서 직업 군인으로 복무하도록 하는 식이었다.

이 정책은 이후 도요토미 히데요시와 도쿠가와 이에야스에게도 계승됐으며, 에도(江戶) 막부 이후에는 오히려 신분 사회의 틀을 공고히 하는 데 활용됐다. 히데요시는 농민들의 이탈을 막기 위해 농토의 넓이와 수확량을 검사하는 '검지(檢地)'와 칼을 빼앗는 '도수령(刀收令)'을 내려 아예 무사와 농민을 분리시켰고 도쿠가와는 이를 제도화했다. 농민은 연공만 바칠 뿐 무사로 출세할 수 없도록 한 것이다.

신분의 차이를 넘어 두루 인재를 등용해 새 시대를 열고자 했던 노부나가의 이상이 그 뜻과 무관한 반동의 역사를 펼치는 수단으로 사용됐다는 점은 쓴웃음이 나오는 대목이다. 역시 사람들은 다른 것을 보며 다른 생각을 하는 것이 아니라, 같은 것을 보면서 다른 생각을 한다. 변화를 통해 새로운 체제를 만들려는 노부나가와 기존 체제를 안정시키려는 히데요시와 이에야스는, 같은 현상을 보고 다른 생각을 했던 것이다.

1567년 이나바(稻葉) 산성 전투에서 노부나가에 패한 사이토 타츠오키는 이세(伊勢) 지역으로 도망쳐 이후 두 번 다시 자신의 땅으로 돌아오지 못했다. 사이토 도산의 땅이 노부나가의 손에 들어왔다. 오다 가문의 50년에 걸친 노력이 결실을 본 순간이었다. 노부나가는 새롭게 점령한 이나바 산성으로 옮겨가면서 그 성의 이름을 '기후'로 명명했다. 이때 노부나가는 자신이 전국 시대를 끝내고 일본 통일의 주인공이 되려는 야망을 세상에 공표했다. 사실 장인이었던 도산도 교토에서 이 지역으로 와 "미노를 제압하는 자, 천하를 제압하리라"고 하면서 정착한 땅이 아니었던가. 미노 또한 지금의 기후 현 일대였다.

그는 장인의 땅을 정복한 뒤 '천하포무'를 새긴 인장을 사용하기 시작했다. "세상을 무력으로 덮겠다"는 뜻이었다. 자신의 힘으로 천하를 거머쥐겠다는 의지의 표명이었다. 또한 그가 이나바 산성의 이름을 '기후'로 고칠 때 '기(崎)'는 중국 주(周)나라의 발상지인 '기산(崎山)'에서 따온 것이고 '후(阜, 부)'는 공자의 탄생지인 '곡부(曲阜)'에서 가져온 것이었다. 하드웨어인 군사력만이 아니라 통일 일본을 이끌어갈 새로운 이념도 필요하다고 본 것이다.

오다 노부나가는 자신이 주재하는 성을 옮기면서 '기후'라 이름 붙이고 '천하포무' 인장을 사용해 문서에 날인했다. 그 모습을 지켜보던 가신들의 심정은 어땠을까? 그들 가운데 실제로 노부나가의 일본 통일이 실현 가능하다고 본 사람들이 몇 명이나 있었을까? 기후 성에 앉아 천하를 논하는 노부나가 앞에서 조아리던 가신들은 마음속으로 무슨 생각을 했을까?

주군이 망나니라는 생각에서 조금씩 벗어나게 해주는 그의 놀라운 전략과 무용을 확인하면서도, 천하를 손에 넣겠다는 소리를 늘어놓는 그를 보면 역시 진짜 망나니일지도 모른다는 생각에 혼란스러워 하지 않았을까? 태어난 곳을 단 한 번도 벗어나는 일 없이 죽는

천하포무 인

시대였다. 그런 시대에 겁도 없이 '천하인(天下人)'을 말하는 주군 때문에 제명에 죽지 못할 것을 걱정하고 있었다.

천하인은 막부의 쇼군을 일컫는 또 하나의 이름이다. 천황의 권위을 누르고 앉아 교토와 그 주변 지역을 직접 지배하면서 지방 다이묘등 사이의 분쟁을 조정하는 막부의 주인 '정이대장군'의 다른 이름, 그 '천하'를 언급하기 시작한 오다 노부나가.

노부나가에게 자신 이상의 권위와 권력을 가진 존재는 눈엣가시와 같았다. 그러나 아무리 강력한 군대를 보유한 노부나가라고 하더라도 힘으로만 해결할 수 없는 존재가 둘 있었다. 쇼군과 천황이었다. 그런데 이들 모두 군사력이라고 부를 만한 힘조차 갖고 있지 못했다. 그러므로 쇼군이든 천황이든 무력을 통해 그들을 세상에서 사라지게 만드는 것은 그리 어려운 일이 아니었다. 하지만 문제는 그 이후였다. 도대체 어떤 명분으로.

오다 노부나가 입장에서 다른 다이묘들을 추방하든 멸하든 간에 세상의 비난을 두려워할 이유는 없었다. 자신과 싸운 무장들은 동격의 다이묘이기 때문이다. 불교 세력도 그 타락상이 이미 널리 알려져 있던 터라 명분이 있었다.

그러나 쇼군과 천황은 달랐다. 정치적·군사적으로 무력하다고 해도 이들은 엄연히 우두머리다. 이를 넘어뜨리는 일은 불충과 반역이라는 커다란 오명을 덮어쓸 각오가 필요하고, 다른 이들의 관점에서 보면 "대역죄인 오다 노부나가를 척살한다"는 명분을 통해 반 노부나가 세력의 결속을 한층 강화시키는 결과가 될 것이었다.

반역자의 오명을 피하기 위해서는 그들을 넘어뜨리기 전에 그 이유를 만들어 그것을 세상에 납득시켜야 했다. 즉, 그들을 쓰러뜨리는 것이 바로 '정의'임을 입증할 근거가 필요했다. 더욱이 그때까지 일본에는 중국이나 우리나라에서는 있었던 역성(易姓) 혁명의 선례가 없었다.

노부나가는 기후를 기점으로 언제나 이 고민의 끈을 놓지 않았다. 주나라 무왕이 거병했던 '기산'에서 한 글자, 공자의 고향 '곡부'에서 한 글자를 따 '기후'라고 이름 지었을 때부터 그에게 천하를 갈무리할 사람은 오직 자신뿐이었다.

실력만이 지배하는 시대였다. 역성 혁명을 하려면 새 왕조의 창시

자가 우선적으로 해야 할 일인 자기정당화, 다시 말해 기존 왕조를 쓰러뜨리는 것이야말로 천명이고 정의임을 납득시켜야 했다. 일본은 지배의 정당성이 천황으로부터 주어졌다. 정이대장군이라든가 관백과 같은 지위가 바로 그런 정당성이었다.

그렇다고는 하나 권위는 천황으로부터 온다고 해도 지금의 쇼군은 어떤가. 바로 자신의 손으로 쇼군의 자리에 올려준 이가 아닌가. 그런 그가 나를 적대하고 있다. 각지의 센고쿠 다이묘들과 본원사를 중심으로 하는 불교 세력들이 그에 부화뇌동하고 있다.

노부나가의 적은 도처에 무수히 널려 있었다. 자신이 추구하는 새로운 시대의 새로운 시스템에 적응하지 못하거나 반대하는 자들은 죽일 수밖에 없었다. 그런데 그 반대 세력의 정점에 자신이 세운 쇼군 아시카가 요시아키가 있었다. 1568년 노부나가가 요시아키를 받들어 교토에 들어갔을 때부터 그의 생각은 한결같았다. 천하의 주인은 바로 나다. 요시아키는 천하를 얻기 위한 도구일 뿐이다. 기후성에서 아래를 내려다보며 노부나가는 깊은 고민에 빠졌다.

요시아키가 노부나가에게 무로마치 막부의 후쿠쇼군(副將軍)으로 취임할 것을 제안했지만 그는 이를 거절한다. 조만간 쇼군을 등져야 하는 처지에서 그 부관 격인 후쿠쇼군 직을 받아들이면 그의 행동은 바로 모반이요 역적이 되는 것이었다. 더욱이 쇼군은 오직 한 사람이지만 후쿠쇼군은 몇 명이라도 임명할 수 있었다. 장차 다케다 신겐이나 우에스기 겐신에게도 후쿠쇼군 직이 내려지지 않으리라는 보장이 없었다. 그렇게 되면 요시아키가 갈망하는 막부 부흥의 꿈이 이뤄질 수도 있는 것이다. 그런 수에 놀아날 까닭이 없었다. 그런 노부나가에 대해 쇼군 요시아키도 불안감을 느꼈다. 그저 자신을 이용할 생각뿐임을 깨달은 요시아키는 각지의 다이묘들에게 연락해 이른바 '노부나가 포위망'을 구축했다.

노부나가는 자리를 박차고 일어섰다. 1572년 10월, 뭔가를 해야 하는 때였다. 노부나가는 쇼군 요시아키에게 17개조에 달하는 명령 조의 조서를 보냈다. 4년 전인 1568년의 봄바람에 비하면 이 가을에 불어 닥친 바람은 겨울을 재촉하는 찬바람이었다. 더 이상 관계를 이어갈 마음이 없음을 드러낸 것이었다.

불꽃이 시그러지기 직진에 마지막 빛을 뿜어내듯 쇼군 요시아키는 사력을 다해 반 노부나가 전선을 형성하고자 애썼다. 그러나 주요 다이묘들이 아직 전선에 합류하지 않았고, 귀족과 토착 세력을 끌어안고 있던 불교 세력도 작년에 노부나가에게 크게 한방 얻어맞은 상태였다. 요시아키는 다케다 신겐에게 계속해서 거병을 요구했다. 하지만 신겐은 배후에 평생의 숙적인 우에스기 겐신이 있었기 때문에 섣불리 움직일 수 있는 상황이 아니었다.

그런데 1571년에 우에스기 겐신과 동맹을 맺었던 호조 우지야스(北条氏康)가 죽자 그 아들 호조 우지마사(北条氏政)가 다케다 신겐에게로 돌아섰다. 신겐으로서는 자신의 목덜미를 누르고 있던 겐신을 비로소 견제할 수 있게 됐다. 때마침 한 자매를 각자 아내로 맞아들

　　　　　　　　　　　　　　　말과 칼

인 인연으로 동서지간이던 본원사의 겐뇨가 배후의 적이 사라진 신겐에게 노부나가를 치라고 부추겼다.

　노부나가는 자신의 이를 조금씩 드러냄으로써 누가 친구고 누가 적인지를 분명히 하고자 했다. 그러던 중 1572년에 노부나가가 그린 그림 위로 한 줄기 번개가 쳤고, 그 짧은 섬광 속에서 피아가 분명해졌다. 폭풍우를 부를 전선이 명확해진 것이었다. 1572년 10월 3일, 마침내 다케다 신겐이 군사를 일으켜 3만의 병력을 이끌고 노부나가의 동맹인 도쿠가와 이에야스의 영지로 쳐들어갔다. 다케다 신겐은 '풍림화산(風林火山)'으로 우리에게 익숙하다. 풍림화산은《손자병법》의 이 문장에서 각각의 마지막 글자를 따온 것이다.

　其疾如風 其徐如林 侵掠如火 不動如山

　(기질여풍 기서여림 침략여화 부동여산)

　나아감에 바람과 같고, 머무름에 숲과 같고, 공격함에 불과 같고, 수비함에 산과 같다.

　천하에 뜻을 품고 군사를 일으킬 때 다케다 신겐은 이 문장을 군기(軍旗)로 삼았다. 기마 부대를 앞세워 돌파력과 기동력을 갖춘 다케다 부대에 어울리는 표현이기도 했다. 거친 말발굽 소리와 뿌연 흙먼지를 일으키며 다케다 신겐이 직접 이끄는 3만의 군대가 도쿠가

다케다 신겐 동상(일본 야마나시 소재)

와의 영지를 짓밟고 있던 그때, 노부나가도 정신이 없기는 매한가지였다. 치밀했던 신겐은 사전에 노부나가와 대치하고 있던 아사쿠라 요시카게와 아자이 나가마사에게도 사자를 보내 노부나가를 묶어두도록 하고 나서야 출정한 것이었다.

다다라이(只来) 성을 함락시킨 선봉 부대는 요충지 후타마타(二俣) 성을 포위했고, 신겐이 이끄는 본진도 후타마타 성으로 진군해 항복을 요구했다. 그러나 후타마타 성의 수비병은 1,200명에 불과했지만 항복을 거부했고, 이에 10월 18일부터 다케다 군이 총공격을 개시해 12월 9일에 결국 구명을 조건으로 항복을 받아냈다. 두 달이 넘도록 노부나가의 원병은 도착하지 못했는데, 아자이-아사쿠라 연합군 및 사찰 세력들을 상대로 숨 가쁜 시간을 보내고 있었기 때문이다.

후타마타 성 함락 직전 노부나가의 원군 3,000명이 도착해 도쿠가와 군사가 1만 1,000여 명으로 늘었지만, 여전히 다케다 병력과 차이가 컸기 때문에 도쿠가와 이에야스는 다케다 군이 본성인 하마마츠(浜松) 성을 노릴 것이라 예상하고 농성을 준비한다. 그런데 다케다 군은 12월 22일 후타마타 성에서 출발해 평야 지대를 지나 하마마츠 성을 그냥 지나친 뒤 미카타가하라(三方原)를 통과하려고 했다. 이 사실을 알게 된 이에야스는 일부 가신들의 반대에도 불구하고 미카타가하라에서 다케다 군과 맞붙기로 결정하고는 하마마츠 성을 나오게 된다.

이미 다케다 군은 진을 치고 도쿠가와 군에 맞설 만반의 준비를 하고 있었다. 이윽고 전투가 시작됐다. 다케다 군에 모든 면에서 밀렸던 도쿠가와 군은 불과 2시간 만에 막대한 피해를 입고 후퇴했다. 이때 다케다 군의 사상자는 겨우 200여 명에 불과했으나 도쿠가와 군은 유력 무장들을 포함해 무려 2,000여 명의 사상자가 발생했다. 참패였다.

전투 결과도 그렇지만 미카타가하라 전투는 다케다 신겐이 펼친 전략의 승리였다고 할 수 있다. 아자이-아사쿠라 연합군과의 전투에 여념이 없었던 노부나가는 이에야스 쪽에 원군을 보내면서 "절대로 맞서 싸우지 말고 농성할 것"을 지시했다. 아무리 힘들어도 버티고만 있으면 곧 군사를 돌려 다케다 신겐과 제대로 된 일전을 벌일 수 있으리라고 생각했다. 그런데 그런 노부나가의 생각을 신겐이 간파해버렸다. 신겐은 어떻게 해서든 성 안에 웅크리고 있는 이에야스를 밖으로 끄집어내야 했다. 그래서 농성을 하고 있는 하마마츠 성을 그대로 지나쳐 호리에(堀江) 성을 치려는 척 거짓 전술을 구사했던 것이다.

하마마츠 성에서 농성 중인 도쿠가와 군과 시간을 끌다 보면 노부나가의 원군이 오고 만다. 그렇게 되면 승리를 장담할 수 없다. 어떤 식으로든 수적 우세를 유지하고 있는 지금 승부를 내야 했다. 하지만 도쿠가와 이에야스는 하마마츠 성을 우회하는 신겐을 보고는 오판을 하고 만다. 그는 신겐이 노부나가와의 일전을 앞두고 전력 훼손을 막고자 우회하는 것이라고 판단했다. 더욱이 자신을 우습게 보는 신겐에 분노했다. 결국 이에야스는 덥석 미끼를 물었고 정확히 덫에 걸려들었다.

해를 넘겨 봄이 올 때까지만 버텨보라는 노부나가의 바람은 물거품이 됐다. 몇 달은커녕 고작 2시간 만에 이에야스는 자신이 이룬 많은 것들을 날려버렸다. 그나마 살아남을 수 있었던 것은 포위망을 형성하고 있던 다케다 군에 퇴각을 알리는 북소리가 울리면서 길이 열린 덕분이었다. 다만 그 북소리가 한 사람에게는 삶을, 한 사람에게는 죽음을 알리는 것이었음을 그때의 이에야스로서는 알 길이 없

말과 칼

었다.

그렇게 시간이 지나 1573년이 밝았다. 노부나가 나이 마흔이 됐다. 인생 50년을 노래하던 그에게 마흔 살은 특별한 의미로 다가왔을 것이다. 다케다 신겐과의 일전을 기다리던 그는 2월에는 포르투갈 가톨릭 선교사의 청을 받아들여 예수회 신학교 설립을 흔쾌히 허락한다. 만약 그가 살아남아 일본의 통일을 완성했다면 그리스도교 세계는 콘스탄티누스 1세에게 그랬듯 오다 노부나가에게도 '대제(大帝)'의 칭호를 아끼지 않았을 것이다.

노부나가는 전국 시대 다이묘들 중 가톨릭을 적극적으로 지원한 인물이었다. 그는 불교 세력을 견제하고 서구 문물을 받아들이기 위해 자신의 영지에 교회를 세우도록 승인하고 지원했다. 상상력을 좀 더 보태면 임진왜란보다 더 이전에 노부나가가 전국 시대를 끝냈다면 우리는 선교사를 앞세운 포르투갈이나 에스파냐 군대의 극동 출현을 보고야 말았을 것이다. 에스파냐가 남아메리카의 아즈텍(Aztec) 문명은 1521년, 잉카(Inca) 제국은 1532년에 멸망시켰고, 포르투갈의 경우 중국의 마카오 영토를 조차(租借)한 때가 1557년이었으니 말이다.

그러나 어쨌든 실제 역사의 흐름을 보면 도요토미 히데요시와 그 뒤를 이은 도쿠가와 이에야스는 오다 노부나가의 정신 세계를 이해하지 못했고, 안으로만 파고드는 쇄국 정책으로 당시 급성장하던 가톨릭 세력을 거세게 탄압했다. 기득권을 해체하고 새로운 질서를 세우려는 자와 이미 기득권이 된 이의 차이였을까? 그 후로도 오랫동안 오늘날까지도 일본에서는 그리스도교 세계의 표현을 빌리자면 '영혼의 어두운 밤'이 계속되고 있다. 현재 일본의 그리스도교 인구는 0.4퍼센트에 불과하다.

한편 노부나가는 계속해서 군비를 강화했다. 전체 병력의 3분의 1인 5만 8,000명의 군세와 3,000정의 조총을 다케다 신겐과의 전투를 위해 동쪽에 배치했다. 그가 그토록 조총에 집착했던 이유가 1575년 나가시노 전투에서 밝혀질 터였다. 그보다 노부나가의 판단을 흐리는 것은 미카타가하라 전투의 대승에도 불구하고 전혀 움직임이 없는 다케다 신겐이었다. 도쿠가와 이에야스를 죽음 직전으로 몰아간 상황에서 갑자기 군대를 물린 것도 이해가 되지 않았지만, 무슨 연유에서인지 그 이후로도 아무런 움직임이 없었던 것이다.

하지만 그럴 수밖에 없던 이유가 있었다. 그때 다케다 신겐은 지병이 악화돼 삶과 죽음의 기로에서 자기 자신과 힘겨운 싸움을 하고 있었다. 크게 내딛은 발자국이 굳기도 전에 신겐은 마침내 병마에 무릎을 꿇고 만다. 노부나가는 이 사실을 나중에야 알았지만, 300여 명의 다이묘들 가운데 다케다 신겐의 적수는 오직 자신뿐이라며 일전을 준비하고 있던 그에게는 더없이 다행스러운 일이었다. 1573년 4월 12일, 신겐은 자신의 죽음을 3년 동안 알리지 말 것과 후사를 넷째 아들 다케다 카츠요리에게 맡긴다는 유언을 남기고 쉰셋의 삶을 마감한다.

4월 15일, 신겐의 죽음을 알 리 없는 노부나가에게 난데없이 다케다 대군이 철수했다는 소식이 전해진다. 이 느닷없는 철군은 민감한 이들의 촉수를 자극하기에 충분했다. 수많은 세작들의 움직임은 3년 동안 자신의 죽음을 알리지 말라고 했던 노장의 바람을 그저 바람으로만 끝냈다. 신겐의 죽음을 가장 먼저 눈치 채고 몸과 마음이 바빠진 쪽은 노부나가 포위망 세력이었다. 구심점을 잃은 아사쿠라 군대가 5월 9일 본거지로 철수한다. 5월 12일에는 노부나가도 세작을 통해 신겐의 죽음을 확인한다. 극도의 긴장에서 벗어난 노부나가는 사흘 밤낮을 잠만 잤다고 전해진다.

사흘을 자고 일어난 노부나가는 이제 한결 움직임이 부드러워진 주변 정세를 이용해 아시카가 요시아키의 숨통을 끊기로 결심한다. 7월 5일, 쇼군 요시아키는 애석하게 죽어버린 다케다 신겐 대신 모리 테루모토에게 의탁해 거병하지만 결국 또 다시 니조(二條) 성에 갇혀 농성하는 신세가 된다. 남의 힘에 의존하는 한 절대로 천하를 손에 넣을 수 없다는 사실을 노부나가는 알았으나 요시아키는 몰랐다는 것이 역사에서의 승부를 가른 게 아닐까?

노부나가는 교토에 불을 질렀다. 화마 속에서 목숨에 연연해하는 조정 대신들이 기꺼이 요시아키로부터 등을 돌렸다. 총공격을 앞두고 요시아키는 죽음을 각오했지만 노부나가로서는 쇼군을 죽였다는 오명을 뒤집어쓸 이유가 없었다. 그는 자신에게 해가 되는 존재는 철저히 응징했다. 그런데 이제 요시아키는 더 이상 자신에게 위해가 되지 못했다. 그렇다면 무해한 존재는 그냥 놔두면 되는 것이었다.

1573년 7월 18일, 237년을 이어온 무로마치 막부는 제15대 쇼군 아시카가 요시아키의 항복과 추방으로 막을 내리게 된다. 사이토 도산의 가신이었다가 아시카가 요시아키의 가신이 되고, 또 다시 노부나가의 가신이 된 아케치 미츠히데는 한때 자신이 모시던 주군의 몰락을 그렇게 지켜보고 있었다.

7월 28일, 오기마치 천황은 노부나가의 요청을 받아들여 연호를 겐키(元龜)에서 덴쇼(天正)로 바꾼다. 노부나가 정권이 탄생했음을 인정한 셈이었다. 천황을 비롯한 황실 일가는 자신들의 처지를 비관하며 분노에 치를 떨었을 것이다.

그러나 연호까지 비꾸며 세상에 자신의 존재를 알리는 데 성공한 노부나가였지만, 권력을 얻는 것과 사람을 얻는 것은 다른 문제였다. 더욱이 그는 사람을 달래는 성격이 아니었다. 막부는 무너졌어도 한 번 노부나가에게 적의를 품은 이들은 쉽게 고개를 숙이지 않았다. 힘 대 힘의 싸움은 어느 한쪽이 무너져야만 안정을 찾을 수 있는 법이다.

과거에 노부나가는 사이토 도산의 손자 타츠오키와의 교착 상태에서 벗어나고자 아자이 가문에 동맹을 제안했었다. 아자이 가문으로서는 유리한 조건의 동맹이었지만, 크게 논쟁이 벌어질 만큼 문제가 됐던 까닭은 아자이 가문과 대대로 동맹 관계였던 아사쿠라 가문이 오다 노부나가와 사이가 좋지 않다는 데 있었다. 여러 가지로 골

말과 칼

치 아픈 제안이 아닐 수 없었다. 이를 알고 있던 노부나가는 "오다 가문은 아사쿠라를 공격하지 않을 것이며, 만약 싸우게 되면 사전에 아자이 가문에 알리겠다"는 약속과 더불어 자신의 여동생 오이치(お市)를 아자이 나가마사에게 시집보내면서 혼인 동맹을 체결했다.

하지만 봄날은 그리 오래가지 않았다. 1570년 노부나가가 도쿠가와 이에야스과 함께 아사쿠라 영지의 여러 성을 공격한 것이다. 아사쿠라 가문과의 동맹 관계를 중시한 아자이 가문은 오다−도쿠가와 연합군을 뒤에서 급습했고 노부나가는 겨우 목숨만을 건질 수 있었다. 이것이 이미 언급한 '가네가사키 퇴각전'이다.

앞서 나는 아자이가 노부나가를 배신했다고 기술하면서 그 배경을 설명했다. 그런데 여기서는 반대로 노부나가가 아자이를 배신했다고 설명하려고 한다. 노부나가가 매제인 나가마사를 믿고 아사쿠라 가문에 대한 공격을 감행했다가 결국 그가 아사쿠라 가문을 도우면서 노부나가가 곤경에 처해지만, 동맹 조건을 두고 본다면 엄연히 아사쿠라를 공격하고 그 사실 또한 알리지 않은 노부나가가 배신을 한 것이 틀림없다.

노부나가는 왜 그랬을까? 자신의 영지에 만족하고 머무르자 했던 나가마사와는 달리 노부나가는 천하포무의 꿈을 향해 달리는 영혼이었다. 노부나가에게는 교토와 그 주변을 자신에 손에 넣어야 한다는 분명한 목표가 있었다. 베고 갈 것이냐 달래고 갈 것이냐는 차후의 일이고, 일단은 가야 했다. 그렇기 때문에 그 동맹은 태생적으로 한계가 있었다.

"오다 가문은 아사쿠라를 공격하지 않을 것이며, 만약 싸우게 되면 사전에 아자이 가문에 알리겠다."

논리적으로 이율배반인 문장이 아닐 수 없다. 오다 노부나가는 아사쿠라 가문을 공격하지 않겠다는 약속에 대해 반신반의하는 아자이 나가마사를 안심시켜야 했다. 그러려면 "아사쿠라를 공격하지 않겠다"는 말로 끝내야 했다. 그런데 뒤에 "만약 싸우게 되면 사전에 아자이 가문에 알리겠다"는 말이 추가됐다. 게다가 이 조건은 동맹이 유지되는 동안에만 유효하다. 유효 기간이 있는 계약이 아닌 바에야 이런 식의 동맹은 언제나 먼저 파기하는 쪽의 논리를 담는 그릇에 불과한 것이다.

난세의 영웅들은 어쩔 수 없는 것인가. 내가 세상을 버릴지언정 세상이 나를 버리게 하지는 않겠다는 정신을 노부나가는 동맹을 맺을 때마다 드러냈다. 그 후 4년 동안 아자이-아사쿠라 연합은 쇼군 요시아키와 결탁해 무던히도 노부나가의 애를 먹이는 존재가 됐다.

비록 뜻이 있어 동맹을 파기했더라도 미안한 마음이 남아 있었을지 모를 노부나가였지만, 매제가 요시아키와 한패가 되어 자신에게 대드는 것은 용납할 수 없는 일이었을 것이다. 그것만큼은 약속을 어긴 자신의 '행동'을 질책하는 데 그치는 게 아닌, 자신이 약속을 어길 수밖에 없던 '뜻'을 가로막는 것이기 때문이다. 더구나 아끼던 매제와 자신의 사이를 갈라놓게 만든 장본인인 아사쿠라 요시카게는 절대로 용서할 수 없는 인물이었다. 노부나가의 분노는 바람을 만난 들불이 되어 아자이-아사쿠라를 향해 번져가고 있었다.

1573년 8월 8일, 아자이 쪽 가신인 아츠지 사다유키(阿閉貞征)를 회유하는 데 성공한 노부나가는 직접 3만 명의 군대를 이끌고 아자이 가문을 공격했다. 아자이 나가마사는 아사쿠라 요시카게에게 원군을 요청해 2만의 병력을 확보했지만, 노부나가의 압도적 군세에 밀려 영지 북부의 여러 성을 빼앗겼다. 노부나가는 군사를 돌려 아사쿠라를 추격해 8월 19일에는 이치죠다니(一乘谷) 성을 공략했다. 공세를 피해 현송사(賢松寺)로 피신한 아사쿠라는 일족의 배신으로 결국 할복해 죽었다.

이어 노부나가는 다시 아자이 나가마사의 본성인 오다니(小谷) 성을 공략했다. 나가마사는 변변한 반격도 하지 못하고 이내 포위됐다. 그렇지만 노부가나는 단번에 진격하지 않고 여러 차례에 걸쳐 항복을 권고했다. 아끼던 여동생의 남편이자 자신을 흠모해 그 이름도 바꾼 매제에게 기회를 주고 싶었던 것이다. 그러나 나가마사는 끝내 항복하지 않았다. 그렇게 사내들은 그 시대 사내들의 방식으로 과거의 인연을 끊었다.

1573년 8월 27일, 나가마사 또한 할복하고 죽었다. 향년 스물아홉이었다. 이로써 아자이 가문도 멸망했다. 일반적으로 무장의 당당한 죽음은 적장으로부터도 대우를 받는 법이었다. 하지만 노부나가는 요시카게를 비롯한 이들 세 사람의 죽음을 명예롭게 해줄 생각조차 없었던 것 같다. 이들의 두개골에 금칠을 해서 술잔을 만들어 사용했다. 죽은 이들에게는 엄청난 치욕이었고, 노부나가의 가신들과 도쿠가와 이에야스에게는 커다란 경고가 됐다. 이 노부나가의 눈 밖에 나면 죽는다.

1574년에도 노부나가에게는 말안장에서 내릴 틈이 없었다. 지난 1573년 10월 28일, 본원사의 겐뇨가 오다 노부나가를 법적(法敵)으로 규정하고 그와 싸우지 않는 신도는 파문하겠다고 선포했다. 겐뇨의 무리들이 본격적으로 봉기해 노부나가에게 반기를 든 것이었다. 겐뇨와 함께 이번에는 동쪽의 다케다 카츠요리도 일어섰다. 노부나가는 나가시마에 총공격을 퍼부었다. 신앙으로 뭉친 종교 집단에는 그들의 신앙을 넘어서는 공포를 맛보게 하지 못하면 승리할 수 없다고 믿은 노부나가는, 죽어가는 신도들이 아니라 살아남은 나머지 신도들이 바람결에 들려온 소문에 공포를 느끼게 하기 위해 최대한 잔인한 살육전을 펼쳤다. 베고, 죽이고, 불태워라. 저승의 무간지옥을 두려워할 것이 아니라, 노부나가에게 대적하다가 맞이할 이승의 살육지옥을 두려워하게 하라.

분위기의 대반전을 이뤄내는 데 성공한 오다 노부나가는 몸을 돌려 이번에는 다케다 카츠요리를 노렸다. 노부나가가 몸을 뺄 수 없는 상황에서 여러 지성을 점령한 뒤 요충지 나가시노 성을 공략하고자 다케다 카츠요리가 군사를 거느리고 나타난 때는 1575년 4월 21일이었다.

노부나가가 또한 수비 병력을 기후에 남겨둔 채 3만의 병력을 직접 이끌고 나가시노로 향했다. 도쿠가와 이에야스의 군세는 8,000으로 도합 3만 8,000의 병력이었지만, 보병 부대만으로는 카츠요리가 이끄는 기마 부대 1만 8,000을 상대하기에는 충분치 않았다. 바야흐로 일본 전쟁사에 빛나는 나가시노 전투가 시작되려는 순간이었다.

오다 노부나가는 예하 부대장들에게 동원할 수 있는 최대한의 조총을 모아오라고 지시했다. 그렇게 약 3,000정이 모였다. 노부나가는 3,000명의 조총 부대 외 장창 부대에는 모두 통나무를 준비하도록 명하고 조총 부대로 하여금 전후를 호위하도록 해서 나가시노로 행군했다.

1575년 5월 21일, 나가시노 성 앞의 평원 시타라가하라(設楽原)에서 양측 군대가 진을 맞댔다. 지난 5월 18일 나가시노에 도착한 노부나가는 통나무를 운반한 장창 부대에 명령해 마방책(馬防柵)을 설치했다. 빗물에 적당히 물러진 땅은 말뚝을 박기에 좋았다.

기마 부대의 진격을 막아낼 마방책이 늘어서는 모습을 젊은 카츠요리는 멀리서 바라보면서 비웃었다. 백전불패의 기마 부대를 겨우 통나무 따위로 막으려는 노부나가의 전술이 우스웠다. 당장이라도 짓밟아주고 싶었지만, 지금처럼 비가 내리는 땅에서는 발이 빠져 말이 넘어질 수도 있었다. 카츠요리는 어서 비가 멎어주기를 바랐다. 뽀송뽀송한 땅 위에서 엄청난 굉음과 흙먼지를 일으키는 천하무적 기마 부대의 위용을 과시하기 위해서라도 비는 멈춰야 했다. 비가 멈춰야 한다는 생각은 노부나가 쪽도 마찬가지였다. 비에 젖은 조총은 무용지물이기 때문이었다. 어쨌든 비는 멎어야 했다.

비가 그쳤다. 1575년 5월 21일 새벽 6시, 모처럼 햇살이 내렸다. 다케다 카츠요리는 1만 5,000의 기마 부대를 모두 5단으로 나눠서 각각 3,000기씩 배치했다. 곧 공격을 알리는 북소리와 함께 거세게 몰아붙일 것이었다.

그에 대비해 노부나가는 3,000의 조총 부대를 마방책 후방에 3단으로 배치했다. 1열이 쏘고 나면 준비하고 있던 2열이 앞으로 나아가 쏘고, 이어 3열이 이를 받음으로써 중단 없는 사격을 통해 기마 부대를 전멸시킨다는 계획이었다.

카츠요리 군영에서 북소리가 울려 퍼졌다. 장장 9시간에 걸친 나가시노 전투의 서막이었다. 사격 개시. 기마 부대의 제1열이 무너졌다. 카츠요리는 개의치 않았다. 원래 1열과 2열은 그런 것이다. 그렇게 거리를 좁혀 다음 사격을 위해 장전하는 사이 휩쓸어버리면 싸움은 끝이다. 익숙한 순서대로 쓰러지는 군사와 말의 비명을 카츠요리는 승리의 휘파람소리로 들었다.

그러나 기마 부대는 좀처럼 가까이 다가가지 못했다. 장전을 하고 있어야 마땅한 순간에 다시 총탄이 날아왔다. 사격 소리가 끊이지를 않았다. 한두 발 쏘고 장전하다가 돌파당해 죽거나 뒤로 물러나야 했던 기존 조총 부대의 양상을 노부나가가 바꿔놓았기 때문이었다. 충분히 확보된 물량 덕분에 3열로 배치된 조총은 단발총이 아니라 연발총이 됐고, 그전까지 기동력과 돌파력을 대표하던 기마 부대는 너무 느린 존재가 돼버렸다.

카츠요리의 기마 부대는 결국 궤멸되고 말았다. 8시간의 전투 동안 카츠요리 군 절반 이상이 죽었다. 반면 노부나가 군의 피해는 전무했다. 희망이 사라진 뒤 찾아오는 절망감, 부하들의 연이은 죽음을 확인한 카츠요리는 잔병들을 모두 모아 마지막 총공격을 감행하기로 결심했다. 어차피 여기가 끝이라고 여겼다. '어차피'라는 단어가 주는 그림자는 이처럼 어처구니없을 때가 많다. 어차피 도망갈 곳 없는 이들은 배를 가르는 데 주저함이 없고, 어차피 죽으리라고 생각한 이들에게 새로운 용기가 생기기도 하는 법이겠지만, 그 '어차피'가 이미 결과를 정해두고 두는 악수(惡手)임을 단어 자체에서 드러내고 있었다. 그렇게 모든 병력이 소진됐다. 1만 8,000명의 움직임이 멈춘 시각은 오후 3시경이었다.

전사 1만 2,000명, 부상 4,000명, 실종 2,000명, 그렇게 1만 8,000의 숫자가 모두 채워졌다. 카츠요리는 죽은 가신들의 죽음을 헛되게 해서는 안 된다는 이유로 살아서 돌아갔다. 하지만 7년 뒤인 1582년, 다케다 가문의 당주 카츠요리는 의형제의 배신으로 자결하고 만다. 향년 서른일곱이었다. 의리란 무엇인가. 가신들이 지켜낸 의리는 의형제의 배신으로 사라졌다.

나가시노 전투의 대승을 뒤로 하고 기후 성으로 돌아온 오다 노부나가는 오래 전부터의 계획을 실행에 옮겼다. 1575년에 적자인 오다 노부타다(織田信忠)에게 오다 가문의 가독(家督)과 기후 성을 넘겨준 노부나가는 1576년 1월 아즈치 산에 축성을 명했다. 그러고는 불과 한 달 뒤 아예 아즈치 성으로 거처를 옮겼다.

이나바 산성에 올라 천하를 꿈꾸며 성의 이름을 기후라고 이름 붙인 그였다. 그리고 천하포무 인장을 사용했다. 그때가 그의 나이 서른이었다. 병농분리를 실시해 상비군 체제를 구축한 것도 그때의 일이었다. 그로부터 13년이 흘러 그의 나이 마흔 하고도 셋이었다. 단한 사람의 가신도 그의 뜻을 헤아리지 못했던 세월을 저어 이제는 누구나 노부나가의 천하가 왔음을 알게 됐다. 이제 그 뜻을 '보이는 형태'로 만들어야 했다. 천하가 노부나가의 손에 있음을 누구나 볼 수 있도록 만들어야 했다. 전생이 끝나고 찾아올 평화의 시대, 통일 일본의 지배 이념을 세워야 했다.

노부나가는 마음이 뛰어 잠시도 기다릴 수 없었다. 그는 아즈치 성을 빨리 보고 싶었다. 예수회 선교사조차도 이런 성은 유럽에도 존재하지 않는다고 교황청에 보고하면서 교황 그레고리오 13세 (Gregorius XIII) 앞으로 아즈치 성을 묘사한 병풍도를 보냈는데, 교황이 서거한 뒤 3년이 지난 1585년에야 도착했고 후대에 분실됐다. 실물인 아즈치 성은 노부나가가 죽은 해에 소실됐다. 그렇기 때문에 그 전모에 대해서 후대 사람들이 알 방법은 없었다. 그래서 그렇게 오랜 기간 동안 노부나가는 천황의 충실한 신하로서 남아 있을 수밖에 없었을 것이다.

그러다가 오랜 연구와 고고학적 발굴로 서서히 아즈치 성의 본모습이 드러났다. 3층 이상의 건물이 드물었던 시기에 무려 7층에 달하는 천주각이 세워졌다. 무로마치 막부의 제3대 쇼군 아시카가 요시미츠(足利義滿)가 1층은 귀족을 상징하고, 2층은 무사를 상징하며, 3층은 자신을 상징하도록 지은 금각사를 참조했단다. 천황을 능가하는 권력을 구가했던 무로마치 막부, 그 아시카가 가문을 쓰러뜨린 오다 노부나가는 이제 새로운 세상을 열고 있었다. 그에 걸맞은 새로운 상징이 필요했다. 그것이 바로 아즈치 성의 천주각이었다.

노부나가 사후에는 천주각 대신 '천수각(天守閣)'이라는 말이 주로 쓰였다. 일본어 발음으로는 둘 다 '덴슈카쿠'다. 역사학자들은 이 누각의 명칭으로 천주각과 천수각이 혼용되다가 차츰 천수각으로 통일됐다고 설명한다.

또한 천주각이라는 이름의 연원에 대해서는 이런 설명도 있다. 서구 문화에 관심이 많던 노부나가가 예수회 선교사 루이스 프로이스로부터 유럽풍 고층 건물에 대한 이야기를 듣고 라틴어로 신을 뜻하는 '데우스(Deus)'를 '천주(天主)'라는 한자로 옮겨 누각의 이름으로 삼았다는 설명이다.

그런데 천주각과 천수각은 음이 같다고 해서 쉽게 치환할 수 있는 단어가 아니다. 우선 뜻이 정반대다. 천주각은 '천하의 주인(主)이 머무는 누각'이지만 천수각은 '천하를 지키는 이(守)가 머무는 누각'이다. 노부나가는 스스로 황제가 되려고 했다. 일본 내의 천황이 아니라 중국까지 점령해 황제가 되고자 했다.

그것을 입증이라도 하듯 기후 성 때부터 천하포무 인장을 사용한 노부나가는 아즈치 성으로 옮겨오면서부터는 천하포무라는 글자를 두 마리의 용(龍)이 감싼 모양으로 인장을 다시 제작해 사용했다. 또한 천주각을 중국풍으로 만들라고 명령했다. '중국' 그리고 '용'이라는 단어를 들으면 머릿속에서 어떤 단어가 떠오르는가. 다름 아닌 '황제'다.

앞서 살폈듯이 아즈치 성 본환어전의 구조가 천황이 생활하는 청량전과 같다는 사실을 두고 이곳이 노부나가의 공간이 아니라 천황을 위한 공간이라고 애써 해석하는 후대 일본 역사학자들이 애잔하다. 천황을 향한 그 충정만큼은 이해하고 싶다.

그건 그렇다 치고, 왜 노부나가는 히데요시나 이에야스처럼 통일 일본을 이끌어갈 상징으로서의 성을 평지를 둘러싸는 평성(平城)이 아니라 산을 따라 쌓는 산성(山城)의 형태를 취한 것일까? 전쟁이 한창일 때는 수비 효율성을 극대화하기 위해 산성을 선호했다. 산성은 불안감과 공포심을 위치 에너지로 극복하고자 한 살아있는 존재들의 방어기재였다. 그런데 통일 이후의 통치 거점으로서도 왜 산성을 택한 것일까?

아마도 불안과 공포라는 전시의 감정을 경외와 신앙으로 대체하고 싶었던 것이 아니었을까? 태평성대가 됐을 때 이전에 자신에게 가졌던 불안과 공포를 절대자 노부나가에 대한 경외와 신앙으로 바꾸고자 높은 '산'이 갖는 위치 에너지를 살리려고 했던 것은 아니었을까? 권력자로서 중세적 통치권의 극한을 암중모색한 물리적·심리적 설계가 바로 아즈치 성이 아니었을까?

WORDS
&
SWORD

제
3
막

말과 칼의 변주곡

마키아벨리는 고대 정치사에 관한 관찰을 기반으로 형성된 자신의 생각을 르네상스라는 근본적으로 다른 정치에 적용했다. 르네상스 이탈리아와 아즈치 일본 사이에는 많은 문화적·정치적·군사적 차이가 존재한다. 이런 차이는 마키아벨리가 생각한 이상적 군주와 노부나가와의 비교가 언뜻 르네상스 이탈리아(또는 유럽)와 전국 시대 일본의 일반적인 역사 발전을 동일시하는 데 의문을 제기한다. 그럼에도 불구하고 《군주론》은 오다 노부나가를 연구하는 데 적합한 도구라고 할 수 있을 정도로 많은 부분에서 일치한다. 마키아벨리와 노부나가는 모두 성공적인 통치권을 확립하는 방법에 대해 고심했다.

재주 없음을 비웃다

삶은 가장 큰 웃음이다.

_ 오쇼 라즈니쉬

사냥개에 밀린 마키아벨리는 더 이상 메디치의 군주들, 그중에서도 특히 점점 더 오만한 태도를 보이고 있는 로렌초 2세 데 메디치의 애정과 호의를 기대하기 어려운 상황이었다. 산탄드레아 농장에서 다시 피렌체로 거처를 옮겼을 때 그동안 품고 있던 희망의 불빛이 꺼져버렸다.

하지만 자신의 재능이 쓰일 수만 있다면 언제 누구를 위해서든 일할 수 있었던 그는 자신을 따뜻하게 감싸주고, 친절하게 도와주며, 자신이 쓴 저작들의 가치를 제대로 알아주는 이들을 다시 찾아내는 데 성공한다. 코시모 루첼라이(Cosimo Rucellai)라는 사람이 이끄는 인문주의자와 공화주의자들의 모임이었다. 루첼라이 가문의 정원에서 피렌체의 젊고 영민한 청년들이 함께 모이는 자리였다.

마키아벨리는 정원의 시원한 그늘 아래에서 똑똑한 청년들에게 자신의 원고 《리비우스 강론(Discorsi Sopra la Prima Deca di Tito Livio)》를 읽어줬다. 《리비우스 강론》은 고대 로마 역사가 티투스 리비우스가 쓴 로마사 140권 중 처음 10권에 대해 마키아벨리가 강의 형식으로 쓴 원고로, 우리나라에서는 일본식 번역 제목 《로마사 논고》가 더 유명하다. 어쨌든 당시 마키아벨리는 젊은 회원들이 보여주는 호의에 무척 기뻤다. 모임에서의 격조 높은 대화와 담론은 그의 마음을 고양시키고 자극했다. 메디치 군주들의 전성기에 《리비우스 강론》의 공화주의적 담론이 회자된다는 사실만으로도 큰 위안이 됐다. 그는 이후 이때의 원고를 한 권의 책으로 묶어 코시모 루첼라이와 자노비 부온델몬티(Zanobi Buondelmonte)에게 헌정했다.

1519년 5월 4일, 로렌초 2세 데 미디치가 재위 3년 만에 서거한다. 마키아벨리는 다른 사람들과는 달리 슬프지 않았다. 그런데 같은 해에 코시모 루첼라이도 죽고 만다. 이때 마키아벨리는 커다란 충격에 빠진다. 루첼라이 정원 모임은 그 정신적 지주를 잃었고, 마키아벨리는 자신에게 격려와 찬사를 아끼지 않았던 후원자를 잃었다. 마키아벨리의 대표작 《군주론》과 《리비우스 강론》을 헌정 받은 사람들은 이렇게 같은 해에 삶을 마감한다. 로렌초는 스물일곱, 루첼라이는 스물넷이었다. 마키아벨리는 덧없이 쉰이 됐다.

　코시모 루첼라이의 죽음은 마키아벨리에게 큰 좌절감으로 다가왔지만, 로렌초 2세 데 메디치의 죽음은 피렌체에서 메디치 가문의 입지를 오히려 호전시키는 계기가 됐다. 교황 레오 10세는 추기경 줄리오 데 메디치를 피렌체로 보내 국정을 담당하게 했다. 적법한 후계자 없이 두 명의 성직자 손에 놓인 피렌체의 국정을 안정시킬 방도를 찾던 교황은 로렌초 사후의 피렌체 국정에 대한 논고를 마키아벨리에게 주문했다. 이를 계기로 피렌체대학과 계약을 맺으면서 마키아벨리는 인생의 마지막 불꽃을 타오르게 할 기회를 잡게 됐다. 이렇게 그는 자신에게 주어진 조그만 행운에 만족하면서 장래의 더 나은 삶에 희망을 걸었다.

　그런데 피렌체에서 도망친 소데리니로부터 새로운 제안이 들어왔다. 소데리니는 당시 서기장을 물색하고 있던 남부 이탈리아의 영주 프로스페로 콜론나(Prospero Colonna)에게 마키아벨리를 천거했다. 소데리니는 만약 조건이 마음에 들면 아무에게도 알리지 말고 즉시 콜론나에게 가라고 했다. 그러면서 자신의 제의가 피렌체에 남아 보잘 것 없는 돈으로 역사책을 쓰는 것보다 훨씬 낫다며 이 좋은 기회를 놓치지 말라고 당부했다.

　하지만 마키아벨리 입장에서는 자신이 콜론나에게 가면 이는 곧 피렌체대학 당국이나 자신을 메디치 가문과 다시 연결해준 루첼라이 정원 모임 회원들과의 약속을 깨뜨리는 것이었고, 조국 피렌체에

안녕을 고하는 셈이었다. 더욱이 자신이 다시 출세가도로 접어들 수 있는, 즉 피렌체 국정에 관한 논고 저술과 이를 계기로 피렌체 정부로부터의 관직을 얻을 수 있으리라는 희망을 이제 막 가지려는 참에 메디치 군주들과 관계를 끊는 게 됐다. 그리하여 결국 이번에도 마키아벨리 내면의 포르투나와 비트루는 각자의 길을 걷게 된다.

마키아벨리는 집에 틀어박혀 《피렌체사(Istorie Florentine)》를 집필했다. 피렌체의 기원으로부터 1434년까지의 내부 사건들을 요약해 이를 서론 격인 1권에 담았다. 그렇지만 그는 정직한 역사가로서보다는 정치가로서 정치라는 목적을 위해 글을 쓰는 사람이었다. 그는 역사적 사실로부터 교훈과 법칙 그리고 이론을 추출해내고 싶어 했고, 때로는 자신의 이론에 사실을 끼워 맞추는 일도 서슴지 않았다.

그러는 사이 1521년 12월 1일 레오 10세가 선종했다. 줄리오 추기경은 콘클라베에 참석하기 위해 로마로 갔다. 그곳에서 그는 피에로 소데리니의 동생이자 차기 교황 자리를 노리고 있던 프란체스코 소데리니(Francesco Soderini) 추기경을 저지하는 데 성공해 네덜란드 출신의 아드리안(Adriaan) 추기경이 새 교황 하드리아노 6세(Hadrianus VI)가 됐다. 언젠가 로마로부터 좋은 소식이 올지도 모른다는 마키아벨리의 속절없는 희망과 함께 메디치 가문의 교황은 그렇게 사라졌다. 소데리니가 교황이 됐다면 마키아벨리의 미래는 보장됐을 것이었다.

메디치 가문 출신의 교황이 사라지자 오랜 경쟁자 파치 가문 사람들이 다시 일을 꾸몄다. 1522년 6월 19일 그리스도 성체 축일에 줄리오 추기경을 암살하려는 음모가 발각됐다. 이 음모의 주동자들은 마키아벨리와 가까웠던 자노비 부온델몬티와 뤼지 알라만니(Luigi Alamanni)였다. 그 밖의 가담자들도 모두 루첼라이 정원 모임에서 마키아벨리의 《리비우스 강론》을 함께 공부한 공화주의자들이었다.

이 사건은 마키아벨리로서는 조금도 달가울 게 없었다. 주동자들은 미리 달아났고 잡힌 가담자들은 고문과 자백에 이어 교수형에 처해졌다. 프란체스코 소데리니 추기경도 메디치 가문에서 그에게 불리한 정보를 열심히 제공한 끝에 산탄젤로 성에 갇히는 신세가 됐다. 다행히 이번 사건은 마키아벨리에게 화를 미치지 않고 지나갔다. 그렇지만 6월 13일 마키아벨리의 형이 세상을 떠난다. 그리고 곧 이어 남동생 토토마저도 세상을 등진다.

죽거나 도망간 친구들에 대한 슬픔에 더해 그 스스로도 또 다시 이 모진 포르투나의 장난으로 어찌 될지 모른다는 두려움에 빠진 그는 언제나처럼 시골 농장 깊숙이 몸을 숨겼다. 그리고 아직은 살아있는 계약 《피렌체사》 집필에 전념했다. 시골 농장에 한가로운 여름이 깊어가는 동안 피렌체에는 돌림병이 돌았고, 롬바르디아(Lombardia)에서는 에스파냐와 프랑스의 전쟁이 여전히 계속되고 있었다. 그러던 1523년 하드리아노 6세가 세상을 떠난다. 다시 로마로 간 줄리오 추기경은 이번에는 조역이 아닌 주역이 되어 클레멘스 7세라는 이름으로 교황의 자리에 오른다.

계약서에 도장을 찍은 상대방이 교황이 되자 항상 쉽게 달아오르는 마키아벨리의 가슴이 다시 희망으로 뛰었다. 지금이야말로 클레멘스 7세에게 바치려고 작정한 《피렌체사》를 끝맺는 데 최적의 시점이었다. 마키아벨리는 로마로 돌아가는 친구 베토리에게 어떻게 하면 좋을지 조언을 구했다. 베토리는 메디치 가문의 주변에서 오래도록 살아남았고, 그럼에도 불구하고 늘 마키아벨리의 곁을 떠나지 않았다.

마키아벨리는 클레멘스 7세 교황이 추기경이던 시절부터 자신의 충성심을 피력해왔다. 사실 클레멘스 7세는 마키아벨리의 《전술론(Libro Dell'arte Della Querra)》이 완성됐을 때 로마에서 누구보다도 먼저 이 책을 받아본 인물이었다. 그 또한 마키아벨리의 재능을 인정했다. 그런데 베토리로부터 시기가 좋지 않다는 회신이 왔다. 그래도 어쨌든 이제 운명은 그에게 호의적인 듯 보였다. 교황이 피렌체대학 당국자에게 마키아벨리에게 100피오리노가 아니라 100두카토를 지불하라는 지시를 내렸다고 했다. 계약 때보다 두 배나 많은 금액이었다.

마키아벨리는 자신이 구상하고 실행한 적 있는 국민방위군을 재건해 하루 빨리 로마냐 사람들을 무장시킴으로써 에스파냐의 공격에 대비해야 한다는 정책 제안을 하면서 슬쩍 다시 정치에 발을 들이밀었다. '흑기사단(Bande Nere)' 대장으로 유명한 메디치 가문의 로도비코 데 메디치(Lodovico de Medici)를 중심으로 민병대를 조직하고, 클레멘스 7세는 교황청 자금을 융통해 군자금을 마련하자는 제안이었다.

마키아벨리는 전쟁이 불가피하다고 판단했다. 어차피 전쟁을 할 바에는 전쟁을 이끌 인물과 군대 그리고 군대를 운용할 자금을 마련하는 것이 급선무였다. 하지만 클레멘스 7세는 마키아벨리가 피렌체 국민방위군 대장 후보로 지목한 흑기사단 대장 로도비코 데 메디치가 마뜩치 않았다. 메디치 가문 사람이라고는 하나 직계가 아닌 방계(傍系) 후손이었던 그는 용병대장으로 명성을 떨치고 있었다. 메디치 가문이 배출한 첫 번째 교황 레오 10세의 교황군에서 활약했고 그가 이끌던 용병대는 교황 선종 이후 애도를 표하고자 기사단 휘장을 검은색으로 바꾸면서 '흑기사단'이라는 별칭으로 불렸다.

그러나 메디치 가문의 직계 후손 클레멘스 7세는 가문의 주도권 문제 때문에 심란했다. 그 마음의 진동을 잡아준 인물은 로마냐의 총독 프란체스코 귀차르디니(Francesco Guicciardini)였다. 귀차르디니는 마키아벨리의 국민방위군 재건안에 대해 그 계획이 훌륭하다는 점은 부인하지 않았다. 다만 바로 이 시점에 교황령 로마냐 사람들에게 적용하는 것은 부적절하다는 판단에서 반대했다.

그런데 그의 의견은 교황의 고민을 덜어주고 마키아벨리라는 두뇌도 활용하는 결과로 이어졌다. 오랜 우유부단의 시간 끝에 클레멘스 7세는 마키아벨리를 귀차르디니의 개인 자문관으로 임명했다. 이탈리아가 낳은 이 두 사람의 정치가는 서로 자주 편지를 주고받으

로도비코 데 메디치(지안 파올로 페이스 作)

면서 친구가 돼 있었다. 귀차르디니는 수시로 마키아벨리를 불러 자신의 지시 사항을 이곳저곳에 전달하는 임무를 맡겼다.

그때 마키아벨리는 로도비코 데 메디치를 만나게 된다. 로도비코는 거친 성격이었으나 영민했고 재치 있는 이들과의 대화를 즐겼다. 마키아벨리 또한 그들 못지않게 똑똑한 데다 《전술론》이라는 책까지 쓴 인물이었기에 곧바로 로도비코의 마음을 사로잡았다.

어느 날 로도비코는 마키아벨리에게 《전술론》에서 훌륭히 기술해놓은 방식으로 3,000명의 병사들을 직접 지휘해보라고 부추겼다. 마키아벨리는 2시간 동안 이리저리 고함을 쳐댔지만 제대로 대오를 갖추게 할 수 없었다. 병사들과 마키아벨리는 뜨거운 햇볕 아래에서 땀을 뻘뻘 흘렸다. 병사들은 더위에 진저리를 쳤고, 마키아벨리는 초조함이 몰고 온 오한으로 땀을 흘렸다. 옆에서 이를 지켜보던 로도비코가 빙긋이 웃으며 말했다.

"자, 이제 골치 아픈 일은 그만두고 식사나 하러 갑시다."

그러고는 북을 쳐서 순식간에 병력을 운용해 여러 진형으로 만들어 보였다. 하지만 서로를 우호적으로 바라보는 이론가와 실천가가 익살과 장난을 칠 수 있는 시간은 그리 길지 않았다.

1526년에는 신성 로마 제국까지 삼킨 에스파냐의 카를 5세가 교황청을 향해 선전포고를 했다. 이보다 먼저인 1524년 벌어진 파비아(Pavia) 전투에서 포로로 잡은 프랑스의 프랑수아 1세를 석방하는 조건으로 카를 5세는 프랑스 남부 부르고뉴 지역 양도와 신성 로마 제국 황제권을 요구했다. 그러나 프랑수아 1세는 석방된 뒤 즉각 이 약속을 저버린다.

카를 5세의 분노는 프랑스를 넘어 프랑스와 동맹을 체결한 베네치아, 피렌체, 로마 교황청에 대한 공격으로 드러났다. 베네치아 군대의 필사적인 저항도 실패했다. 이제 알프스를 넘어 포(Po) 강을 건너려는 카를 5세의 신성 로마 제국 군대를 막아내는 역할은 로도비코 데 메디치가 이끄는 소수의 군대와 그의 용기에 맡겨졌다. 적은 인원의 병력은 그를 장군으로서보다는 병사의 한 사람으로서 참전하게 만들었다. 그는 맹렬히 싸우던 도중 떨어진 포탄에 맞았고 그

말과 칼

대로 무너진 최후 방어선과 운명을 함께했다. 카를 5세의 군대가 포 강을 건너 이탈리아의 심장을 향해 행군하는 모습을 무력하게 바라 보면서 그는 세상을 떠났다.

1527년 5월 17일, 프랑스와 피렌체 그리고 베네치아는 에스파냐 의 공격을 저지하기 위해 프랑스의 코냐(Cognac)에서 동맹을 맺고 군대를 밀라노로 이동시켰다. 총사령관에는 귀차르디니가 임명됐 다. 더불어 마키아벨리도 귀차르디니의 개인 자문관에서 자신이 발 의해 설립한 '5인 성벽관리위원회' 감독관 및 서기장으로 공직에 복 귀했다. 자신의 역할을 잘 수행한 덕분이었는지 피렌체 공격을 준비 하던 신성 로마 제국 군대는 피렌체가 성벽 방비가 잘돼 있어서 깨 기에 어렵다고 판단하고 병력을 로마 쪽으로 틀어버렸다. 로마는 무 방비 상태였다. 1527년 5월 6일, 대책 없던 로마가 함락된다.

성문 공격을 시작으로 광란의 군대는 살육과 약탈과 탐욕에 사로 잡혀 2시간 동안 로마를 거칠게 밀어붙였다. 급하게 피신한 교황은 과거 로마 제국 황제들이 지배했고 현재는 그리스도교가 통치하는 그곳이 짓밟히는 모습을 지켜봐야 했다. 개신교도로 이뤄진 신성 로 마 제국의 용병들은 베드로의 후손이 가지고 있던 권위와 권력을 박 살냈다. 제정일치의 권력을 꿈꾸던 교황은 제정분리의 선봉국 독일 의 신성 로마 제국군에 의해 유린됐다. 410년 고트족(Goth)의 로마 침공 이후 1,000년이 지나 제정일치의 꿈은 다시 세속의 힘에 의해 질식사했다.

피렌체에서는 모든 것이 되감기됐다. 폭동이 일어나 사보나롤라가 실권하고 대평의회가 해산된 기억을 되감아, 폭동 속에서 메디치 가문은 몰락하고 대평의회는 부활했다. 1527년 5월 16일, 정청(政廳)인 팔라초(palazzo)에 모인 8인 위원회가 정권을 인수했고, 17일 메디치 일가가 조용히 망명길에 오름으로써 민중의 뜻에 따른다는 것을 보여줬다.

그런데 다시 한번 포르투나가 장난을 친다. 메디치 가문이 순순히 공화국에 순종하는 그 순간 마키아벨리는 공화국의 적이 된다. 공화국 제2행정위원회 서기장을 했다는 이유로 군주국의 고문까지 받았던 그가, 이제는 메디치 일가의 부름을 받아 군주국에 봉사했다는 이유로 공화국의 배신자가 된 것이다. 그래도 이번에는 고문 따위는 없었다. 정신이 무너지자 하염없이 몸도 무너졌을 뿐이었다. 1527년 6월 21일, 그의 정신이 눈을 감았고, 22일에는 그 몸이 산타 크로체 성당에 묻혔다.

마키아벨리를 마키아벨리로 만든 작품 《군주론》에 드러난 사고 방식과 행동 방식 그리고 특유의 신랄한 말투와 거리낌 없이 내보이는 결점들이 그를 죽였다. 모두가 그의 《군주론》 때문에 그를 미워했다. 부자들은 《군주론》을 군주로 하여금 자신들의 재산을 빼앗으라고 부추기는 책으로 봤다. 빈자들에게는 자신들이 그나마 갖고 있던 자유를 빼앗는 방법에 관한 글이었다. 공화주의자들에게 그는 의심스러운 변절자이거나 이단이었다. 군주들에게는 자신들의 통치술을

까발리는 발칙하고 무엄한 자였다. 선한 이들에게는 바람직한 도덕론 체계를 망가뜨리는 사악한 인물이었고, 악한 자들이 볼 때는 자신들보다 더 악당이었다. 그래서 모두가 그를 미워했다. 모두가 《군주론》을 미워했다.

하지만 마키아벨리가 1524년에 쓴 또 다른 작품 《만드라골라(Mandragola)》에 드러난 그의 사고방식과 행동 방식 그리고 그 신랄한 말투와 거리낌 없이 내 보이는 장점들이 그를 영원히 살리게 된다. 만드라골라는 허브의 한 종류 '맨드레이크(mandrake)'를 말한다. 중세 유럽에서 널리 쓰였던 약용 식물로 흔히 '악마의 사과(Devil's apple)'로 불렸다. 열매는 최음제, 뿌리는 마취제로 사용됐다.

마키아벨리의 희곡 작품 《만드라골라》는 피렌체 시민들에게 마취와 최음을 제공했다. 최음제(afrodisiaco)는 성적 욕망을 유발하는 물질로, 그리스 신화에 등장하는 사랑의 여신 아프로디테(aphrodite)가 그 어원이다. 처음에는 주로 동물의 성기나 성기 모양을 본뜬 식물 뿌리 또는 동물의 알 등이 사용됐다. 고대 이집트에서 악어 성기를 말린 분말을 상대에게 먹여 최음 효과를 기대했다는 기록이 있다.

그 같은 최음 효과를 마키아벨리도 기대했다. 엄숙주의와 기만이 가득한 중세와 그 시대를 용케도 잘 살아내고 있던 이들에게 최음제라는 당돌하고도 망측한 물건을 들이대며 끝내 자기 할 말을 다했다. 그것은 중세의 언어와 정서로 장중하게 적어 내려간 《군주론》에 냉담했던 당대 지식인들에 대한 익살스런 복수였다.

《만드라골라》는 5막으로 구성된 희극이다. 늙은 법률가의 정숙한 아내를 흠모하는 젊은이가 사랑을 얻어가는 과정을 그리고 있다. 얼핏 보기에는 사랑 이야기 같지만 남녀 사이의 애정보다 잘못된 현실을 비판하는 내용이 주를 이룬다. 이 작품에서 마키아벨리는 위선자들과 사기꾼들의 세계를 냉철한 눈으로 관찰해 묘사한다. 《군주론》에서 보여줬던 인간에 대한 비관적 관점과 비장함을 《만드라골라》에서는 유머와 익살이라는 장치를 통해 구체적으로 드러낸다. 피렌체 사람들에 대한 마키아벨리의 극단적 낙관주의와 익살은 자신을 몰락과 죽음으로 이끈 피렌체를 다시 무대로 세운다.

이야기가 나온 김에 줄거리도 살펴보자. 작품의 주인공은 피렌체 출신으로 프랑스 파리에 살고 있는 칼리마코(Calimaco)라는 사내다. 그는 피렌체의 늙은 부자이자 재판관인 니시아(Nicia)에게 루크레지아(Lucrezia)라는 아름답고 정숙한 젊은 아내가 있다는 소문을 듣는다. 그는 루크레지아를 자기 것으로 만들기로 결심하고 피렌체로 돌아온다. 그리고 리구리오(Ligurio)라는 건달을 고용한다.

리구리오는 자식이 없는 니시아가 아이를 간절히 원한다는 사실을 알아내고는 그에게 접근해 칼리마코를 프랑스에서 온 유명한 의사라고 소개한다. 니시아를 만난 칼리마코는 그의 아내가 만드라골라는 신비의 영약을 먹고 다른 남자와 동침하면 틀림없이 임신할 것이라고 말한다. 그리고 이 약을 먹은 여인과 잠자리를 가진 남자는 1주일 이내에 사망하므로 뒤처리도 걱정 말라며 안심시킨다. 니시아는 생각한다. 아내는 임신에 성공하고 남자는 죽으니까 뒤탈은 없을 것이다. 동침한 남자는 죽는다고 하니 앞으로 아내와 잠자리를 할 수 없다는 것이 못내 아쉽지만, 아이가 생긴다는데 어쩌겠는가. 그렇게 절실함은 달콤한 유혹이 됐고, 니시아는 그 유혹의 잔을 들이킨다.

남은 일은 정숙한 아내 루크레지아를 설득하는 것이었다. 리구리오는 사악한 사제 티모테오(Timoteo)를 매수해 이 문제를 해결한다. 티모테오 신부는 고해성사를 하러 온 루크레지아에게 남편을 위해 하는 일은 죄가 되지 않으며 천국에 가는 데 아무런 문제가 없다고 말한다. 이렇게 해서 칼리마코는 만드라골라를 먹은 아름다운 여인 루크레지아와 길고 황홀한 밤을 보낸다.

그러나 어둠이 물러가고 아침이 밝아오자 생각지도 못한 반전이 일어난다. 루크레지아는 침대에 누워 있는 칼리마코에게 자기는 이미 얼간이 남편의 계획을 알고 있었다고 말한다. 칼리마코, 리구리오, 티모테오가 자신을 속이려는 것도 눈치 챘으며, 만드라골라가 가짜 약이라는 것도 알고 있었다고 이야기한다. 거짓말이 들통 난 칼리마코가 어쩔 줄을 몰라 하는데 또 다시 반전이 펼쳐진다. 정숙함을 벗어 던진 루크레지아가 칼리마코에게 프랑스의 의사로 계속 행세하면서 자기와 계속 만나 행복한 시간을 보내자고 하는 게 아닌가. 이후 아무것도 모른 채 자식을 얻게 될 기쁨에 싱글벙글 좋아 죽는 니시아의 모습을 보며 웃음을 터뜨리는 것으로 막이 내린다.

결과적으로 칼리마코는 자신이 탐한 여인과 평생을 함께할 수 있게 된다. 작품에 등장한 인물들도 모두 만드라골라라는 가짜 영약을 통해 원하는 것을 얻는다. 모두가 웃음을 터뜨리는 마지막 장면에서 관객들도 기꺼이 박수를 보내고 웃으며 만족한다. 1518년 초연된 이래 지금까지도 인기를 얻고 있는 연극이 이 《만드라골라》다.

목적을 위해서 모든 것을 수단으로 보라는 똑같은 주제인데도 《군주론》은 세상에 나온 즉시 배척됐고 《만드라골라》는 초연 즉시 환영받았다. 《군주론》 《리비우스 강론》 《피렌체사》와 같은 저작들과 달리 마키아벨리가 쓴 희곡은 동시대인들이 쉽게 받아들였다. 좋은 말로 할 때는 못 알아듣고 정작 온갖 욕설과 풍자로 도배하니 좋다는 꼴이다. 욕을 먹어야 말귀를 알아듣는 것은 피렌체 사람들도 매한가지였다.

1512년 공화정의 몰락으로 다시는 날아오르지 못한 마키아벨리였지만, 그럼에도 불구하고 그는 떠벌리기를 멈추지 않았다. 유배지와도 같은 산탄드레아 농장에 처박혀 있으면서도 친구에게 보낸 편지에서 늘 객쩍은 소리를 늘어놓는 천생 낙관주의자 마키아벨리는 자신이 누구인지를 보여주기 위해 가장 어두운 무대 안쪽에서 가장 밝은 웃음을 지으며 '만드라골라'라는 최음제를 조국 피렌체의 시민들에게 선물했다.

군주가 다스릴 때는 공화정을 꿈꾸고, 공화국일 때는 강력한 군주의 출현을 바라고, 군주정일 때는 공화주의를 가르치고, 다시 공화국이 세워졌을 때는 기력을 다해버린 그는 분명코 운이 좋은 사람은 아니었다. '포르투나(운명)'에 자신을 맡기지 않아도 시대와 상황에 맞게 스스로를 변화시킬 수 있는 '비르투(역량)'가 있다면 성공할 것이라고 믿었던 그는 실제 현실에서는 꼭 한 박자씩 늦게 변화했다. 그렇다고는 하나 58년을 살아낸 그의 몸은 비록 운명의 여신에게 휘둘렸을지언정, 500년 넘도록 살아남은 그의 정신은 운명의 여신을 기어이 루크레지아의 이름을 빌려 넘어뜨렸다.

그래도 나는 신중한 것보다는 과감한 것이 낫다고 판단합니다. 왜냐하면 운명의 신은 여성이고, 폐하께서 그녀를 손에 넣고자 하신다면 거칠게 다루실 필요가 있기 때문입니다. 냉담한 남성보다 과단성 있게 행동하는 남성이 그녀의 마음을 얻을 수 있다는 사실을 사람들은 잘 알고 있습니다. 여성인 운명의 신은 항상 젊은 남성들에게 이끌립니다. 그들은 조심스럽기보다 맹렬히 달려들고 그녀를 더욱 대담하게 다루기 때문입니다.

《군주론》 제25장의 결론에서처럼 그는 비록 현실에서는 그 뜻을 이루지 못했지만, 젊은 영혼이 아직도 곰삭지 않았다고 발악하듯이 써내려간 《만드라골라》를 통해 부활한다. 하지만 《만드라골라》는 명백히 마키아벨리 자신에 대한 냉소였으며, 풀이 죽은 그를 다시 일으켜 세운 강력한 최음제였다.

제 12 장

재주 많음을 비웃다

삶은 가까이서 보면 비극이지만
멀리서 보면 희극이다.

_찰리 채플린

1573년 쇼군 아시카가 가문의 무로마치 막부를 멸망시킨 오다 노부나가는 오기마치 천황에 연호 개원을 요구해 관철시켰다. 노부나가가 얼마나 제멋대로인 사내인지를 오기마치 천황만큼 경험한 인물도 없을 것이다. 그도 그럴 것이 불과 3년 전인 1570년에 노부나가를 등에 업은 아시카가 요시아키가 연호를 에이로쿠(永綠)에서 겐키(元龜)로 바꿀 것을 요청한 바 있었다. 그러나 그때 노부나가는 천황의 재위가 지속되고 있으니 연호를 바꿀 필요가 없다고 반대했었다. 그랬던 그가 권력을 잡고 나서는 천황에게 개원을 요구한 것이다.

이어 1575년 11월 7일에는 황실로부터 무가의 총령으로서의 실력을 인정받아 우근위대장(右近衛大將)에 봉해졌다. 우근위대장은 쇼군 후보에게 주어졌던 관직이다. 선례에 따른다면 새로운 막부를 열 명분을 조정으로부터 얻었다는 의미가 된다. 하지만 당시 노부나가의 영지는 아직 일본 중부 지방을 장악한 정도에 불과했다. 권력 기반이 공고하지 않은 한 쇼군에 올라봐야 자신이 우스운 꼴로 만든 요시아키처럼 될 게 빤했다. 노부나가는 실질적이고 강력한 무력을 바탕으로 센고쿠 다이묘 한 사람 한 사람을 자신 앞에 무릎 꿇리는 것이 더 중요하다고 생각했다. 힘으로 복종시켜야 했다.

노부나가는 운도 좋았다. 그가 운이 좋았다는 사실은 다케다 신겐과 우에스기 겐신만 봐도 알 수 있다. 노부나가가 힘없는 도쿠가와 이에야스와 동맹을 맺은 까닭은 아직 자신을 물 수 없는 이에야스로 하여금 동쪽을 지키게 한 뒤 마음 놓고 교토가 있는 서쪽을 공략하기 위해서였다. 그렇지만 만약 동쪽에 다케다 신겐이나 우에스기 겐신 중 어느 한쪽만 있었더라면 양상은 달라졌을 것이다. 그런데 고맙게도 하늘은 이 둘을 모두 노부나가의 동쪽에 자리 잡게 했다. 팽팽한 전력의 균형을 이룬 양측이 서로 아웅다웅하느라 힘을 빼 노부나가를 공략하지 못하는 사이 그는 천하를 향해 나아갈 수 있었다.

게다가 호조 우지마사 세력까지 포함시키면, 삼각형의 꼭짓점을 이루는 난형난제(難兄難弟) 호걸들끼리의 싸움판에서 실제 이익은 노부나가가 챙긴 셈이었다. 뒤늦게 반 노부나가의 전선에 섰던 다케다 신겐은 출정 중 급사했다. 제2차 노부나가 포위전은 그렇게 무산됐다. 그리고 이제 우에스기 겐신이 제3차 노부나가 포위전의 맹주로 등장했지만 시간은 그의 편이 아니었다. 10월 들어 요시아키의 독촉으로 노부나가 토벌을 위한 상경을 서둘렀지만, 노부나가는 조정으로부터 진급을 거듭한 상태였다.

이것이 무엇을 의미했을까? 겐신을 비롯한 반 노부나가 동맹군은 쇼군 아시카가 요시아키의 명을 받아 역적 노부나가를 토벌한다는 명분으로 일어섰는데, 천황을 비롯한 조정의 입장은 이런 움직임이 역적에 대한 토벌이라기보다 운이 다한 쇼군 가문, 즉 무로마치 막부 다이묘들 사이의 개인적 감정에 불과하다는 인식을 보여주기에 충분한 것이었다. 어디까지나 조정이 공식적으로 인정한 실권자는 오다 노부나가였다.

그런 분위기 속에서도 출정 준비를 서두르던 우에스기 겐신은 1577년 3월 13일 자신의 성에서 갑자기 죽는다. 평소 스스로를 불교의 사천왕 가운데 북방을 수호하는 비사문천왕(毘沙門天王)의 화신이라고 했던 그였다. 전쟁터에서조차도 자신은 총탄이 피해간다며 두려움 없이 싸웠던 겐신이 어이없게도 눈이 오던 날 뒷간에서 쓰러졌다는 기록을 남기고 만다. 사인은 뇌출혈로 추정하고 있다. 오다 노부나가가 필생의 도박과 그를 사지로 몰아간 포위망은 두 번씩이나 가장 유력한 경쟁자의 어이없는 죽음을 계기로 그 위기가 해소됐다.

천하를 본격적으로 아우르고자 하는 노부나가는 혼자의 몸으로 모든 방면의 전투를 직접 수행하는 것이 어렵다는 사실을 잘 알고 있었다. 규모의 경제를 경험해보지 못한 다른 다이묘들은 생각할 수도 없는 병력과 재력을 바탕으로 그는 부하들에게 영지를 하사해 다이묘에 봉하고 직접 통치를 맡김으로써 각 방면에 대한 공략을 담당하도록 했다. 다케다 방면군, 본원사 방면군, 호쿠리쿠(北陸) 방면군, 긴키(近畿) 방면군, 산요(山陽) 방면군, 간토(關東) 방면군, 시코쿠(四國) 방면군 등의 군단을 편성한 오다 노부나가는 그동안 모아뒀던 모든 에너지를 한꺼번에 폭발시키는 듯한 기세로 전방위적 공세를 거듭해나갔다.

천하를 무력으로 아우른다는 비전이 완성돼가는 모습을 본 가신들과 병사들이 하늘을 찌를 듯한 사기로 무장한 채 달려갔다. 그 거대한 물결에 쓸려 떠내려간 자들은 주검으로 뒤에 남았다. 쇼군 요시아키, 본원사, 모리 세력을 옥죄기 위한 행동이 이어졌다. 1578년 11월 6일에는 철갑선을 앞세운 노부나가 수군이 모리 테루모토의 수군을 대파해 본원사에 대한 물자 공급을 차단함으로써 승기를 잡게 됐다. 1580년 4월에는 오기마치 천황의 칙명을 빌려 11년 동안 자신에게 저항했던 본원사 세력의 항복을 받아냈다.

이제 노부나가의 칼이 마지막 춤을 추려고 하고 있었다. 그의 마지막 배신이 일본을 피로 물들인 뒤에는 중국이 자신 앞에 무릎 꿇고 새 황제의 등극을 목격하게 될 터였다. 1582년 일본의 정치 상황은 커다란 변화를 앞두고 있었다. 노부나가의 천하통일이 눈앞의 일이 됐다. 1573년 쇼군 요시아키를 추방해 무로마치 막부를 몰아냈고, 아자이-아사쿠라 가문을 멸망시켰다. 1574년 불교 세력을 궤멸시켰으며, 이듬해인 1575년에는 숙적 다케다 카츠요리를 나가시노 전투에서 제거했다. 이로써 대세는 결정됐고 모리와 우에스기의 항복은 시간문제였다.

노부나가는 장기 집권을 위한 구조 개혁에 착수했다. 1580년 노부나가는 기존 가신들을 숙청하고 히데요시와 미츠히데를 축으로 하는 실력파 가신들로 조직을 개편했다. 이어서 실력파 가신들을 새로 점령한 지역으로 이동시켰고, 자신의 자식들에게 영지를 분봉함으로써 직할 통치의 틀을 확고히 했다. 아울러 그는 참으로 놀라운 계획을 수립하게 되는데, 일본의 사료에는 전혀 그 기록이 없지만 포르투갈에는 남아 있다. 다름 아닌 선교사 루이스 프로이스가 작성한 보고서 〈1582년 일본연보 추가〉와 저서 《일본사》가 그것이다.

오다 노부나가는 모리를 평정하고 일본 66개국의 절대 군주가 된 다음에는 대규모 함대를 편성해 중국을 무력으로 정복하고 제국을 자신의 자식들에게 나눠줄 생각이었다.

일본의 전국 시대는 유럽의 대항해 시대에 해당한다. 이 두 지역(공간)이 노부나가와 예수회를 통해 하나로 이어진다. 노부나가는 대양 항해 기술을 가진 포르투갈로부터 선단을 지원 받아 중국을 정복하고자 했다. 훗날 포르투갈의 협조를 포기한 히데요시가 중국으로의 장거리 항해를 포기하고 조선으로 방향을 튼 것이 임진왜란이 벌어지게 된 또 하나의 이유이기도 했다.

1580년 노부나가는 오르간티노 녜키-솔도 신부가 방문했을 때 그가 가져온 지구의를 보고 깊은 관심을 보이며 이것저것 질문을 했다. 노부나가는 그때 지구가 구체이며 광대하다는 사실, 일본의 영토가 작다는 사실, 유럽인들이 바다를 건너 놀라울 정도로 먼 길을 왔다는 사실, 그들이 장거리 항해를 할 수 있는 수단을 갖고 있다는 사실을 알게 됐고 금세 이해했다.

노부나가에게 예수회는 여러 측면에서 이용할 만한 가치가 있었다. 예수회에서도 노부나가가 가치 있었다. 이듬해 발리냐노가 극진한 환대를 받은 것도 서로에게 이익이 될 수 있기 때문이었다. 이슬람 세력을 몰아내는 과정 속에서 국내에 축적된 에너지를 해외로 쏟아 붓는 포르투갈과 에스파냐를 보면서 노부나가는 같은 생각을 했을 것이다. 100년에 걸친 오랜 전란을 통해 국내에 축적된 에너지를 해외 정복의 동력으로 활용하겠다. 중국을 정복하여 황제의 자리에 오르겠다. 노부나가의 마음이 점점 더 달아올랐다. 한편에서 이를 지켜보는 아케치 미츠히데의 마음도 달아올랐다.

노부나가는 마지막으로 오랜 동맹이자 이제는 새로운 가신단에 편입된 도쿠가와 이에야스를 제거하기로 결심했다. 남아 있는 모리 테루모토와 시코쿠(四國) 지역의 조소카베 모토치카(長宗我部元親)를 정벌하기로 의지를 굳힌 노부나가는 먼저 이에야스를 자신의 손으로 직접 처리하고자 했다. 1582년 3월, 노부나가는 아케치 미츠히데와 가신들을 데리고 후지(富士) 산을 유람한다는 명목으로 이에야스의 영지를 살폈다. 그를 제거하고 영지를 공격하고자 미리 성의 위치와 구조, 병력과 군량 이동에 필요한 도로 상황, 강에 놓여 있는 다리, 도하가 가능한 얕은 수심 위치 등의 정보를 파악했다. 이에야스는 노부나가를 맞이하기 위해 서둘러 도로와 다리를 보수했다. 노부나가 입장에서는 꿩 먹고 알 먹는 격이었다. 도로의 정비는 군대와 군량 이동에 불가결한 것이기 때문이었다.

다케다 가문의 영지인 스루가(駿河)를 영지로 하사 받은 도쿠가와 이에야스는 1582년에 이르러서는 사실상 동맹자의 위치가 아닌 노부나가의 가신이 된다. 노부나가가 돌아간 뒤 그는 스루가 하사에 대한 감사 인사를 하기 위해 직접 아즈치 성을 방문한다. 이에야스는 5월 15일 아즈치에 입성해 아케치 미츠히데로부터 향응을 받는다. 5월 17일 노부나가는 미츠히데의 이에야스 향응 임무를 중지시키고 모리 정벌을 위한 원군으로 출정 준비를 하도록 명한다.

5월 20일에는 노부나가가 직접 이에야스를 대접했는데, 음식을 담은 상을 몸소 들어서 건넸다고 하니 매우 극진한 것이었다. 5월 21일에는 아들 노부타다(信忠)에게 일러 사카이 유람을 시킨다. 이어 5월 29일 노부나가의 교토 상경과 6월 2일 이에야스의 본능사 초대 일정이 일사천리로 진행된다. 다만 6월 2일(양력 6월 21일)에 죽은

도쿠가와 이에야스

사람이 이에야스가 아니라 노부나가 자신이었다는 점만 그의 계획에서 유일하게 틀린 것이었다.

오다 노부나가는 5월 10일 아즈치 성에서 아케치 미츠히데를 은밀히 불렀다. 이미 언급했듯이 애초에 이에야스와 동맹을 맺은 이유는 동쪽의 위협으로부터 자신을 지키기 위한 것이었다. 다케다 가문이 멸망하고 우에스기 겐신이 죽은 지금은 이에야스와의 동맹 가치가 소멸됐다. 그렇다고 해서 아무 잘못이 없는 이에야스를 그냥 죽일 수도 없는 노릇이었다. 이에야스가 노부나가에 위험한 존재라는 명분이 필요했다.

사실 노부나가는 항상 이 같은 인식으로 이에야스를 바라봤다.

1575년 이에야스의 숙부 미즈노 노부모토(水野信元)가 다케다 카츠요리와 내통한 혐의를 씌워 죽였고, 1579년에는 이에야스의 아들인 노부야스(信康)가 같은 이유로 할복한 바 있었다. 이에야스도 의심스러운 면이 없지 않았다. 1581년 노부나가 군대가 이가(伊賀)를 침공해 반란군을 궤멸시킨 적이 있었다. 이때 이에야스는 자신의 영지로 도망쳐온 반란군을 받아들였다. 다케다 가문 멸망 때에도 자신의 영지로 망명한 이들을 받아줬다.

이런 행동은 노부나가의 의심을 사기에 충분했다. 자신이 살아있는 동안 후대의 위협이 될 수 있는 이들을 미리 제거해야 하는 것도 자신의 책임이라는 생각에까지 이르면 할 일이 더 많았던 노부나가의 눈에 이윽고 이에야스가 걸려들었다.

노부나가가 미츠히데를 불러들인 밀실에는 흑인 무사 야스케가 어둠 속에 숨어서 노부나가를 지키고 있었다. 노부나가는 미츠히데에게 자신의 생각을 말했다. 모리 정벌을 위한 원군으로 출정 준비를 하라는 명령을 내릴 테니 아즈치 성을 나가 사카모토(坂本) 성으로 돌아가라. 거기에서 병력을 이끌고 교토로 이동하라. 나는 교토로 상경해 비무장한 상태로 본능사에 머물 것이다. 노부타다와 사카이 유람을 하고 있는 이에야스에게 본능사로 오라고 할 것이다. 그러면 미리 밖에서 대기하고 있다가 이에야스를 쳐라. 비무장한 나를 이에야스가 공격해 죽이려다가 너에게 죽는 것이다.

너무나도 놀라운 계획에 미츠히데가 쉽게 수긍하지 못하고 말대

답을 했던 것 같다. 루이스 프로이스의 《일본사》를 보면 이때 노부나가가 일어나 화를 내며 미츠히데의 정강이를 한두 차례 걷어찼다는 내용이 나온다. 당시 노부나가의 지근거리에서 그를 수행한 가신들 중 '본능사의 변'에서 살아남은 사람은 야스케가 유일하다. 더욱이 그때의 사건을 예수회 선교사에게 전달할 수 있는 인물도 야스케가 유일하다. 그렇지 않으면 《일본사》에 그와 같은 내용이 담길 수가 없었을 것이다. 따라서 그날 그 자리에 야스케는 분명히 있었다고 볼 수 있다.

미츠히데는 미츠히데대로 복잡했다. 시코구의 조소카베 가문은 거슬러 올라가면 아케치 집안과 뿌리가 같았다. 일족의 멸망을 막고자 일찍이 조소카베와 오다 가문의 동맹을 제안해 성사시킨 적도 있었다. 그러나 최근 조소카베가 노부나가의 명령에 불만을 품고 있는데다, 노부나가 또한 지난 5월 시코쿠 정벌 명령을 내렸다. 일족의 운명이 풍전등화와 같다.

노부나가의 무한한 신뢰를 얻어 가장 신임을 받는 가신으로서 미츠히데가 가졌던 고민이 이 지점에서 극대화됐다. 조상 대대로 이어오던 가신들을 불충의 이름으로 추방한 것도 모자라, 자신과 도요토미 히데요시를 중심으로 한 가신단으로 재편해놓고 불과 2년 만에 그 체제를 자신의 자식들을 중심으로 한 직할 체제로 바꿨다. 이대로 간다면 자신을 비롯한 가신들은 결국 영지를 몰수당하고 다른 지역으로 밀려날 것이다. 이미 미츠히데 자신은 영지 몰수 및 이동 명령이 내려온 상황이었다.

그뿐만이 아니었다. 일본 통일이 완성되면 그동안의 분골쇄신과 동분서주에 대한 보상과 휴식이 아니라, 저 멀리 바다 건너 중국으로 가서 더 큰 적과 싸워야 했다. 만약 실패하면 죽음으로 끝나고 말 테지만, 성공한다면 그곳에 영지를 받아 두 번 다시 고향으로 돌아올 수 없는 것이다. 일족인 조소카베 정벌을 비롯해 계속되는 영지 이동과 중국 침공… 조소카베 공략을 위한 선단이 바다를 건너기 전에 결론을 내야 했다. 하지만 그 결론이 너무 간단해 오히려 불안했다. 노부나가가 비무장한 채 머물고 있는 본능사에 불과 몇 시간 전에만 도착하면 손쉽게 그를 제거할 수 있다. 문제는 그 이후다. 노무나가가 죽고 나면 정국을 어떻게 처리한 것인가.

미츠히데는 이미 2월에 다케다 카츠요리에게 자신의 모반 계획을 알리고 협조를 요청한 바 있었다. 하지만 속임수라고 생각한 카츠요리 쪽에서 거절해버렸다. 사실 그때는 딱히 모반에 성공할 묘수가 있던 것도 아니었다. 그런데 지금은 다르다. 노부나가 스스로가 모든 것을 준비해준 것과 다름없다. 실패 확률이 매우 낮다. 그렇다면 누구와 손을 잡아야 하는가. 미츠히데의 머릿속에 노부나가가 제거하려고 본능사로 부르기로 한 사람, 도쿠가와 이에야스가 떠올랐다. 모반을 할 수밖에 없다면 노부나가가 본능사에서 무장도 하지 않고 있을 때 해야 했다. 미츠히데는 우선 자신의 맹우 호소카와 후지타카(細川藤孝)를 설득해 아군으로 삼은 뒤, 이어서 노부나가가 아즈치

아케치 미츠히데

성을 방문한 5월 14일에서 17일 사이의 어느 날 이에야스와 담합해 모반 동맹을 체결했다.

운명의 6월 21일 새벽, 야스케는 호위 무사로 노부나가의 불침번을 서고 있었다. 그리고 습격이 있었다. 모리 란마루에게 누구의 군대냐고 물은 노부나가는 깃발의 문장이 기쿄몬(桔梗紋, 도라지꽃, 아케치 가문의 문장)이라는 대답을 듣고 "무슨 말이 필요하리…"라며 체념했다. 그리고는 입술에 손가락을 갖다 댄 채 "내가 내 구덩이를 팠구나"라고 중얼거렸다는 기록이 에스파냐 상인 아빌라 히론(Avila Girón)의 《일본왕국기》에 남아 있다 일본에서는 없는 "내가 내 구덩

이를 팔다"는 기록이 서양인의 손에 의해 남을 수 있었던 것도 야스케가 유일하게 살아남았기 때문일 것이다.

자신은 죽더라도 아들은 살려야겠다는 생각에 노부나가는 본능사 근처 묘각사(妙覺寺)에 있던 노부타다에게 야스케를 전령으로 보냈다. 소식을 들은 노부타다는 니조 성으로 들어가 싸우다가 결국 죽게 된다. 야스케는 칼을 던지고 항복했지만 죽임을 당하지 않고 남만사로 보내졌다.

오다 노부나가는 그렇게 죽었다. 완벽한 계획대로 완벽하게 도망갈 구멍이 없는 상황에서 자신이 판 구덩이에 빠져 죽었다. 본능사가 완전히 불에 타서 그의 시신은 발견되지 않았다. 그런데도 혼란은 그리 오래가지 않았다. 아케치 미츠히데를 매우 신속하게 제거한 도요토미 히데요시에 의해 정국은 빠르게 안정됐다. 히데요시는 아케치 미츠히데 개인의 야욕에 의한 모반으로 규정하고 모든 무장들에게 안전을 보장함으로써 사태를 서둘러 마무리 지었다. 도쿠가와 이에야스는 그런 히데요시에게 머리를 숙였다.

야스케도 역사에서 사라졌다. 루이스 프로이스는 로마에 보낸 보고서에서 언급했던 야스케를 《일본사》에서는 일절 거론하지 않았다. 전말을 알고 있는 유일한 생존자 야스케를 이후 히데요시가 살려뒀을 것 같지는 않다. 프로이스는 야스케의 운명을 알고 있었겠지만 히데요시의 서슬이 퍼런 상황에서 그 내용을 기록할 수는 없었을 것이다. 그렇게 일본 역사상 최초의 황제와 최초의 흑인 무사는 사라졌다. 사실은 황제가 되지 못했고, 무사로서 활약하지 못한 두 사람은 그 재주에 비해 성취가 크지 않은 역할을 마치고 역사라는 무대에서 퇴장했다.

운명과 역량

나는 나만의 낙천주의를 갖고 있다.

만일 내가 문 밖으로 나가지 못한다면,

다른 문을 만들거나 찾아낼 것이다.

현실이 얼마나 어둡든 간에 우리에게는 놀라운 일이 일어날 것이다.

_타고르

나는 개인적으로 마키아벨리와 노부나가를 보면 이런 생각이 든다. 니콜로 마키아벨리를 《군주론》이라는 한 작품 속에서만 파악한 것이 그를 마키아벨리언(Machiavellian)으로 만들었으며, 오다 노부나가를 천황의 신하로 묶어두려는 노력이 그를 잔인하고 괴팍한 사이코패스로 만들었다고. 그래서 사악함, 간사함, 교활함, 위선과 권모술수 등의 이미지로 점철된 두 사람의 본래 모습을 찾아주고 싶었다.

앞에서 마키아벨리에 대해 당시의 시대가 그를 어떻게 묘사하고

조반니 니콜라오의 노부나가 초상(좌)과 가노 소슈의 노부나가 초상(우)

싶어 했는지 설명했다. 이번에는 노부나가의 초상을 살펴보자.

왼쪽이 당시 예수회 수도사로 일본을 방문했던 조반니 니콜라오 (Giovanni Niccolo)가 그린 초상이고, 오른 쪽이 가장 널리 알려진 가 노 소슈(狩野宗秀)의 초상이다. 비교적 남자다운 인상을 풍기는 니콜 라오의 초상에 비해 일본에서 그린 노부나가의 초상은 연령대가 후 반이라고 이해하고 봐도 그 외모가 다소 졸렬해 보인다. 간사함과 교활함이 더 강하게 느껴진다. 그에 비해 니콜라오의 초상은 담대함 이나 비범함도 엿보이는 얼굴이다. 이 같은 차이는 왜 발생할까? 나 는 그것이 객관과 주관의 차이라고 본다. 오다 노부나가는 일본에서 지워져야 하는 인물이다. 지금도 여전히 천황이 존재하는 일본에서 당시 천황을 우습게 여겼을 뿐 아니라 천황을 넘어 중국을 정복해 황제가 되고자 했던 인물을 받아들일 수 없는 것이다.

황제가 된다는 말이 천황의 자리를 빼앗겠다는 의미임은 애써 유추할 필요도 없다. 아케치 미츠히데의 모반이 일어나자마자 그 정당성을 승인하고자 협의를 진행했던 조정의 움직임을 봐도 노부나가에 대한 반감과 불안이 컸음을 알 수 있다. 그 같은 움직임은 지금도 진행 중인데, 도요토미 히데요시의 오사카 성과 도쿠가와 이에야스의 나고야 성의 천수각은 비록 콘크리트로나마 전시관의 형태로 복원이 이뤄진 데 반해, 노부나가의 아즈치 성은 아직도 빈 터만 남아 있다. 그도 그럴 것이 노부나가의 아즈치 성을 복원하면 가장 높은 건물인 천주각을 세워야 하는데 현재의 일본으로서도 할 수 없는 일이다.

이런 까닭에 이후 500년 동안 오다 노부나가는 자신과는 다른 이미지로 남아야 했다. 일본 통일과 중국 정복을 꿈꾸던 사내에게는, 자신의 짧은 인생 50년 안에 모든 것을 이루고자 했던 사내에게는 시간이 너무 부족했다. 그러므로 그의 삶은 과격할 수밖에 없었을 것이다. 무능한 천황, 무력하지만 교활한 쇼군, 분열을 고착화하려는 센고쿠 다이묘들, 도발하는 사찰 세력 등 당시의 모든 세력이 그를 미워했다. 그리고 그 미움은 일본에서 지금도 계속되고 있다. 오다 노부나가는 그저 일본인을 가장 많이 죽인 일본인, 악마, 마왕으로 남아야 했다. 유럽에서 마키아벨리가 그랬던 것처럼.

마키아벨리가 《군주론》에서 제시한 몇 가지 원칙을 노부나가의 성

아즈치성 천주각 터

격, 리더십, 정책 등과 비교해 보는 것도 흥미로울 것이다. 16세기 이탈리아의 니콜로 마키아벨리와 16세기 후반 일본의 오다 노부나가 사이의 유사점을 찾아내는 일은 그리 어렵지 않다.

마키아벨리는 고대 정치사에 대한 관찰을 기반으로 형성된 자신의 생각을 '르네상스'라는 근본적으로 다른 정치에 적용했다. 르네상스 이탈리아와 아즈치 일본 사이에는 많은 문화적·정치적·군사적 차이가 존재한다. 이런 차이는 마키아벨리가 생각한 이상적 군주와 노부나가와의 비교가 언뜻 르네상스 이탈리아(또는 유럽)와 전국 시대 일본의 일반적인 역사 발전을 동일시하는 데 의문을 제기한다. 그럼에도 불구하고 《군주론》은 오다 노부나가를 연구하는 데 적합한 도구라고 할 수 있을 정도로 꽤 많은 부분에서 일치한다. 마키아벨리와 노부나가는 모두 성공적인 통치권을 확립하는 방법에 관해 고심했다.

본질적으로 마키아벨리는 새로운 군주, 즉 자신을 스스로 일으켜 세워야 했던 통치자, 자신의 운명과 역량을 토대로 작은 시작과 불안한 기초를 딛고 일어선 통치자에게 말을 걸었다. 그에 따르면 자신의 능력으로 우위를 점하는 사람들은 권력 획득의 어려움을 경험하지만, 일단 성취하면 그들은 그것을 쉽게 유지한다. 그리고 권력을 획득할 때 직면하는 어려움은 부분적으로 그들이 권력을 확립하고 그것을 안전하게 하기 위해 도입해야만 하는 새로운 제도와 법에서 비롯된다.

마키아벨리는 포르투나 여신을 존경했지만 그녀가 전능하다고 생각하지는 않았다. 그는 운이 유능한 사람들을 유능하게 만드는 데 결정적 역할을 한다고 봤다. 기회가 없었다면 그들의 정신력이 분명히 약해졌을 것이기 때문이다. 그러나 애초에 역량이 없다면 그 기회는 낭비됐을 것이다.

마키아벨리의 관점에서 본다면 운은 대부분의 측면에서 노부나가에게 유리했다. 그가 나고 자란 지역의 지리, 즉 비옥하고 전략적인 나고야 지역, 그가 상대해야 했던 적들의 관성, 널리 퍼져 있던 정치적 분열 등은 모두 그가 초기에 세운 일본 통일이라는 목표에 기여했다. 노부나가가 그랬던 것처럼 기회가 스스로 그 존재를 드러냈을 때 그 기회를 놓치지 않고 잡는 자가 '새로운 통치자'가 되는 것이다.

마키아벨리와 노부나가 두 사람 모두 후대의 사람들에게 혐오감을 불러일으켰다. 마키아벨리는 배덕의 실천가로서, 노부나가는 부덕의 전도사로서 말이다. 역사학자들 중에 일본의 16세기가 도덕주의자들의 황금기였다고 주장하는 사람은 없을 것이다. 하지만 심지어 현대가 아니라 고대의 윤리적 기준에 비춰보더라도 노부나가의 야만 행위 목록은 길고도 소름끼친다.

그렇지만 여기서 우리에게 더 흥미로운 부분은 노부나가가 바로 마키아벨리가 주창했던 요소, 다시 말해 '강력한 정부를 구축하기 위한 이성적인 잔인함'을 적용한 것 때문에 더욱 비난을 받아왔다는 점이다. 마키아벨리는 잔인함은 '어떻게' 적용하느냐의 문제라고 말했다. 잔인함은 좋게 또는 나쁘게 적용할 수 있다. 필요하고 피할 수 없는 악을 적용할 때 진정한 군주라면 그 차이를 구분한다.

때로 잔혹한 처벌은 자신의 영역을 조용히 그리고 하나로 유지하는 데 도움이 된다. 새로 권력을 잡은 통치자는 새로 패권을 확보해야 하므로 잔혹하다는 평판을 면할 수 없다. 군주는 성공적으로 통치하는 동시에 사랑받을 수 없기 때문에, 자신을 두려워하도록 만들면서 미움은 받지 않도록 하는 것을 목표로 삼아야 한다. 따라서 군주는 예측 불가능하고 자의적인 폭력은 자제해야 한다. 특히 자신의 국민들에 대한 폭력은 더욱 그렇다. 이것이 마키아벨리의 원칙이다.

확실히 노부나가가 보여준 폭력과 불관용은 그 어떠한 보복도 상상할 수 없는 종류의 것이어야 한다는 마키아벨리의 요구를 충족시켰다. 자신의 권위를 확립하고 유지하고자 노부나가는 거의 전적으로 무력에 의지했다. 그런데 그와 동시에 노부나가는 "통치자는 피지배자들의 재산을 고의로 전용함으로써 자신을 증오하게 해서는 안 된다"는 마키아벨리의 원칙과 일치한 행동을 하기도 했다.

1572년 10월, 노부나가는 쇼군 요시아키의 악명 높고 불법적인 행동을 공개적으로 비난했다. 특히 노부나가는 요시아키가 사찰과 개인의 정당한 재산을 강제로 빼앗은 사실을 문제 삼았다. 노부나가는 기소장에서 이 탐욕스러운 통치자를 인정하지 않았다. 요시아키는 민중에게 '악의적인 쇼군'이라는 별명을 얻게 됐다.

마키아벨리의 《군주론》은 노부나가의 군사 훈련, 리더십, 전략 등과 관련해서도 그대로 적용된다. 젊은 시절 노부나가는 이미 "군주는 다른 목적도, 다른 관심도 없어야 하며, 전쟁과 그 방법 및 관행을 제외한 다른 어떤 것으로도 자신을 지배해서는 안 된다"는 마키아벨리의 규범에 충실했다. 젊은 시절 노부나가는 매일 아침과 저녁에 외출하고, 봄부터 가을까지 수영을 즐기는 것 말고는 별다른 여흥을 알지 못했다. 또한 노부나가는 칼, 창, 활, 조총으로 끊임없이 기술을 연마했다.

확실히 마키아벨리는 군주가 비도덕적이어도 되고 교양도 필요

없다고 말하지 않았다. 사실 노부나가는 전쟁 외에 다른 관심사도 있었다. 그는 차, 도자기, 춤, 노래 애호가였다. 그의 이런 취미 생활은 즐거움보다는 위신을 갖추어야 한다는 데서 영감을 받은 듯 보인다. 그는 자신의 이미지에 이로운 고귀한 집단과의 만남을 고려했을 것이고, 통치자에게는 웅장하고 장엄한 모습을 유지하는 것이 중요하다고 판단했을 것이다.

하지만 비록 그런 취미와 교양이 있었다고는 하나 노부나가의 주된 관심사가 전쟁이라는 사실을 바꾸지는 못한다. 그리고 마치 마키아벨리가 사냥을 오락의 기준으로 선택했듯이 노부나가 역시 매우 열정적으로 사냥을 했다. 그는 뛰어난 명사수들을 대동하고 자주 사냥에 나가 신하들의 모습을 주의 깊게 관찰했다. 그들 중 일부는 조총으로 사냥하고 다른 이들은 조총 없이 사냥하라는 명을 받았다.

리더십의 관점에서도 노부나가는 군주가 직접 전장에서 군대를 지휘해야 한다는 마키아벨리의 원칙을 고수했다. 패권을 잡은 이후에도 노부나가는 전쟁이 절정에 달했을 때 직접 참전해 가신들로부터 지휘권을 넘겨받곤 했다. 실제로 노부나가는 아케치 미츠히데에게 살해당할 당시에도 직접 출진하기 위해 교토에 갔다. 히데요시를 지원할 생각이었기 때문이다. 이에야스를 제거하는 데 성공한 뒤 미츠히데에게 이에야스의 영지를 공격해 점령하도록 명령한 다음 자신은 히데요시가 있는 전장으로 달려갔을 것이다.

군사 훈련과는 별개로 노부나가가 새롭게 정복한 영토의 소유권을 확보하기 위해 취한 조치에 대해서도 마찬가지였다. 그는 일본 통일 전쟁 수행 시 다른 위협들 사이에서 마키아벨리가 말한 "자신의 법과 자유에 순종하지 않는" 사찰 세력들이 저항하는 것을 실제로 경험했다. 교토 북쪽에 있는 히에이 산의 연력사는 그런 세력 중 하나였다. 마키아벨리는 '황폐화'가 점령지를 통제하는 가장 확실한 방법이라고 충고했다. 1571년에 노부나가가 연력사를 응징해 불태운 것은 이 부분에 대한 마키아벨리의 조언을 설명하는 대표적 예시가 될 수 있다.

정복당한 세습 군주가 제거되면 그 다음에는 덜 가혹한 조치가 요구된다. 이 경우 마키아벨리는 군주 일가를 몰살하고 나라의 세금과 법률은 손대지 않은 채 방치하는 것으로 충분하다고 말했다. 1582년 노부나가는 다케타 카츠요리가 다스리던 지역을 정복했을 때 다른 센고쿠 다이묘들로부터 탈취한 영지처럼 그 지역을 가신들에게 나눠주지 않았다. 다케다 가문은 멸망했지만 그 지역 가신들은 모두 그 자리에 남았고 땅도 그들의 소유로 확정됐다. 이 지침은 문서로 작성돼 그 지역에 대한 통치를 위임 받은 가신들에게도 전달됐다. 문서에는 해당 지역의 다케다 가문 가신들을 우호적으로 대해야 한다고 쓰여 있었다. 새로 정복한 지역의 세금을 인상하지 않는다는 것도 노부나가 정책의 기본 원칙이었다.

마키아벨리의 관점에서 한 가지 중요한 문제는 군주가 어떤 상황과 결과에도 불구하고 자신이 한 약속을 지켜야 하는가에 관한 것이

말과 칼

었다. 마키아벨리는 무릇 명군이라 할 만한 사람은 신의를 지킴으로 써 자신에게 해가 돌아올 경우, 또는 약속을 맺을 당시의 동기가 이미 사라졌을 경우에는 신의를 지킬 필요가 없을뿐더러 오히려 신의를 지켜서는 안 된다고 말했다. 기만과 불신은 노부나가를 아주 나쁜 이름으로 만들었지만, 그는 루이스 프로이스의 표현처럼 "어떻게 일본인의 마음을 지배할 수 있을지" 알고 있었다.

간단히 말해 노부나가는 마키아벨리가 《군주론》에서 제시하고 있는 군주들처럼 치밀하고 계산적이며 잔혹했다. 노부나가는 상황의 힘을 인식하고, 필요한 것을 지시하고, 자신의 행동을 시대와 조화시킴으로써, 언제 충동적이고 언제 신중해야 하는지 알았으며, 결과적으로 마키아벨리 식의 국정 운영 이념을 구체화했다.

노부나가와 마키아벨리 《군주론》의 비교는 적절하다고 생각한다. 대개 포악함과 잔인함의 관점에서만 논의되는 노부나가를 대상으로 보다 합리적이고 정교한 조명을 비출 수 있기 때문이다. 오다 노부나가의 일반적 이미지, 즉 터무니없고 변덕스러운 폭군이었다는 평가를 뒤집을 수 있다. 노부나가의 행위가 단순히 특정 개인의 일탈과 야만이 아니라, 유럽 사회의 관습에 대한 직접적인 경험과 지식을 가진 마키아벨리에 의해 이론화된 군주의 덕목이었다고 평가하는 것도 가능한 것이다.

아울러 마키아벨리에 의해 분석된 군주의 카리스마적 국가 운영 기법을 함께 살펴봄으로써 노부나가가 일본만의 문화적 구속, 즉 특수가 아니라 보편이었다고 주장할 수 있다. 이렇듯 오다 노부나가는 (비록 자신은 마키아벨리의 《군주론》을 읽지 못했지만) 니콜로 마키아벨리가 유럽에서 설파한 것들을 실행했다. 결국 후세에 의해 완전히 왜곡된 두 사람의 말과 칼은, 바로 그들 자신의 말과 칼에 의해 서로의 정당성을 옹호해주는 역할을 하고 있는 것이다.

다시 원점으로 돌아가서 개인으로서 두 사람의 삶을 비교해보면 그들이 대단한 낙관주의자였음을 알 수 있다. 출신 배경과 상관없이 두 사람은 당시 누구도 생각하지 않은 세계를 꿈꿨다. 그리고 그 꿈을 이룰 수 있다고 믿었다. 희망은 내일을 기대감으로 채운다. 설령 지금 처한 상황이 녹록지 않더라도 자신들이 그 꿈을 실현하는 데 주역이 될 수 있다는 생각을 한시도 버린 적이 없었다. 마키아벨리는 공화주의(共和主義)와 전제주의(專制主義)라는 양극단을 왕복하는 진자(振子) 운동처럼 생각의 변화가 무쌍했고, 노부나가는 무력(武力)이라는 수단을 통해 항구적 평화를 가져오겠다는 초기 목표에서 벗어나 중국 정복과 같은 훨씬 높은 목표를 설정함으로써 가신들과 비전을 공유하지 못하고 죽임을 당하는 상황에 처해졌지만, 죽는 그 순간까지도 그들은 스스로에 대한 믿음을 거두지 않았고, 내일의 희망을 버리지 않았다.

게다가 그들은 긴장을 풀어도 좋을 상황이 되면 천성적인 유머와 장난을 멈추지 않았다. 마키아벨리는 농장의 선술집이나 친구와의 편지에서 늘 농담을 늘어놓으며 히죽거렸고, 노부나가는 히데요시와 미츠히데를 원숭이와 대머리라고 놀리며 키득거렸다.

"상황에 맞게 자신을 변화시킬 수 있다면 반드시 성공할 것"이라는 믿음은 마키아벨리의 《전술론》에서도 찾아볼 수 있다. '체리뇰라(Cerignola) 전투'가 이를 잘 설명해준다. 1503년 이탈리아 반도의 패권을 놓고 벌어진 프랑스와 에스파냐 사이에서 벌어진 이 전투에서 수적 열세에도 불구하고 에스파냐가 프랑스에 대승을 거두게 된다. 루이 다르마냑(Louis d'Armagnac) 공작의 전사 등 4,000명의 사상자를 낸 프랑스에 반해 에스파냐의 전사자는 100여 명에 불과했다. 이는 프랑스의 전통적인 기병대 돌격이 화승총 부대라는 에스파냐의 새로운 전술에 통하지 않았음을 보여준다. 1575년 '나가시노 전투'에서 다케다 군대의 그 유명한 기마대가 노부나가의 조총 부대에 전멸을 당한 것도 같은 맥락이다. 마키아벨리의 《전술론》에서 말하고 있는 전술이 상황에 맞는 적절한 전술을 활용하라는 것임을 노부나가가 증명한 셈이다.

그러나 결과적으로 두 사람은 마지막 순간까지 상황에 맞게 자신을 변화시키지 못했다. 이들의 원대한 포부는 역사에서 실패로 끝이 난다. 그렇지만 바로 그렇기 때문에 인생은 결과가 아니라 과정 안에 성취가 있다는 아쉽지만 보편적인 결론을 이끌어낼 수 있는 게 아닐까 생각한다.

세상에 없는 생각과
스스로의 삶

뱀장어는 뱀을 닮았고 누에는 송충이를 닮았다. 뱀을 보면 모두 깜짝

놀라고 애벌레를 보면 누구나 징그러워한다. 그러나 어부들은 맨손으

로 뱀장어를 잡고 여자들은 맨손으로 누에를 잡는다. 다시 말해 이익

이 되면 누구라도 본능을 버리고 용기를 얻게 된다.

중국 전국 시대 말 법가(法家) 사상을 대표한 인물 한비(韓非)의 《한

비자(韓非子)》 제23편 '설림(說林)' 하(下)에 나오는 대목이다. 그는 스

승 순자(荀子)의 견해를 받아들여 인간은 본질적으로 사악한 존재이

며 강력한 법과 형벌로 사회를 통제해야 된다고 주장했다. 또한 제

상들과 각국 제왕들에게 공자(孔子)의 이상향을 실현하기 위해서는

강력한 제도가 뒷받침돼야 한다는 의견을 피력했다.

지금으로부터 2,300년 전 이야기다. 중국에는 마키아벨리 훨씬 이전에 이미 인간 본성은 악에 치우치기 쉽다고 생각한 법가 사상이 있었다. 물론 그렇다고 해서 인간은 그런 존재이니 벌레 보듯 짓밟고 억눌러야 한다고 결론 내리지는 않았다. 평화롭고 안전한 나라, 통일된 나라, 공자의 이상이 실현된 나라가 그들의 지향점이었다.

그렇지만 한비자도, 마키아벨리도, 노부나가도, 좋은 수단만으로는 결코 좋은 목적을 달성할 수 없다는 냉혹한 현실 인식을 분명히 했다. 그들이 말한 현실은 오늘날을 봐도 별반 나아진 게 없어 보인다. 지금도 우리는 '경제'라는 전쟁과 '기업'이라는 사회에서 '전략'과 '전술'이라는 군사 용어를 그대로 사용하며 살아남기 위해 애쓰고 있다. 양상이 달라졌을 뿐 본질은 같은 것이다. 그렇다면 우리는 어떻게 현실을 인식해야 할까?

1996년 이탈리아 파르마대학 자코모 리촐라티(Giacomo Rizzolatti) 교수의 연구 팀이 발견한 '거울 뉴런(Mirror Neurons)'은 학계를 넘어 일반 대중에도 유명하다. 인간을 비롯한 몇몇 동물들이 거울 뉴런 덕분에 상대방의 생각이나 행동을 마치 자신이 그러고 있는 것처럼 느끼고 이해할 수 있다는 사실이 드러났다. 아리스토텔레스 이후 인간은 '사회적 동물'로 규정돼왔다. 거울 뉴런은 왜 인간이 사회적 동물인지를 과학적으로 뒷받침해주는 발견이다. 감정과 느낌으로 다른 사람을 이해할 줄 아는 것, 이를 우리는 '공감 능력'이라 부른다. 그래서 과학자들은 거울 뉴런에 '공감 뉴런'이라는 또 다른 이름을 붙였다. 공감은 우리의 본성이고 우리를 사회적 존재로 만들어준다.

다른 한편으로는 인간이 기본적으로 새로운 것을 추구하기보다는 누군가를, 무엇인가를 따라하는 데 더 익숙한 존재라는 사실도 알 수 있다. 이는 인간이 통상적으로 리더(leader)보다는 팔로워(follower) 성향을 갖고 있다는 말이 된다. 새로운 것에 도전하고 길을 만들어가기보다 누군가를 따라하면서 만들어진 길을 가려는 존재가 인간이다. 그러면서도 작은 기회만 있다면 자신의 이익을 위해 움직인다.

그래서 언제나 선택의 문제에 봉착한다. 모두가 모두를 따라하는 것은 불가능하기 때문이다. 인간은 자신보다 뛰어난 사람을 찾아 그 사람의 말과 행동을 학습하면서 무리 속에 있을 때 생존 확률이 높다는 사실도 안다. 그런 까닭으로 우리는 끊임없이 리더를 찾고 그를 따른다. 위인전 또는 누군가의 성공 스토리를 담은 책이 널리 읽히는 것도 이 때문일 것이다.

거울 뉴런의 발견은 공감이 본능적인 능력임을 깨우쳐준다. 그런데도 우리 사회가 갈수록 살풍경해지고 있는 이유는 '경쟁이 미덕'이라는 가치관이 지배하게 되면서 치열한 생존 경쟁에서 낙오할지 모른다는 상시적 불안감이 공감 능력을 억압하고 있기 때문이다. 경쟁을 미덕으로 보는 관점과 모든 행위를 승부로 바라보는 시각은 공감 능력을 상실한 사람들이 권력을 쥘 확률을 높여주기도 한다.

이 같은 역설은 왜 발생할까? 공감을 가장 중요하게 여기면서 막상 가장 공감 능력이 낮은 사람을 리더로 세우는 역설 말이다. '욕망의 삼각형 이론'으로 유명한 르네 지라르(Rene Girard)의 말처럼 거울 뉴런은 뇌 공감 능력의 메커니즘을 작동시키기도 하지만, 거울 뉴런으로 활성화된 '모방'과 '경쟁'이 갈등과 폭력을 일으켜 '희생양 메커니즘(Scapegoat Mechanism)'을 작동시키기도 한다. 욕망의 삼각형 이론에 따르면 인간의 욕망은 항상 '주체'와 '매개자' 그리고 '대상'이라는 삼각형 구조를 갖는데, '주체'의 욕망이 '대상'을 곧장 행하는 게 아니라 '매개자'를 통해 이뤄진다.

지라르는 인간 행위에서 '모방'의 역할에 깊은 관심을 가졌다. 지라르는 거울 뉴런이 암시하는 바와 같이 인간의 욕망은 자기 고유의 것이 아니며 타인이 욕망하는 것을 욕망한다고 주장했다. 인간의 욕망이 자발적인 것이 아니라 매개자에 대한 투영을 통한 간접적인 것임을 강조했다. 그는 원시 사회에서부터 현대에 이르기까지 보편적으로 찾아볼 수 있는 '폭력'의 문제를 파헤치면서, 인간 사회의 갈등 문제를 풀어내는 코드는 다름 아닌 모방 욕망과 이로 인해 생겨나는 질투와 증오감이 반복·재생되는 갈등 관계라고 봤다.

또한 그는 인간의 갈등이 서로간의 '다름'이 아닌 '같음' 때문에 일어난다고 말했다. 다른 것을 보고 다르다고 하는 것이 아니라, 같은 것을 보고 다르다고 하는 것이다. 같은 욕망을 위해 모방적 경쟁을 벌일 때 갈등이 발생한다. 서로를 닮게 만드는 동시에 갈등을 유발한다. 욕망에 대한 모방은 경쟁심을 낳고 그 경쟁심은 또 다시 모방을 낳는다. 이런 식으로 갈등과 폭력이 점차 격화되면 공동체에 위기가 찾아온다. 그러면 공동체는 그 위기를 초래한 책임과 비난을 하나의 대상에게 떠넘김으로써 공동체의 통합을 꾀한다. 이때 폭력이 집중되는 하나의 대상, 그것이 바로 '희생양'이다.

마키아벨리와 노부나가는 그들이 살았던 시대 또는 후대 사람들의 모방적 욕망의 희생양이다. 그들을 그런 이미지로 만든 주도 세력은 각각 교황과 천황이다. 다시 말해 당대의 대제사장에 의해 희생양이 된 것이다. 아직 중세의 틀에서 벗어나지 못한 당대의 가치 판단 기준을 넘어선 그들은 집단으로부터 악마화됐다. 하지만 그런 그들을 현대인들은 탐독하고 열광한다. 이 또한 역설이다.

봉건적이며 수직적인 위계를 중시하지 않는 오늘날, 전쟁 없이 평화의 나날을 보내고 있는 많은 선진 사회에서 역설적으로 이들은 다시 읽히고 부활한다. 리더십에서도 구성원들을 지원하고 지지는 '서번트(servant) 리더십' 유가 각광을 받는 오늘날 마키아벨리와 노부나가가 보여준 전제적 리더십이 현대인들에게는 낯설고 불편할 텐데도 말이다.

역사는 반복된다. 네로(Nero) 황제 시절에 로마에 대화재가 발생하자, 재산과 인명 손실을 입은 시민들은 광분해 폭도로 변했다. 당황한 네로는 시민들의 분노를 해소할 희생양을 찾았고, 그리스도인들이 그 희생양이 됐다. 제2차 대전에는 나치(Nazi)에 의해 유대인 대량 학살이 자행됐다. 제1차 대전에서 패배한 이후 아돌프 히틀러

말과 칼

(Adolf Hitler)는 상처 입은 독일 민족의 자존심을 세우고 게르만 국가사회주의를 탄생시키는 과정에서 유대인을 희생양으로 삼았다. 1923년 일본 간토 대지진 때는 "조선인들이 폭도로 돌변해 우물에 독을 풀고 방화와 약탈을 하며 일본인들을 습격하고 있다"는 헛소문이 나돌면서 6,000명 이상의 조선인들이 희생됐다.

희생양 메커니즘은 위기에 처한 공동체를 구하고 폭력의 악순환을 중단시키는 도구로 이용됐다. 희생양의 기능은 공동체 내부의 폭력을 진정시키고 분쟁의 폭발을 막는 데 있었다. 희생양의 주된 특징은 폭력을 당하더라도 복수할 가능성 및 능력이 없는 사람들이라는 것이었다. 희생양은 구별되고 배제된 이들이었으며, 약하고 상처받기 쉬운 사람들이었다. 마키아벨리와 노부나가는 살아있을 때 그렇지 않았기 때문에, 살아서가 아니라 보복할 능력이 없는 사후에 희생양이 됐다.

르네 지라르에 따르면 인류의 제도와 언어에 이 같은 폭력적이고 불편한 진실의 흔적이 남아 있다. 예컨대 치유와 관련이 있는 '약국'이나 '약학'을 일컫는 영어 단어 '파르머시(pharmacy)'는 '파르마코스(pharmakos)'가 어원인데, 역설적이게도 고대 그리스에서 전염병이나 기근 등과 같은 재앙이 덮쳤을 때 그 원흉으로 몰아 처형한 인간 '속죄양'을 뜻한다. 치유와 희생양의 뿌리가 같은 것이다. 도시 국가에 위기에 닥칠 때마다 그들은 희생양이 됐다. 공동의 희생양을 통해 공동체 내부에 축적된 경쟁, 질투심, 분쟁과 같은 질병을 치유하고 공동체의 안정과 사회적 통합을 회복하는 치료제로 삼았던 것이다.

이 밖에 '배설'을 뜻하는 고대 그리스어이자 아리스토텔레스가 마음속 감정의 '정화'로 설명한 '카타르시스(katarsis)' 역시 '카타르마(katharma)'라는 단어에서 파생됐는데, 카타르마 또한 그리스 및 로마의 도시 국가에서 제의 때 처형한 희생양들을 가리킨다. 카타르마(희생양)의 피를 본 사람들은 카타르시스, 즉 심리적 정화감을 느꼈다. 우리가 그토록 대단하게 바라보는 그리스 및 로마의 정치 체제는 도시 국가들의 평화와 안정을 위해 희생된 이들의 피를 요구했다. 영화 〈글래디에이터(Gladiator)〉를 통해 묘사된 로마 검투사들 또한 말하자면 제의적으로 싸우다가 처형된 희생양이었다. 이런 관점에서 보면 그리스와 로마의 정치적 평화는 내부 갈등을 공동체 외부의 적이나 희생양들과 맞바꾼 결과였다. 적이 있어야 내부가 단결한다는 믿음이었다.

오늘날은 어떨까? 이성과 합리성이 지배하는 현대에는 더 이상 희생양이 없을까? 공정한 사법 제도가 공동체를 지탱하고, 개인의 인권을 중시하며, 공적 영역에서 시민의 미덕을 강조하는 현대 사회에서 무고한 이들을 처형해 희생양으로 삼는 경우는 물론 없을 것이다. 그러나 피를 보지 않을 뿐 누군가가 차별받고 배제되고 억압당하는 경우는 많다. 때로는 집단적 히스테리에 사로잡힌 다수가 소수를 향해 분노와 폭력을 분출한다. 나와 정치적 견해가 다르면 적대하는 사회적 분위기도 팽배하다.

　이렇게 보면 현대 사회에도 여전히 희생양 메커니즘이 작동하고 있는 듯 보인다. 우리가 살아가는 현재에도 공동체의 위기 상황이라고 할 수 있는 내부의 긴장이나 분쟁이 폭발 직전에 있다고 해도 크게 틀리지 않을 것이다. 이탈리아 전쟁과 일본 전국 시대에 비견할 만한 상황 속에 놓여 있다는 현실에 대한 자각이 마키아벨리와 노부나가를 재조명하게 만드는 원동력이 되고 있다는 생각이 들기도 한다.

　르네 지라르는 모든 인류 사회는 그 구성원들의 모방 욕망이 야기하는 갈등과 폭력이라는 위기에 대처하기 위해 그 사회의 경계에 위치한 약자나 소수자를 희생양 삼아 위기의 책임을 전가한 뒤 집단적으로 폭력을 행사함으로써 위기를 벗어나왔다고 주장했다. 어느 정도 시간이 경과한 후에는 반대로 이 희생양을 신격화하거나 전지전능한 조작자로 만들어 제의의 대상으로 삼는다고도 말했다. 그렇다면 그가 말한 어느 정도의 시간이 흘러 과거의 희생양이었던 마키아벨리와 노부나가를 신격화하고 숭배하는 단계로 나아가고 있는 걸까?

　우리는 종종 "그때는 맞고 지금은 틀리다"는 말을 듣는다. 과거의 사람들이 옳다고 믿었던 것들이 지금의 기준으로 보면 틀렸다는 것이다. 그런데 문제는 우리다. 우리는 '지금'을 살고 있기 때문이다. 우리가 '지금' 옳다고 판단하는 것들이 과연 시간이 흐른 뒤에도 옳을까? '지금'이 우리에게 제공하는 편견의 틀을 벗어나 훗날에라도 제대로 된 판단을 내릴 수 있을까?

　인생에 관한 재미있는 비유가 있다. 어떤 사람이 광야에서 사나운 코끼리에게 쫓겨 달아나다가 한 우물을 발견했다. 우물 옆에는 큰 나무가 있고 우물 속으로 뿌리가 나 있다. 그는 곧 나무뿌리를 타고 내려가 우물 안에 몸을 숨기려고 했다. 하지만 우물 바닥 사방에 독사 네 마리가 아가리를 벌리고 있다. 깜짝 놀라 다시 위로 올라가려는데 어디서 나타났는지 흰쥐와 검은쥐가 나무뿌리를 번갈아 갉아 댄다. 어느새 코끼리도 그를 떨어뜨리려고 쾅쾅 발을 구른다. 그런데 입술 위로 뭔가 달콤한 것이 떨어져 핥으니 벌꿀이다. 나무에는 벌둥이 달려 있어서 몇 방울씩 떨어지고 있다. 순간 그는 꿀의 단맛에 취해 자신이 처한 위험을 잊는다. 벌떼가 내려와 쏘아대지만 그는 벌에 쏘이면서도 꿀을 받아먹는 데 열중한다.

　이런 상황이 우리의 인생이라면 어떻게 해야 할까? 어떤 행동을 해야 할까? 적어도 이 이야기에서는 주변 상황과 조건들을 모두 알려주고 어떻게 할지 묻는다. 하지만 실제의 삶은 내가 어떤 환경과 상황에 처해 있는지 관찰하고 파악하는 것부터가 쉽지 않다. 그렇기 때문에 문제 해결 능력보다 더 중요한 것이 문제 발견 능력이라고 할 수 있다. 무엇이 문제인지 인식하는 것이 우선이다. "문제아의 가장 큰 문제는 문제의식이 없다는 데 있다"는 말도 있듯이, 문제 발견 능력이 문제 해결의 첫 단추다. 그리고 그 다음에 필요한 것이 대안 창출 능력이다. 문제를 어떤 방식으로 해결할지 아이디어를 이끌어내는 능력이다. 마지막으로 그 아이디어를 행동으로 옮길 수 있는 실행 능력이 있어야 한다. 이를 종합해보면 '왜' 그런지, '무엇이' 가능한지, '어떻게' 할 것인지 '질문'하는 것이 필요하다.

이 책에서 우리는 중세에 맞서 근세를 이끌어낸 니콜로 마키아벨리와 오다 노부나가의 삶과 행적을 함께 살폈다. 이들은 자신을 둘러싼 세계를 관찰했고 의문을 품었다. 그리고 그 의문에 자기 나름의 해답을 얻기 위해 세상에 없던 생각으로 스스로의 삶을 살았다. 모름지기 생각하는 대로 살지 않았다면, 그 시대 다른 대부분의 사람들이 그랬듯 사는 대로 생각했을 것이다. 주어진 정보, 주어진 역할, 주어진 생각에 의해 주어진 대로 살면서, 이익이 있을 때는 맨손으로 뱀장어를 잡고 누에를 만졌을 것이다.

다행히도 우리가 살아가는 '지금'은 전제적 권위나 집단의 압력이 큰 사회는 아니다. 반면 스스로의 생각과 판단이 자신의 삶에 미치는 영향력은 그 어느 때보다 크다. 우리는 다양성이 인정되고 다원화된 세상을 살고 있다. 삶이 한 가닥 줄 세우기가 아니라 원과 같이 360도 어느 방향으로든 전개될 수 있는 '지금'이다. 그러나 아무리 그것이 가능한 세상이라도 한 사람이 동시에 360도의 삶을 살 수는 없다. 그래서 '선택'이 중요하다.

결국 우리는 수많은 인생의 선택지 가운데 어떤 것을 매순간마다 선택함으로써 스스로의 인생을 채워나간다. 나의 생각이 나의 선택에 영향을 주고, 선택이라는 경험이 다시 나의 생각에 영향을 주면서 정체성을 갖춰 나만의 세계를 만들어간다. 외부의 압력이나 강요가 사라진 '진공'의 시공간에서 자기 자신이 어떤 생각과 선택을 하느냐에 따라 스스로를 구원하기도 하고 희생양으로 만들기도 하는 것이다.

옛날이야기 하나 더하자. 옛날에 두 명의 나무꾼 친구가 있었다. 하루는 둘이 누가 더 나무를 많이 하나 시합을 했다. 똑같은 종류의 도끼로 똑같은 종류의 나무를 베기로 했다. 두 사람은 숲속으로 들어가 나무를 베기 시작했다. 그런데 나무 베는 방법은 각각 달랐다. 한 사람은 한시도 쉬지 않고 열심히 나무를 베었고, 한 사람은 50분은 열심히 베고 10분은 쉬면서 했다. 결과는 어떻게 됐을까? 쉬지 않고 나무를 벤 친구보다 50분 베고 10분 쉰 친구가 더 많은 나무를 베었다. 분명히 내가 더 열심히 했는데…. 진 친구가 아무래도 의아해서 어떻게 했는지 물었다. 그러자 이긴 친구가 이렇게 대답했다.

"쉬는 동안 도끼날을 갈았거든."

우리가 사는 세상은 인류가 경험한 그 어떤 시대보다 변화의 속도가 빠르고 접하게 되는 정보의 양이 많다. 물론 과거에도 사람들은 세상이 너무 빠르게 변한다는 생각으로 그 시대를 살았을 것이다. 마음은 더 조급해지고, 가만히 있으면 퇴보한다는 불안감에 사로잡히고, 획득해야 할 너무나도 많은 정보와 지식 앞에 오히려 판단을 중지한 채 살아가는 이들도 있다. 서면 앉고 싶고, 앉으면 눕고 싶은 법이다.

그렇다고 편한 것이 몸에 좋은가 하면 그렇지도 않다. 건강을 위해서라면 누웠다고 앉고, 앉았다가도 서기를 마다하지 않는 게 현대인이다. 몸 편한 것은 몸에 좋지 않듯이, 마음 편한 것은 마음에 좋지 않다. 이래도 좋고 저래도 좋은 것은 낙관이 아니다. 냉소가 좋을 리도 없다. 외면한다고 해서 선택의 문제가 인생에서 사라지는 것도 아니다. 생각하지 않고 살려는 태도가 되레 몸과 마음을 더 피곤하게 만든다.

위 옛날이야기가 말하고자 하는 핵심을 눈치 챘는가? 쉼 없이 나무를 베기만 해서는 안 된다. 세상에서 가장 빠른 자동차를 만들려면 엔진만큼이나 브레이크를 신경 써야 한다. 삶에서 무엇인가를 이루려면 달리기만큼이나 잠시 멈춰 쉬는 것이 중요하다. 그래야 그 시간에 '도끼날'을 갈 수 있는 것이다. 도끼날은 곧 질문이다. 질주하는 마음을 잡아 세우고, 속도만큼 중요한 방향을 확인하기 위해 질문을 던질 시간을 확보해야 한다. 그러려면 자신과 대화하는 기회를 스스로에게 제공해야 한다. 대화란 양 끝에 존재하는 '완전 경쟁'과 '완전 협력' 사이의 스펙트럼을 오가는 일이다.

전제적 왕권이든, 종교적 권위든, 집단적 압박이든 간에 외부로부터의 압력에는 말과 칼을 따로 또는 함께 사용하며 맞서면 된다. 외부 세계와의 싸움에는 말도 수단이요 칼도 수단이다. 말로 싸울 수도 있고 칼로 싸울 수도 있다. 마키아벨리의 말과 노부나가의 칼이 반드시 글자 그대로의 말과 칼을 대변하는 것은 아니다. 세상을, 시대를, 상대를, 스스로를 바꾸고 변화시키는 두 가지 방식이다. 적절히 써야 할 무기다.

눈에 보이는 무엇인가와의 싸움은 상대적으로 쉬운 편이다. 협력하거나 대립하는 과정만으로도 보람과 성취감을 얻을 수 있다. 그런데 외부로부터의 압력이 아니라 전적으로 모든 것이 스스로에게 달려 있는 상황에서는 말이 칼이요 칼이 말이다. 자신과 타협하면 나태와 안락이 스스로를 망치게 되고 자신과 맞서 싸우면 자아 고갈과 무력감으로 정신과 육체가 피폐해진다.

스스로 어느 정도의 긴장감을 유지하고 내면의 자아와 일정 거리를 유지하는 것이 바람직하지만 결코 쉬운 일은 아닐 것이다. 그럼에도 불구하고 내면의 말과 칼을 잘 활용하기 위해서는 항상 질문을 던질 준비를 하고 있어야 한다. 우리는 살면서 질문을 던질 때 쓸 수 있는 몇 가지 의문사를 갖고 있다. 그중에서 가장 짧고 확실하며 근본적인 것은 다름 아닌 '왜'다. '왜'라는 질문이 '무엇을'과 '어떻게'를 낳기 때문이다. 문제 발견 능력의 본질은 '왜?'라는 질문을 통해 현실을 의심하는 과정 속에 있다. 그 속에서 문제를 찾아내고 정의하는 것이다.

더욱이 그렇게 많은 문제에도 불구하고 우리는 낙관적이어야 한다. 우리는 이제 마키아벨리와 노부나가가 대단한 낙관주의자였음을 알았다. 오늘날 많은 사람들이 현실을 탓하며 자주 투덜대는 것

말과 칼

과 달리 그들은 출신 배경과 상관없이 자신이 살았던 그 당시 누구도 생각지 못한 세계를 꿈꿨다. 그리고 무엇보다도 그 꿈을 이룰 수 있다고 믿었다. 희망은 내일을 기대감으로 채웠다. 설령 지금 처한 상황이 녹록지 않더라도 자신들이 그 꿈을 실현하는 데 주역이 될 수 있다는 생각을 한시도 버린 적이 없었다. 마키아벨리는 공화주의와 전제주의라는 양극단을 왕복하는 진자 운동처럼 생각의 변화가 무쌍했고, 노부나가는 무력이라는 수단을 통해 항구적 평화를 가져오겠다는 초기 목표에서 벗어나 중국 정복과 같은 훨씬 높은 목표를 설정함으로써 가신들과 비전을 공유하지 못하고 죽임을 당하는 상황에 처해졌지만, 죽는 그 순간까지도 그들은 스스로에 대한 믿음을 거두지 않았고 내일의 희망을 버리지 않았다.

우리도 희망을 버리지 말아야 한다. 동서양을 막론하고 인간의 본성은 근본적으로 악하다고 주장하는 이들이 많고, 매일의 일상에서 그 주장이 확인되는 일들도 많이 발생하지만, 그렇다고 해도 그것은 출발점이지 도착점이 아니다. 우리는 앞으로 나아갈 수 있음에 근본적으로 동의하는 낙관주의자가 돼야 한다. 한 개인적 목표든, 한 국가의 방향성이든, 인류 공통의 문제든 간에 말이다. 어떤 문제에 대해 새롭고 창의적인 해답을 이끌어내는 문제 해결 능력은 낙관주의를 먹고 자란다. 그 속에서 '무엇'을 '어떻게' 할 것인지의 선택이 비로소 이뤄진다. 그 선택이 다른 길을 열어낸다는 사실을 우리는 안다.

불한당의 상징으로 남겨진 니콜로 마키아벨리와 오다 노부나가, 그들이 진정으로 원한 것은 역설적이게도 '평화'였다. 마키아벨리는 이탈리아 대전쟁의 포화 속에서 강력한 리더십의 등장을 통한 평화를 꿈꿨고, 노부나가는 100년 전국 시대의 폭음 속에서 강력한 리더십을 발휘해 스스로 평화를 가져오고자 했다. 그렇지만 그들은 실패자의 모습으로 오늘날의 우리에게 전해졌다. 그러나 궁극적으로 그들은 악인이 아니라 의인이요, 비관주의자가 아니라 낙관주의자요, 실패자가 아니라 성공한 위인들이었다.

- Thomas Lockley, 《Yasuke》, Sphere

- ルイス・フロイス(Luis Frois), 松田毅一・川崎桃太 訳, 《日本史》, 中央公論社

- ロックリー トーマス, 不二淑子 翻訳, 《信長と弥助》, 太田出版

- 榎本 秋, 《織田信長》, 新星出版社

- 岡本良一 編, 《織田信長のすべて》, 新人物往来社

- 吉田豊 翻訳, 《雑兵物語》, 教育社

- 童門冬二, 《家康・秀吉・信長乱世の統率力》, PHP研究所

- 童門冬二, 《史説道三と信長》, 大陸書房

- 童門冬二, 《信長の野望》, 光栄

- 童門冬二, 《織田信長》, あかね書房

- 聖フランシスコ・ザビエル(Saint Francis Xavier), 河野純徳 翻訳, 《全書簡(全4巻)》, 平凡社

- 鹽野七生, 《男の肖像》, 文藝春秋

- 永原慶二監修, 《戦国大名論集》, 吉川弘文館

- 井沢元彦, 《信長全史》, 小学館

- 秋田裕, 《織田信長と安土城》, 創元社

- 太田牛一, 《信長公記》, 角川文庫

- 脇田修, 《織田政権の基礎構造》, 東京大学出版会

- 개빈 멘지스, 《1421》, 사계절
- 개빈 멘지스, 《1434》, 21세기북스
- 김상근, 《마키아벨리》, 21세기북스
- 김희영, 《이야기 일본사》, 청아출판사
- 나카가와 요시타카, 《빵과 서커스》, 예문아카이브
- 니콜로 마키아벨리, 《군주론, 만드라골라, 카스트루초 카스트라카니의 생애》, 연암서가
- 니콜로 마키아벨리, 《군주론》, 까치
- 니콜로 마키아벨리, 《로마사 논고》, 한길사
- 니콜로 마키아벨리, 《마키아벨리 전술론》, 인간사랑
- 도몬 후유지, 《도쿠가와 이에야스 인간경영》, 경영정신
- 도몬 후유지, 《오다 노부나가 카리스마 경영》, 경영정신
- 도몬 후유지, 《오다 노부나가》, 문예춘추
- 로버트 해리스, 《폼페이》, 랜덤하우스
- 로베르토 리돌피, 《마키아벨리 평전》, 아카넷
- 르네 지라르, 《희생양》, 민음사
- 리처드 F. 버턴, 《아라비안 나이트》(전5권), 시대의창
- 마르코폴로, 루스티켈로 《동방견문록》, 서해문집
- 마이클 레딘, 《마키아벨리로부터 배우는 리더십》, 리치북스
- 미야 노리코, 《조선이 그린 세계지도》, 소와당
- 박하산, 《군웅들의 대드라마》(전3권), 예예원
- 사이먼 하비, 《밀수 이야기》, 예문아카이브
- 사카구치 안고, 《오다 노부나가》, 세시
- 손자, 《손자병법》, 책세상
- 시오노 나나미, 《로마인 이야기》(전15권), 한길사

- 시오노 나나미, 《바다의 도시 이야기(상·하)》, 한길사
- 아리스토텔레스, 《니코마코스 윤리학》, 돋을새김
- 아키야마 슌, 《오다 노부나가 읽는 CEO》, 21세기북스
- 애덤 스미스, 《국부론》(전2권), 비봉출판사
- 야마오카 소하치, 《오다 노부나가(전7권)》, 솔
- 에이드리언 콜즈워디, 《로마멸망사》, 루비박스
- 오무라 오지로, 《쩐의 세계사》, 21세기북스
- 우에스기 치토세, 《1421 세계최초의 항해가 정화》, 이치
- 월러 뉴웰, 《폭군이야기》, 예문아카이브
- 임해성, 《남자라면 오다 노부나가처럼》, 엘도라도
- 정영도, 《칼 야스퍼스 읽기》, 세창출판사
- 정일권, 《붓다와 희생양》, SFC
- 토머스 쿤, 《과학혁명의 구조》, 까치
- 하비 맨스필드, 《마키아벨리의 덕목》, 말글빛냄
- 한비자, 《한비자》, 휴머니스트
- 홍익희, 《유대인 이야기》, 행성B잎새

말과 칼

시대의 질문에 답하는 두 가지 방식

초판 1쇄 인쇄 2020년 7월 21일
초판 1쇄 발행 2020년 7월 28일

지은이 임해성
펴낸이 조민호

펴낸곳 안타레스 유한회사
출판등록 2020년 1월 3일 제2020-000005호
주소 서울시 마포구 신촌로2길 19 마포출판문화진흥센터 314호
전화 070-8064-4675 팩스 02-6499-9629
이메일 antares@antaresbook.com 블로그 antaresbook.com
페이스북 facebook.com/antaresbooks 인스타그램 instagram.com/antares_book

ⓒ 임해성, 2020(저작권자와 맺은 특약에 따라 검인을 생략합니다.)
ISBN 979-11-969501-2-5 03900

WORDS
&
SWORD